美国黑人是怎样“站”起来的

——以联邦国家政权建设为中心的考察

胡其柱　著

中国社会科学出版社

图书在版编目（CIP）数据

美国黑人是怎样“站”起来的：以联邦国家政权建设为中心的考察/胡其柱著．—北京：中国社会科学出版社，2017.3

ISBN 978-7-5203-0012-4

Ⅰ.①美… Ⅱ.①胡… Ⅲ.①美国黑人—民权运动—历史—研究 Ⅳ.①D771.25

中国版本图书馆CIP数据核字（2017）第047468号

出 版 人 赵剑英
选题策划 刘志兵
责任编辑 郑 彤
特约编辑 张翠萍等
责任校对 郝阳洋
责任印制 李寡寡

出 版 中国社会科学出版社
社 址 北京鼓楼西大街甲158号
邮 编 100720
网 址 http://www.csspw.cn
发 行 部 010-84083685
门 市 部 010-84029450
经 销 新华书店及其他书店

印 刷 北京明恒达印务有限公司
装 订 廊坊市广阳区广增装订厂
版 次 2017年3月第1版
印 次 2017年3月第1次印刷

开 本 710×1000 1/16
印 张 12.5
字 数 215千字
定 价 48.00元

目　　录

前　言

一　选题缘起

欧美民主政治是以公民权利保护者的身份出现的。但是，在很长时间内，欧美民主政治并不保护境内所有人的权利。相反，它通过设置苛刻的“准入”资格或条件，将弱势群体排斥于民主政治之外，使民主政治事实上变成了强者的权力游戏。其中，美国民主对黑人的长期排斥，恐怕就是最典型的事例。一方面，美国社会奉自由、民主为圭臬，将个人权利和尊严视为最高价值；另一方面，又长期坚持奴隶制度和种族隔离，无视黑人的民权诉求。自由与不自由，平等与不平等，曾长期共存于美国民主政治之中。

19 世纪上半叶，托克维尔远赴美国考察之后，对于美国黑人能否被赋予平等权利，能否在民主政治中谋得一席之地，持极度悲观的态度。他认为，只要白人不抛弃对黑人的偏见，黑人就不可能获得平等生活的资格。① 百余年后，主流社会对于黑人的歧视依然如故，种族隔离令黑人的生活更为封闭。黑人的命运似乎真如托克维尔所料，无法获得

---

① 参见［法］阿力克西·德·托克维尔《论美国的民主》，董果良译，商务印书馆 1997 年版，第 415 页。顾銮斋指出，托克维尔出身豪门，拥有根深蒂固的“少数”情结，这种情结大大制约了他对美国民主政治的评判，甚至促使他作出了不当“控诉”：“他将一个极为复杂的社会关系系统作了极其笼统、简单化的处理。而经过这样的处理，美国似乎成为类似黑社会布控的一张巨网覆盖下的所在，而所谓‘少数’也就陷入了万劫不复的境地。”（顾銮斋：《托克维尔的“多数”概念与“少数”心结》，《贵州社会科学》2013 年第 3 期）这一睿见提醒我们，托克维尔所见与美国民主政治存在一定的距离，不能将两者等同起来。不过，结合各种相关资料来看，托克维尔关于早期美国民主政治排斥黑人和印第安人的评判，应该是可以成立的。

根本改观。但是，谁也不曾想到，20 世纪下半叶，以黑人为代表的美国少数族裔，经过艰苦抗争之后，基本上获得了平等公民权，逐渐实现了长久以来的平等梦想。

为什么早期美国民主政治将黑人排除在外，到了 20 世纪中期以后，却将黑人纳入了公民权利保护范围？为什么 20 世纪中期，在种族歧视依旧根深蒂固的情况下，美国出现了如此"伤筋动骨"的政治调整？在遵行"多数决"的民主政治中，以黑人为代表的美国少数族裔是如何受到联邦政府关注，并被纳入公民权利保护体制的？换言之，美国是如何构建公民权利保护体制的？其过程对于其他国家的公民保护来说，具有什么借鉴意义？笔者拟融合历史学、政治学和法学知识，以黑人民权运动为中心，从联邦层面的国家建设角度入手，长时段探讨美国民权保护体制的形成过程。

美国政治学家鲁恂·W. 派伊（Lucian W. Pye）曾经指出，现代民族国家在政治发展过程中，都会遭遇认同性危机、合法性危机、渗透性危机、参与性危机和分配性危机，只有成功处理了以上五种危机的民族国家，才能称之为现代化国家。① 在某种程度上，美国解决黑人民权的政治过程，就是应对和化解以上危机的缩影。从国家建设角度考察美国政府的策略选择和行动模式，对于面临以上危机的发展中国家来说，具有极为重要的参照意义。

二　文献回顾与检讨

（一）美国学界的相关研究

长期以来，美国历史和社会学界的黑人民权研究，或从文化冲突、社会结构角度入手，探讨民权运动的渊源与进程，或以集体抗争和社会运动为中心，考察民权领袖、民权组织、普通民众的行为取向和社会影响。法学和政治学领域的相关研究，则主要研究联邦行政、司法和立法分支对民权运动的不同呼应。鉴于本研究主要从国家建设

① 参见［美］鲁恂·W. 派伊《政治发展的面面观》，任晓、王元译，天津人民出版社 2009 年版，第 80—85 页。

角度考察美国的少数人权利保护，接下来，笔者所着重归纳和检讨的，大都是关于联邦民权政治的研究文献，兼顾有关美国公民权利组织的研究成果。

1. 民权运动中的领袖与组织

马丁·路德·金是早期民权研究的主要关注对象之一。克莱伯恩·卡森（Clayborne Carson）等整理出版了多卷本《马丁·路德·金文件集》，内容涉及马丁·路德·金的家庭背景、孩提生活、学术训练和民权活动；戴维·盖罗（David J. Garrow）主持整理了《马丁·路德·金：联邦调查局卷宗》，内容涉及联邦调查局对马丁·路德·金及其助手斯坦利·列文森的监听行为。① 不过，近年来学界越来越关注普通黑人、民权组织以及区域性的民权抗争。

查理斯·佩恩（Charles Payne）讲述了密西西比州普通黑人冒死争取自由的故事，揭示了美国基层黑人的激进主义传统。约翰·迪特默（John Dittmer）论述了密西西比州民权组织和黑人精英的抗争活动，认为它们构成了密西西比民权运动的主体力量。克莱伯恩·卡森和埃米利·斯道佛（Emily Stoper）研究了学生非暴力协调委员会（Student Nonviolent Coordination Committee，SNCC）在民权运动中的活动与影响。马丁·马格（Martin N. Marger）运用资源动员模型，分析了全国有色人种协进会（National Association for the Advancement of Colored People，NAACP）面临其他民权组织竞争时所进行的目标和策略调整。威廉姆·H. 柴夫（William H. Chafe）从人口流动、民权组织、南方变化等角度探讨了北卡罗来纳州格林斯博市的民权斗争。②

社会学家道格·麦克亚当（Doug McAdam）的《美国黑人运动的政治过程与发展》，是民权运动研究的典范之作。该书运用政治过程理论，从政治机会变动、内生组织强度增长、集体特性和其他组织反应的变化四个角度，分析了美国黑人民权运动兴起、发展和衰退的内在逻

---

① 参见谢国荣《美国学术界对马丁·路德·金的研究》，《史学理论研究》2011 年第 4 期。

② 参见于展《美国民权运动研究述评》，《美国研究》2008 年第 1 期；Martin N. Marger, "Social Movement Organizations and Response to Environmental Change: The NAACP, 1960 - 1973", *Social Problems*, Vol. 32, No. 1, Oct., 1984, pp. 16 - 30.

辑。作者认为，20 世纪 30 年代以来的美国社会变化，如南方大型农庄的没落、黑人群体在城市中比例的增加、黑人选区的形成等，都为黑人群体提供了组织资源和政治机会，改变了他们的思想状况，进而促成了民权运动的出现。[①]

2. 联邦政府的民权决策与行动

20 世纪 60 年代末，美国学者开始关注联邦政府的民权决策与行动。威廉·伯曼（William C. Berman）考察了杜鲁门政府的民权政策，认为杜鲁门政府关注黑人民权，并非出于人道主义关怀，而是为了谋取政治利益。菲利普·沃恩（Philip H. Vaughan）则考察了杜鲁门政府与民权组织的互动，突出了杜鲁门政府在民权领域取得的成就。唐纳德·麦克伊（Donald R. McCoy）和理查德·鲁滕（Richard T. Ruetten）也认为，杜鲁门政府推动了美国黑人民权问题的解决。[②]

罗伯特·弗里德里克·伯特（Robert Frederick Burt）分析了艾森豪威尔政府的民权行动，如取消军队与公共场合中的种族隔离，成立政府就业委员会、政府合同委员会，执行布朗案判决，推动 1957 年和 1960 年《民权法案》等。他认为，艾森豪威尔政府在民权领域采取的“克制性领导”（restrained leadership）策略，并没有在国内事务中体现出积极作用，相反，其“法律象征主义”（legal symbolism）策略，实际上将责任推卸给了民权组织。[③] 埃德蒙德·艾温斯（Edmund S. Ions）、卡尔·布雷尔（Carl M. Brauer）、唐纳德·杰克逊（Donald W. Jackson）、

---

① *Political Process and the Development of Black Insurgency*, *1930 – 1970*，中文评论参见赵鼎新《社会与政治运动讲义》，清华大学出版社 2006 年版，第 192 页；杨灵《社会运动的政治过程——评〈美国黑人运动的政治过程和发展（1930—1970）〉》，《社会学研究》2009 年第 1 期。

② William C. Berman, *The Politics of Civil Rights in the Truman Administration*, Columbus: Ohio State University Press, 1970; Donald R. McCoy and Richard T. Ruetten, *Quest and Response: Minority Rights and the Truman Administration*, Lawrence: University Press of Kansas, 1973; Philip H. Vaughan, *The Truman Administration's Legacy for Black America*. California: Mojave Books, 1976. 中文介绍参见谢国荣《民权运动的前奏——杜鲁门当政时期美国黑人民权问题研究》前言，人民出版社 2010 年版。

③ Robert Frederick Burt, *The Eisenhower Administration and Black Civil Rights*, *1953 – 1961*, Knoxville: University of Tennessee Press, 1984.

詹姆斯·瑞道斯伯格（James W. Riddlesperger）等，分别考察了肯尼迪政府民权政策的动因、内容和成效。他们大多认为，肯尼迪总统以行政手段支持黑人民权运动，在道义上发挥了重要作用，但是没有取得实质性突破。①

斯蒂文·绍尔（Steven A. Shull）通过研究杜鲁门至克林顿总统期间的民权政策，讨论了总统在民权政策制定过程中所扮演的角色，以及影响总统制定民权政策的各种因素。他指出，美国总统在民权政策制定中居于核心地位，是推动政策变动的关键因素，但是总统必须与国会、最高法院密切合作，才能实现既定目标；民主党总统一般比共和党总统更加关注和支持民权运动，而且前者热衷民权立法，后者喜欢寻求行政解决；总统对于民权政策制定的影响，任职前期往往大于任职后期；公共意见大多自相矛盾，常常追随而非引导政府行动；国会是联邦政府中最保守的权力分支，仅批准了1/3左右的民权提案；最高法院法官大都积极呼应了总统的提案。②

3. 联邦最高法院与黑人民权运动

美国法学界多从美国最高法院的民权判决入手，探讨司法审判与民权运动之间的关系。他们讨论的问题集中于两个领域：第一，最高法院的民权判决是如何作出的；第二，最高法院判决在民权运动中扮演了什么角色。

对于最高法院大法官依据什么进行民权判决，美国学界存在三种观点：第一种观点认为，法官主要依据法律文本和法律程序进行判决，其个人自由发挥的空间非常有限；第二种观点认为，法官主要根据个人的价值观念进行判决，很少受多数偏好（majority preferences）

---

① Edmund S. Ions, *The Politics of John F. Kennedy*, New York, INC, 1967; Carl M. Brauer, *John F. Kennedy and the Second Reconstruction*, 1977; Donald W. Jackson and James W. Riddlesperger, "John F. Kennedy and the Politics of Civil Rights", *Presidential Leadership and Civil Rights Policy*, edited by James W. Riddlesperger and Donald W. Jackson, London: Greenwood Press, 1995.

② Steven A. Shull, *American Civil Rights Policy from Truman to Clinton*, New York: M. E. Sharpe, 2000.

的影响[①]；第三种观点则认为，司法审判既不是单纯的文本和程序问题，也不是单纯的个人价值问题，而是一个涉及多种法律和政治因素的复杂问题。米歇尔·卡拉曼（Michael J. Klarman）明确指出，当法律条文清晰时，法官一般会依据条文断案；当法律条文内涵模糊时，法官则一般会根据政治需要作出判决。而且，由于法律和政治在不同法官心中的先后排序不尽相同，拥有相同价值偏好的法官面对相同的法律资源时，所作出的司法解释也可能不同。[②]

对于最高法院判决在民权运动中所扮演的角色，美国法学界存在两种不同的看法。早期研究多肯定最高法院民权判决的积极作用，认为它揭开了民权运动的序幕。罗伯特·麦克罗斯基（Robert McCloskey）和阿奇博尔德·考克斯（Archibald Cox）论述了最高法院系列民权判决对美国宪政和社会的影响。[③] 但是，自 20 世纪 90 年代以来，更多学者对此提出了质疑。吉洛德·罗森伯格（Gerald N. Rosenberg）认为，布朗案判决并没有促进南方校园内的种族融合，真正将布朗案判决付诸实践的，是联邦行政分支所推动的民权立法。[④] 米歇尔·卡拉曼（Michael J. Klarman）则强调，社会经济的变化才是推动美国种族平等的根本动力。[⑤] 曾参加过激进种族主义运动的学者，对美国最高法院的批评更为

① 弗朗辛·桑德尔·罗麦罗（Francine Sanders Romero）认为，最高法院判决没有反映多数人的偏好，多数白人的意愿在最高法院判决记录中无从显示。一件诉讼是挑战理论上的歧视，还是挑战事实上的歧视，对最高法院判决影响不是很大。最高法院判决更多受制于法官自身的思想倾向，换言之，法官的价值观念构成（ideological composition）在很大程度上决定了判决结果。See Francine Sanders Romero, “The Supreme Court and the Protection of Minority Rights: An Empirical Examination of Racial Discrimination Case”, *Law & Society Review*, Vol. 34, No. 2 (2000), pp. 291 – 313.

② Michael J. Klarman, *From Jim Crow to Civil Rights: The Supreme Court and the Struggle for Racial Equality*, Oxford University Press, 2004.

③ 参见［美］罗伯特·麦克罗斯基（Robert McCloskey）、桑福德·列文森（Sanford Levinson）《美国最高法院》，任东来等译，中国政法大学出版社 2005 年版；［美］阿奇博尔德·考克斯（Archibald Cox）《法院与宪法》，田雷译，北京大学出版社 2006 年版。

④ Gernald N. Rosenberg, *The Hollow Hope: Can Courts Bring About Social Change?* (1991); Michael J. Klaman, *Brown Racial Change, and the Civil Rights Movement*, 80 VA. L. Rew. 7 (1994); 田雷：《必读之书：谈谈美国宪法理论经典》，《法律文献信息与研究》2010 年第 3 期。

⑤ 参见［美］保罗·布莱斯特等《宪法决策的过程：案例与材料》，张千帆译，中国政法大学出版社 2002 年版，第 733 页。

激烈，他们认为法院内部的保守主义传统，使法官缺乏代表少数族群推动变革的动力，无法尽到保护少数人和弱势群体的义务。[①]

4. 联邦政府与民众之间的政治互动

近年来，部分美国学者开始从联邦政府与民众互动角度，考察民权运动的进程和影响。维恩·桑德罗（Wayne A. Santoro）研究了种族主义暴力、黑人抗争与联邦民权政策之间的关系，认为从20世纪30年代到50年代末，白人暴力确实抑制了联邦民权行动的展开。但是，自林登·约翰逊总统上台以后，作为“观众”（audience）的媒体和舆论逐渐反思白人暴力、同情黑人抗争，又最终迫使联邦政府开启了民权行动。从这个角度来说，白人暴力实际上“推动”黑人获得了平等公民权。[②]

弗朗辛·桑德尔·罗麦罗（Francine Sanders Romero）结合联邦政府的民权政治，探讨了美国制度结构与公众偏好之间的关系。作者认为，在民权改革问题上，与其讨论国会和最高法院所发挥的作用，不如结合建国之父的政治设计，分析多数意见（majority）在多大程度上塑造了国会与最高法院的民权行动。他认为国会议案至少在民权领域反映了多数偏好或公共意见，最高法院则很少受多数偏好（majority preferences）的影响。不过，最高法院也没有成为少数人权利的忠实保护者，只有当最高法院法官拥有自由主义倾向时，才会履行保护少数人权利的职能。[③]

1997年，戴维森·道格拉斯（Davison M. Douglas）的《法律在推动种族变迁中的局限：布朗案判决之前北方学校中的种族隔离》一文，以北方各州的反种族隔离运动为背景，考察了最高法院作出布朗案判决之前，法律规定与种族关系之间的相互影响。[④] 乔纳森·卡恩（Jona-

---

① Davison M. Douglas, *Jim Crow Moves North: The Battle over Northern School Segregation, 1865 – 1954*, Cambridge University Press, 2005.

② Wayne A. Santoro, *The Civil Rights Movement and the Right to Vote: Black Protest, Segregationist Violence and the Audience*, Oxford University Press, 2008.

③ Francine Sanders Romero, *Civil Rights Policymaking in the United States: An Institutional Perspectiv*, Westport: Praeger Publisher, 2002.

④ Davison M. Douglas, “The Limits of Law in Accomplishing Racial Change: School Segregation in the Pre-Brown North”, *UCLA Law Review*, Vol. 44, No. 3, 1997.

than Kahn）考察了美国公共预算、联邦行政权力成长和公民权保护之间的关系，指出联邦行政权力借助公共预算推动了国家能力提升，为联邦公民权利保护奠定了基础。不过，其论述重心在于公共预算和联邦行政权力成长，并没有具体分析联邦行政权力成长对于公民权利保护的具体意义。①

罗伯特·曼恩（Rober Mann）以理查德·罗素（Richard Russell）、胡伯特·汉弗莱（Hubert Humphrey）和林登·约翰逊（Lyndon Johnson）三个议员的行动为主线，考察了众议院支持黑人取得平等公民权的立法过程。在其叙述中，多数南方国会议员冥顽不化，反对布朗案判决，是种族主义观念的盲目执行者。凯斯·芬利（Keith M. Finley）对此提出了不同看法，他通过考察南方地区主流国家代言人（national spokesmen）——美国参议员的政治修辞和立法策略，探讨了南方白人反民权态度的演进。在他看来，南方抵制布朗案判决是理性、有节制的，而不是盲目、冲动的。②

（二）国内学界的相关研究

中华人民共和国成立以后，国内学界受意识形态规定的影响，主要从阶级斗争角度入手，探讨美国政治制度的阶级基础及其对黑人的压制。改革开放以后，学界逐渐突破传统的阶级分析框架，从更加多元的角度看待和分析美国黑人民权运动。资中筠指出，美国的黑人问题、种族问题绝不是“阶级斗争”可以概括的，也不是简单的黑人与白人之间的冲突，在某种意义上，它是种族主义和反种族主义、中央政府和州政府两组矛盾共同作用的结果。美国民权运动既牵涉根深蒂固的种族主义，又蕴含着难以割舍的既得利益之争，其斗争远比“阶级斗争”复杂，它是美国多元文化和社会矛盾的一种反映。③

---

① 参见［美］乔纳森·卡恩《预算民主：美国的国家建设与公民权（1890—1928）》，叶娟丽等译，上海格致出版社 2008 年版。

② Keith M. Finley, *Delaying the Dream: Southern Senators and the Fight Against Civil Rights, 1938 - 1965*, Baton Rouge: Louisiana State University Press, 2010.

③ 参见资中筠《20 世纪的美国》，生活·读书·新知三联书店 2007 年版，第 196—201 页。

张爱民指出，第二次世界大战刺激了美国黑人的种族意识、政治参与热情和寻求变革的勇气，为民权运动奠定了思想和组织基础[①]；谢国荣依据大量政府档案，梳理了杜鲁门时期美国政治的变动、政府与社会对黑人民权的态度、黑人社会政治力量的兴起以及民权问题对美国政治的影响，认为杜鲁门政府和最高法院在民权运动期间改变了立场，成为黑人民权事业的支持者。[②] 张立平、王凡妹等梳理了联邦政府的肯定性行动计划及其有关争论，任东来、胡晓进等从宪政角度梳理了最高法院民权判决对民权运动产生的深远影响。

国内相关学界对美国民权组织也有所关注。一般看法认为，民权组织内部的分歧削弱了黑人民权运动的战斗力，何章银持相反意见，他认为内部竞争固然会对民权运动产生不利影响，但总体而言，这些竞争也会促使民权组织相互竞争和超越，推动民权运动向纵深发展。[③] 此外，贾蔼美较早论述了黑人组织在民权运动中的作用[④]，谢国荣考察了NAACP 的民权诉讼策略，杨云志分析了学生非暴力协调委员会（SNCC）及联邦政府对它的监控与限制。[⑤]

目前，国内学者普遍认为，美国政治体制在种族冲突中发挥了稀释或缓和作用。马戎指出，美国各个种族和族群在“政治一体，文化多元”的框架下，逐步建立起新的“国民认同”，降低了族际冲突的强度。[⑥] 郝志东认为美国处理“民族”问题的成功之道，就在于其政治民

---

① 参见张爱民《二战与美国黑人民权运动的兴起》，《史学月刊》2002 年第 4 期。

② 参见谢国荣《民权运动的前奏——杜鲁门当政时期美国黑人民权问题研究》，人民出版社 2010 年版。

③ 参见何章银《合作与竞争：美国黑人民权运动直接行动阶段民权组织内部关系研究(1955—1965)》，南京大学 2002 年博士学位论文；何章银《美国黑人民权运动内部竞争新论》，《南京师大学报》2004 年第 2 期；何章银《试论美国黑人民权运动内部的合作》，《学海》2004 年第 4 期。

④ 参见贾蔼美《美国黑人组织及其在民权运动中的作用》，《美国研究参考资料》1986 年第 3 期。

⑤ 参见谢国荣《全国有色人种协进会与美国公立教育中种族隔离的取消》，《山东师范大学学报》2005 年第 5 期；杨云志《“从非暴力到黑人权力”：美国学生非暴力协调委员会(SNCC) 研究》，华东师范大学 2010 年硕士学位论文；胡其柱《民主政治、司法监督与社会暴力：美国学生非暴力协调委员会研究》，《聊城大学学报》2013 年第 3 期。

⑥ 参见马戎《美国如何处理“民族”问题》，《南方周末》2007 年 7 月 16 日。

主、法律健全，能够正视种族歧视、实施民权法案、提倡和保护多元文化等。[①] 资中筠在《20世纪的美国》一书中，也表达了类似观点，认为作为一个由移民组成的国家，“美国人”是依靠共同的制度和核心价值观认同，而非依靠血缘维系在一起的，政治体制和核心价值才是美国各族得以和平相处的基石。[②]

丁鹏的博士学位论文《美国黑人权利宪法保障制度变迁研究》，借助制度变迁和路径依赖理论，分析了黑人权利宪法保障制度的演变。该论文认为，相互制衡的美国政体在促使黑人由奴隶转为自由人，进而由自由人转变为美国公民的过程中，为美国黑人权利宪法保障制度演变提供了天然的博弈环境；无论作为制度供给机关的国会和最高法院，还是产生制度需求的美国黑人，都是追求自我利益最大化的理性行为者，两者共同构成了推动黑人权利宪法保障制度演变的核心动力。[③]

白雪峰的《美国联邦最高法院与〈权利法案〉联邦化》一文，借助最高法院判决分析了《权利法案》联邦化的演进过程，进而探讨了促使《权利法案》联邦化的各种因素。[④] 李炳烁的博士学位论文《司法制度的政治功能：民权运动时期美国联邦最高法院的政治角色分析》，论述了民权判决对民权运动的影响，认为它促成了20世纪美国民权运动的兴起，在很大程度上塑造了战后美国社会的基本形态，同时也引发了迄今为止尚未平息的各种论争。[⑤]

（三）文献检讨

20世纪50—60年代，行为主义和过程分析在美国政治学界大行其道，深深影响了各个领域的学术走向。具体到民权研究领域，多数学者不再沿用传统的政治制度、政府结构、法律体系等路数，而是采用定量

---

① 参见郝志东《也谈美国如何处理“民族”问题》，《南方周末》2009年11月18日。

② 参见资中筠《20世纪的美国》，生活·读书·新知三联书店2007年版，第263页。

③ 参见丁鹏《美国黑人权利宪法保障制度变迁研究》，博士学位论文，辽宁大学，2008年。

④ 参见白雪峰《美国联邦最高法院与〈权利法案〉联邦化》，《文史哲》2012年第1期。

⑤ 参见李炳烁《司法制度的政治功能：民权运动时期美国联邦最高法院的政治角色分析》，吉林大学2008年博士学位论文。

和经验分析，考察民权领袖、民权组织的行为取向及其冲突，或者考察联邦政府各权力分支的民权行动、联邦政府与民权组织之间的互动。这些研究描述了现实、动态的社会图景，使我们得以了解美国民权政治的运作过程。不过，这种侧重政治行为与过程的学术研究，有时也会令人“只见树木，不见森林”。

几十年前，塞缪尔·亨廷顿曾检讨美国人的思维传统。他指出，美国人在自己的历史经验中，从来不必去创造什么政治秩序，他们一建国就引进了英国的政府形式、政体和施政方法。因而，美国人长期以来形成了一种独特的思维传统，很少思考如何创造权威和集中权力，而是更多考虑去限制权威和分散权力。对于美国来说，这种思维公式或许是合理的，但对于发展中国家来说，就是不切实际的。[①] 亨氏之意，大概是指美国人的这种思维传统，很容易“误导”发展中国家忽略美国早期创造权威和集中权力的过程，而完全将注意力放在限制权威和分散权力上。

笔者以为，亨廷顿的以上检讨同样适用于学术研究。美国学界长期以来的相关研究，主要关注美国既定政治秩序中的政治行为和政治过程，很少探讨这些行为与过程所依托的政治秩序本身。对于发展中国家来说，这样的民权研究恐怕只有学术意义，而缺少实际参照价值。我们在考察美国政治时，既需要“入乎其中”，又需要“出乎其外”。所谓“出乎其外”，即需要从发展中国家的国情出发，以发展中国家的目光去审视美国民权政治。当然，这并不意味着我们可以降低对历史真相的追求。

以发展中国家的目光审视美国民权政治，就是从国家建设与公民保护角度切入，探讨美国黑人民权保护体制是如何形成的，进而总结出具有普遍性意义的操作经验。对于发展中国家来说，如何确立一种合理的政治秩序，基本满足各种权利群体的诉求，仍然任重而道远。将美国民权政治置于其国家建设过程中，探讨美国民权保护平台的形成与运作，无疑是一种颇有意义的研究取向。应该说，国内相关学界对此已经有所

① 参见［美］塞缪尔·P. 亨廷顿《变化社会中的政治秩序》，王冠华、刘为等译，沈宗美校，生活·读书·新知三联书店 1989 年版，第 7 页。

注意。不同领域学者对最高法院民权判决的分析，对联邦政府民权政策的考察，对民权组织抗争策略的探讨，对美国民主政治制度的强调，实际上都在试图探求美国解决民权保护问题的根本之道。但是，这些研究仍然侧重考察民权运动的局部或细节，没有系统梳理美国国家建设的变迁轨迹。从国家建设与公民保护角度，探讨美国黑人民权保护平台的形成与运作，乃是本书的主旨所在。

三 研究理论和概念

（一）国家建设理论

国家建设理论中的“国家建设”，乃“state-building”之中译。在英文语境中，“state”意指国家政权或国家机器，故又有学者将“state-building”翻译为“国家政权建设”。韦伯认为，国家政权是一种由无数机构组成的政治组织，国家领袖（或称行政权威）在其中发挥着领导和协调作用，该组织有能力或权威在特定疆域内制定和执行规则，约束其统治下的人们，并在必要时可以为了实现目标而诉诸武力。[①] 根据这一界定，国家的本质在于统治或控制。不过，学界对于国家统治的根本宗旨，存在截然对立的看法。自由主义学者认为，国家是由全体公民通过制定契约而建立的，以保护所有公民的权利为宗旨；传统马克思主义学者则认为，国家是统治阶级的工具，以统治阶级的利益为旨归。

对于马克思主义者来说，国家既然是统治阶级维护既得利益的工具，自然是一种没有必要的“恶”。人类要想获得彻底解放，就必须借助无产阶级专政打破国家枷锁，进入自由人的联合体。它不是一个有待建设的目标，而是一个必须打碎的对象，故而不存在国家建设问题。新马克思主义者超越这一认识，提出了新的看法。尼克斯·普朗查斯（Nicos Poulantzas）认为，资本主义国家是一个相对自主的行动主体，它从根本上是为资产阶级提供服务的，但也可以满足被统治阶级的某些利益要求。拉尔夫·密利本德（Ralph Miliband）认为，国家具有相对

---

① 参见［德］马克斯·韦伯《社会与经济组织理论》，转引自郑永年《政治改革与中国国家建设》，《战略与管理》2001年第2期。

自主性，并不会完全根据统治阶级的指令行事。[①] 新马克思主义者的这种国家观拓展了“工具论”的内涵，使得国家不再是必须被摧毁的政治工具，而是具有了可以被改造的可能。

国内学界借助新马克思主义的国家观，提出了不同于西方一般意义上的国家建设理论。他们认为，一个成熟的国家依然具有工具主义属性，但是其自主性也得到了充分体现。而且，恰恰是这种自主性，推动国家形成了稳定的繁荣。对于后发展中国家来说，是否拥有适当的国家自主性，直接决定着其国家建设的成败与否。在这里，自主性完全改变了国家在马克思主义理论中的“罪恶”形象，令其升华为一种“可造之材”，甚至是决定国家成长的核心因素。当然，这些学者也承认，国家自主的前提是国家不能为所欲为，不能被某些人或社会权力所裹挟而过度侵蚀社会。[②]

笔者认为，以自主性遮蔽或弱化国家的工具性，从而找到国家对于社会的积极意义，将面临难解的理论困境。

第一，如果国家兼具工具性和自主性，那么两者的关系如何？如果认为国家自主性占据主导，那么这种新国家观就基本上脱离了马克思主义的设定，马克思主义的底线就是废弃国家政治；如果认为国家工具性占据主导，那么这种新国家观所强调的自主性就失去了意义，作为一种工具的国家何来自主性？据此推导出的国家建设就无从谈起。

第二，韦伯早就指出，国家政权是唯一拥有合法使用暴力的政治机构，可以对任何违背其意志的人进行惩罚。对于一个丛林社会来说，强化国家自主性、提高国家能力，是十分必要的。但是，在一个国家权力本已强大的社会里，再盲目强调并推动国家政权自主性建设，会带来什么后果？我们如何确保它不蜕变为“利维坦”？

第三，国家自主性是指国家拥有自主利益，还是指国家具有超越性，拥有某种程度的“善”或“理性”？对于亨廷顿来说，政治自主性意味着政治秩序不能代表某些社会团体的利益，其言外之意是政治制度

① 参见张勇、杨光斌《国家自主性理论的发展脉络》，《教学与研究》2010 年第 5 期。

② 参见杨光斌《现代国家成长中的国家意识形态问题》，《天津社会科学》2009 年第 4 期。

应该代表公意，代表全体人民的利益。[①] 对于斯考切波等人来说，国家自主性意味着自主偏好和利益，意味着不受私人利益团体左右。由此可见，无论规范理论还是经验分析，皆从利益、偏好角度讨论国家自主，都试图规范和引导国家政权行为，而不是单方面强调国家政权的独立性。以国家政权建设为名，单方面强调扩张国家权力，其实是对西方政治理论的误读。

基于以上分析，笔者认为有必要探求一种更为宽广的国家建设理论。[②] 众所周知，无论传统的马克思、韦伯学派，还是近几十年来兴起的国家回归学派，都从“state”意义上讨论国家建设。这些讨论基本着眼于国家政权，旨在提高政府的统治能力或控制能力，而非考察疆域、人民、主权意义上的政治共同体。对于“大社会、小政府”的欧美国家，这种学术追求是有意义的。自建国伊始，最令美国头疼的问题之一，就是社会或地方权力过大，联邦权力无法深度介入公民权利保护等公共领域。因而，从提高联邦能力角度研究美国政权建设，就等于研究整体意义上的美国国家建设。

但是，长期困扰中国的主要问题，恰恰是社会力量过于弱小，政治权力缺乏有效监督。在这种情况下，仅考虑如何提升国家统治能力或强化国家自主性，恐怕会进一步扭曲国家与社会之间的关系。如何规范并推动国家权力合理扩展，同时培育和引导公民组织健康成长，才是中国国家建设的应有之义。就此而言，我们有必要超越“state”意义上的国家，从作为“country”意义上的国家出发，构建一种政府与社会平衡发展的国家建设理论。这种国家建设理论仍然承认国家自主性，仍然将政治结构和国家权力作为讨论中心，但是视野扩展到了公民组织或民间社会。

---

① 参见［美］塞缪尔·P. 亨廷顿《变化社会中的政治秩序》，王冠华、刘为等译，沈宗美校，生活·读书·新知三联书店1989年版，第19页。

② 刘召结合中国现实对国家自主理论进行了反思，认为以国家为中心、片面强调专断性国家权力，只能导致“孤立式国家自主性”和绝对化的国家理性。他主张采用主体间性的分析路径，对国家自主性概念进行重新解读。在这种分析路径下，国家自主性并不意味着国家行动对社会支持的拒斥，更不代表国家权力的无限扩张，相反应该是指国家与社会互动下的国家权力制度化、规约化。详见刘召《国家自主性理论的批判和重构：基于中国实践的逻辑》，南京大学2011年博士学位论文。

现代国家主要由公民、公民组织和国家政权构成。国家政权取代其他政治单位或共同体，成为疆域内公民的归属中心。[①] 在某种意义上，公民和公民组织是以国家政权为中心结合在一起的。没有一个独立的国家政权，公民和公民组织的权利保护无从谈起。因此，探讨现代公民权利保护，必须重点探讨现代国家政权建设。但是，国家政权建设并不意味着仅仅扩张国家权力，还意味着通过转换治理方式有效保护公民权利，切实成为公民利益的界定者和捍卫者。换而言之，“国家能力并不仅意味着国家机构对社会的渗透，也不仅仅是成功地汲取资源，它还包括为特定目标恰当地分配资源、规制人们的日常行为”[②]。这种意义上的国家政权建设，既包含树立政府权威、提升汲取能力，也包含更新社会治理方式、调解社会冲突、提供权利保护等。[③]

国家政权由不同层次的政治机构组成。[④] 不同层次的政治机构，拥有不同的意志、利益和职能。若想深入把握国家权力的运行，必须分别考察不同层次、不同部门的意志和权力运作。同时，政治机构迫于既得利益集团压力，不愿意轻易改变传统行为原则。没有社会力量的推动或抗争，国家政权一般不会主动介入公民权利保护。因此，“country”意义上的国家建设，还应该包括公民组织抗争以及国家政权的回应。

总而言之，“country”意义上的国家建设，既应包括国家政权能力建设，也应包含社会自我管理、自我保护、合法抗争能力建设；国家政权意义上的能力建设，既应包含国家汲取、社会控制能力建设，也应包

---

① 参见张静《现代公共规则与乡村社会》，上海书店出版社 2006 年版，第 47 页。

② ［美］乔尔·S. 米格代尔：《强社会与弱国家：第三世界的国家社会关系及国家能力》，张长东等译，江苏人民出版社 2009 年版，第 272 页。

③ 传统观点将政治视为统治和控制，近年来学界则倾向将其看作利益分配。杰克曼（R. W. Jackman）在《不需暴力的权力：民族国家的政治能力》一书中认为，政治是因利益和价值分配所引起的冲突，政治能力就是解决冲突的能力，它体现于制度和合法性两个维度。该书认为，作为法律意义上的国家历史越长，对环境的调试性越强，其生存能力和政治能力也就越强；组织的代际更替年龄越长，国家政治能力就越强；政府越依赖暴力手段解决冲突，就越容易损失合法性，政治能力越低。详见［美］杰克曼（R. W. Jackman）《不需暴力的权力：民族国家的政治能力》（译者前言），欧阳景根译，天津人民出版社 2005 年版。欧阳景根指出，杰克曼理论将政治视为国家的核心，忽视了社会能力层面。

④ 参见［美］乔尔·S. 米格代尔《强社会与弱国家：第三世界的国家社会关系及国家能力》，张长东等译，江苏人民出版社 2009 年版，第 274 页。

含提供公共服务和公民权利保护建设。当然，从国际视角来看，国家建设还应包括军事和外交能力建设。但是，本书主要关注美国如何解决国内的少数权利保护，因而暂不讨论其军事和外交层面。

（二）“少数人权利”概念

“少数人权利”（minority rights）是法政领域的一个特定概念。它在不同的时空中具有不同的内涵。在《联邦党人文集》中，“少数人”（minority）是指相对于大众的少数社会精英。具体地说，就是指富有的农场主及拥有巨大经济利益（characterized by unique economic interests）的社会群体，他们是拥有特权的少数人，而非处于弱势地位的少数人。这些建国之父设计美国政治时，更为关注保护少数社会精英不受“多数偏好”的潜在威胁。①

《联邦党人文集》第五十一篇就强调：“如果多数人由一种共同利益联合起来，少数人的权利就没有保障。”他们提出了两种保护少数人权利的办法：“其一是在不受多数人约束，也就是不受社会本身约束的团体中形成一种意愿；其二是使社会中包括那么许多各种不同的公民，使全体中多数人的不合理联合即使不是办不到，也是极不可能。”② 简言之，就是创设一个不受大众意见左右的权力机构，同时尽量分化社会中的多数人，防止他们联合起来压制少数精英。

在现代政治表述中，“少数人”专指少数族裔、少数宗教信仰者、少数语言使用者等群体。1977 年，联合国相关报告对少数人群体进行了明确界定：“在一个国家的人口中数量少于其他人口，处于非主导地位，作为这个群体的成员，拥有民族、宗教或语言上的特点，并明确或只是含蓄地在保护自己的文化、传统、宗教或语言方面，呈现出团结的情感。”③ 英国学者杰伊·西格勒也曾指出，“少数人”是指数量上具有

① Francine Sanders Romero, *Civil Rights Policymaking in the United States: An Instituional Perspective*, Westport: Praeger Publisher, 2002, p. 11.

② ［美］汉密尔顿、杰伊、麦迪逊：《联邦党人文集》，程逢如、在汉、舒逊译，商务印书馆 1980 年版，第 266 页。

③ 转引自冯广林《美国少数人受教育权法律保护研究》，博士学位论文，中央民族大学，2012 年，第 11 页。

一定规模，在肤色、宗教、语言、种族、文化上具有特殊性的少数群体，他们往往遭受多数人的偏见、歧视甚至被剥夺了平等权利，长期居于从属地位。① 以上两种界定中的“少数人”，都是指大众内部的少数弱势群体。

具体到美国，“少数人”群体主要包括少数族裔、少数宗教信仰者、少数移民等。不过，本书所使用的“少数人权利”概念，主要指以黑人、西班牙裔、亚裔为代表的美国少数族裔权利。在美国，西班牙裔、亚裔等群体的公民权利，都是随着黑人民权的实现而逐步获得解决的。因此，本书主要考察了黑人民权的实现过程。

（三）“南方”“南方各州”概念

本书多处使用的“南方”和“南方各州”概念具有多重含义。邦联召开制宪会议时，所谓美国南方、南方各州，主要指南卡罗来纳、北卡罗来纳和佐治亚几个州。19 世纪上半叶，随着美国联邦的急剧扩张，南方、南方各州的指代范围有所扩大，增加了亚拉巴马、阿肯色、路易斯安那、密西西比、佛罗里达、得克萨斯等州。内战前夕，弗吉尼亚和田纳西州加入南方阵营，在理论上也成了“南方”“南方各州”的组成部分。此后直到 20 世纪，南方和南方各州主要指以上实行种族隔离制度的 10 余个州。

① 参见李忠《论少数人的权利》，《西南政法大学学报》1999 年第 1 期。

第一章

美国历史上的“五分之三”原则

20 世纪中期以前，美国黑人在选举、教育、就业等领域受到诸多限制，无法享受平等的公民权利。在某种意义上，他们中的大多数，不过是美国民主政治的“看客”，根本没有参与民主政治的机会。在前现代国家里，这种排斥少数群体的现象随处可见，并不令人感到惊讶。但是，对于重视公民权利保护的美国民主政治来说，如此长时间、大规模地歧视黑人等少数族裔群体，就值得引人深思了。本章试图分析，为什么宣称以保护公民权利为宗旨的早期美国民主政治，竟然容忍了奴隶制度的存在；南方各州被迫解放了奴隶以后，为何又剥夺了其平等公民权利。

第一节　制宪会议中的“黑人奴隶”之争

1787 年 5 月，美国 12 个州[①]的代表齐赴费城集会，准备修正和补充邦联条款，解决邦联所面临的政治危机。事实上，会议内容远远超出原来的设想，变成了一次重新规划邦联政治的制宪会议。长远来看，这次会议根本改变了美国的政治结构，将其从松散的政治联盟变成了现代国家，并促使联邦政府逐渐介入公民生活，成为公民平等权利的保护者。时至今日，联邦宪法经过美国最高法院反复阐释，已被铸造为公民权利保护的坚强后盾。但是，这样一种维护公民权利的国家根本大法，当初为什么没有规定废除奴隶制度，赋予黑人以平等的公民权利？它是

---

① 这 12 个州分别为新罕布什尔、马萨诸塞、康涅狄格、纽约、新泽西、宾夕法尼亚、德拉瓦、马里兰、弗吉尼亚、北卡罗来纳、南卡罗来纳和佐治亚。

如何对待奴隶制以及处理奴隶问题的？要解答这些问题，必须回到历史现场。

促使制宪会议召开的原动力，是松散的邦联已经不能应对国家危机，必须建立一个拥有最高主权的联邦政府。制宪精英们需要解决的问题成堆，其中两个最为迫切：“一、能否不通过武力，而通过谈判，通过立法，把革命和战争时团结拢来、胜利后却分道扬镳、各自愈益伸张主权和独立的13个邦联合起来，组成一个国家，建立一个‘全国’‘最高’政府？二、如果能联合，能否把这个政府设计得尽量合理，让组成政府的人们，如麦迪逊所说，各以自己的ambition去制约他人的ambition，达到一种接近平衡的状态，把政府难以避免的恶，抑止在一定限度以内，至少，是个共和国，永远埋葬君主制？”① 这是贯穿制宪会议始终的两个辩论主题。

制宪精英所代表的12个州都声称拥有独立主权，其派出的代表是以平等身份来协商修改邦联条款的。因而，会议伊始，富兰克林就请代表们放弃“唯有自己正确”的观念，以平等姿态相互讨论和协商。制宪会议的“民主”性质，决定了它不可能强制否决某些州代表的主张。同时，制宪代表一致同意，为了避免讨论受到外界影响，会议记录非经许可不得对外公布，会议中的任何发言不得付印、发表和传播。这意味着制宪会议将在一个完全封闭的环境中进行，各州代表之间的政治博弈，将支配或主导制宪的成果。

参加制宪会议的代表是什么人呢？根据查尔斯·A. 比尔德的研究，参加制宪会议的代表大多为律师，其次为银行家、商人和种植园主。他们所代表的，是公债利益集团、生息动产集团、土地投机集团、工商航运集团以及奴隶主集团，没有一个人可以代表小农或技工阶级。② 至于黑人群体，当然更不可能有自己的代表。而且在先后出席会议的55名

---

① 《联邦制宪会议记录的解密和成书》，载［美］詹姆斯·麦迪逊《辩论：美国制宪会议记录》，尹宣译，辽宁教育出版社2003年版，第2—3页。关于制宪会议期间各州代表提出的不同国家构建方案及其争论，参见梁红光《联邦制理念与美国早期的国家构建》第3章第1—2节，上海三联书店2013年版。

② 参见［美］查尔斯·A. 比尔德《美国宪法的经济观》，何希齐译，商务印书馆1984年版，第104—106页。

代表中，有39名来自蓄奴州，8名来自允许贩奴州。无论就个人利益来说，还是就个人所代表的选民利益来说，这些代表大都不愿废除奴隶制。其中，南卡罗来纳与佐治亚两州代表的态度最为坚决，他们反对任何触犯奴隶主利益的宪法条款。① 在这种情况下，制宪会议主要讨论构建一个什么样的联邦政府，而不是如何解放黑人奴隶。② 当然，由于黑人奴隶事关联邦政治和经济，制宪会议有时不得不予以讨论。

制宪代表在讨论议会席位分配时，最早触及了黑人奴隶问题。1787年7月6日，南卡罗来纳代表平克尼将军认为，居民人数是分配议员名额唯一公平可行的标准，计算人数时应将黑人与白人同等计算。当时，南卡罗来纳的黑人奴隶占人口总数的43%，在13个州中比例最高，将黑人与白人同等计算，可以增加南卡罗来纳州的选票总数，有利于其在议会发挥更大的影响力。③ 这一提议立刻遭到新英格兰地区代表的反对。

新泽西州代表威廉·佩特森强调，“黑人只能当作固定资产计算。黑人没有自由，没有个人的公民权利，没有获得固定资产的特权，相反，他们本身就是固定资产，与其他固定资产一样，完全服从主人的意志。弗吉尼亚的人是否拥有多少奴隶，就拥有相应比例的投票权？如果黑人在他们所属的邦里，没有议员代表他们，为什么在总体政府中，又有议员代表他们？代议制的真正原则是什么？代议制基于方便原则，由人民选出一批人来开会议事，免去全体出席的不便。如果人民真的全体出席，奴隶有权投票吗？没有。可是，为什么又有人作为议员代表他们呢？”④ 在佩特森看来，黑人既然在州内没有公民权利，那么计算各州议员名额时，就不应该将他们计算在内，他们不过是一种固定资产而已。

弗吉尼亚代表麦迪逊和马萨诸塞代表鲁夫斯·金倾向于折中计算。

---

① 参见［美］威廉·李·米勒《奴隶制与宪法》，载肯尼思·W. 汤普森编《宪法的政治理论》，张志铭译，生活·读书·新知三联书店1997年版，第200—201页。

② 美国学者查尔斯·A. 比尔德认为，租税、战争、商业管理和处理西部土地的权力，才是制宪代表最为关心的。他们借助这些权力可以保障公债，维持和平，保护工业，开拓领土，其他权力都微不足道。详见［美］查尔斯·A. 比尔德《美国宪法的经济观》，何希齐译，商务印书馆1984年版，第122页。

③ 参见［美］詹姆斯·麦迪逊《辩论：美国制宪会议记录》，尹宣译，辽宁教育出版社2003年版，第278页。

④ 同上书，第292页。

麦迪逊提出了一个替代性方案，即第一院席位按各州自由居民人数分配，第二院意在保护固定资产，应按全体人数分配。马萨诸塞不存在奴隶制度，因此其代表也主张南北各州适当作出妥协。他提醒说：“由于南部各邦最富，若不适当照顾它们的财富，它们不会与北部结盟。反之，如果北部不能从商业优势和其他方面得到好处作为回报，它们也不会与南部联合。13 个邦里，已经有 11 个邦同意，摊派税额时，要把奴隶计算在内；摊派税额与分配席位，应该并行不悖。”① 这一原则获得了制宪代表认可。

尽管南卡罗来纳代表一再坚持，计算各州议员名额时，应该将黑人与白人同等对待，计算纳税人头时，则应将黑人去掉，但是在新英格兰地区代表的坚决抗议下，不得不作出妥协。双方最终达成一致，决定按照“五分之三”原则，将黑人纳入选举人口比率及纳税人头计算。此即美国宪法第一条第二款：众议员名额与直接税的税额，在联邦可包括的各州中，按照各自人口比例进行分配；各州人口，按自由人总数加上所有其他人口的五分之三予以确定；自由人总数包括必须服一定年限劳役的人，但不包括未被征税的印第安人。②

在这里，排除印第安人、服一定年限劳役的自由人后，剩下的“其他人口”即指黑人奴隶。③ 该条款实际上暂时认可了奴隶制的合法性。不过，由于按“五分之三”原则计算，北方各州仍然确保了对众议院席位的控制。1790 年美国人口普查中，北部 8 个州共计 1844309 人，获得 36 个国会议员名额；南部 5 个州共计 1803904 人，占全国人口 49.4%，获得 29 个国会议员名额。④

---

① ［美］詹姆斯·麦迪逊：《辩论：美国制宪会议记录》，尹宣译，辽宁教育出版社 2003 年版，第 293 页。

② 《美国宪法》，载李道揆《美国政府和美国政治》，中国社会科学出版社 1990 年版，第 751—752 页。

③ 9 月 13 日讨论文本时，伦道夫提议将“servitude”（劳役）改为“service”，因为前者易令人联想到黑人奴隶，后者则包含自由人。这一提议得到会议通过。修改以后的文本明确“服劳役一定年限的人”即自由人，“其他人口”即黑人奴隶。参见［美］詹姆斯·麦迪逊《辩论：美国制宪会议记录》，尹宣译，辽宁教育出版社 2003 年版，第 747 页。

④ 参见［美］玛丽·莫斯特《美国宪法：实现良治的基础》，刘永艳、宁春辉译，中共党史出版社 2006 年版，第 156 页。

1787 年 8 月 25 日，制宪会议开始讨论奴隶贸易条款。该条款主张：“宜于承认若干邦现存的人口迁徙和输入，联邦议会在1800 年以前不得立法禁止，但对此类迁徙和输入，应征收税金和关税，税率不得超过进口税的平均税率。”①

制宪代表大都明白，此处的“人口迁徙和输入”实即隐指奴隶贸易。这一条款更多反映了北方代表的意志，因而遭到南方代表反对。平克尼将军提议将“1800 年”改为“1808 年”。麦迪逊反对，认为长时间允许进口奴隶对国家名声不利，对宪法名声的损害更大。当然，双方都知道坚持己见不能解决问题，最终还是选择了妥协。投票结果，7 个州赞成，4 个州反对，平克尼将军的提议获得通过。

反奴隶制的宾夕法尼亚代表古文诺·莫里斯，曾提议将坚持奴隶制的“若干邦”，即北卡罗来纳、南卡罗来纳和佐治亚，在宪法文本中直接标明。“他希望让大家知道，宪法的这一部分，只是对这几个邦的让步”。弗吉尼亚代表梅森上校不反对指明“奴隶输入”，但反对指出该邦的名字，以免冒犯该邦的人民。于是，在该条款中，“人口”被替换为“这种人”，“1800 年”被替换为“1808 年”，表述变为“宜于允许若干邦现存的这种人的迁徙和输入，联邦议会 1808 年以前不得立法禁止”。②

8 月 28 日，制宪会议再度论及黑人奴隶问题。当时，代表委员会提出一份草案：“任何被指控犯有叛国罪、重罪、严重轻罪的个人，不论何邦，若逃离该邦法网，而在另一邦被捕获，根据原所在邦行政当局的要求，应递解到对其罪行拥有司法权的一邦。”巴特勒和平克尼认为应该再补充一点，即“将逃跑的奴隶和佣人作为罪犯送回”。③ 这一提议遭到北方代表反对。对于北方来说，承认奴隶制已经是莫大的让步，要求自己再协助维护奴隶制，断然不能接受。巴特勒未能达到目的，遂

① ［美］詹姆斯·麦迪逊：《辩论：美国制宪会议记录》，尹宣译，辽宁教育出版社 2003 年版，第 612—613 页。

② 同上书，第 612—614 页。威廉·李·米勒认为，制宪会议讨论该条款之前，新英格兰地区各州与南部各州，尤其是康涅狄格与南卡罗来纳，已经暗中达成了妥协。参见［美］威廉·李·米勒《奴隶制与宪法》，载肯尼思·W. 汤普森编《宪法的政治理论》，张志铭译，生活·读书·新知三联书店 1997 年版，第 207 页。

③ ［美］詹姆斯·麦迪逊：《辩论：美国制宪会议记录》，尹宣译，辽宁教育出版社 2003 年版，第 633、634 页。

又提议增加一条新的规定：“任何受契约约束在联邦内的某一个邦服劳役的人，如果逃往另一邦，他或她不得就此解脱劳役，不论他或她逃往的那个邦如何规定，均应递解到对他或她享有劳役权利的邦。”① 此处“服劳役的人”暗指黑人奴隶，同样是为了维护奴隶制度。

按照常理，北方代表也不应同意这一建议。但是，经过多方考虑，他们还是选择了妥协。当然，前提是南卡罗来纳支持他们的航运立法要求。本来，南卡罗来纳依赖奴隶贸易，不愿看到联邦进行贸易管制。但是，在讨论过程中，平尼克将军主动表示：“考虑到革命给东部各邦造成的损失，考虑到东部对南卡罗来纳的慷慨行动，以及当时微弱的南部与强大的东部联合而获得的利益”，不必在议会中设置较高门槛阻止联邦进行贸易管制。巴特勒也表示：“不应该要求三分之二的议员赞同才能制定航运法，过半数就够了。”② 据此，国会可以相对容易地通过航运立法，对各州贸易进行统一管制。这些建议非常符合北方各州要求进行航运立法的呼声。因此，北方各州代表也“见好就收”，同意了巴特勒的奴隶逃亡提议。

由此可见，美国宪法并非制宪代表天马行空臆想的结果，而是讨价还价、相互妥协的产物。因此，在查尔斯·A. 比尔德看来，美国宪法实际上是一个经济文本，反映的是制宪代表及其所代表阶级的利益。制宪代表们从来就没有将奴隶制视为会议亟须解决的核心问题。他们讨论奴隶制，是为了避免在未来的联邦政体中利益受损。事实上，即使赞成废除奴隶制的代表，也不过是主张将黑人奴隶恢复为自由人，并非要赋予他们平等的公民权利。当时，没有几个代表认为黑人有资格获得选举权。

但是，制宪会议作为一次“全国性”集会，还是显示了对于各州“自私”倾向的一种超越。美国宪法暗中许可了奴隶制度和奴隶贸易的存在，但是从未明确使用“slavery”或“slave”之类的概念，甚至根本没有提及黑人。它以“all other Persons”“No Person held to Service or Labour in one State”“such Persons as any of the States now existing”等模

① ［美］詹姆斯·麦迪逊：《辩论：美国制宪会议记录》，尹宣译，辽宁教育出版社 2003 年版，第 641 页。

② 同上书，第 637、638 页。

糊概念，替代了所有隐指黑人奴隶的法律语词。这种措辞为最高法院恢复黑人自由身份留下了充足的拓展余地，也为黑人争取平等公民权利提供了司法上的可能性。[①]

退一步言之，即使美国宪法明确否定奴隶制，赋予黑人平等公民权，也不可能得到贯彻。作为国家根本大法，宪法首先是对既定政治格局的法律认定，其次才是对未来政治的一种规划。如果制宪者将两者次序颠倒，就会引发既得利益者的强烈反抗，致使宪法流于形式，甚至不能获得批准。决定一个国家政治走向的关键，不是理论家的精心设计，而是政治结构、利益格局以及国家精英的合理操作。

第二节　联邦政府与黑人政治身份认定

制宪代表中联邦党人的主要目的，是建立一个具有超越性和更高权威的联邦政府，确立国家最高主权。但是，其主张始终遭到反联邦党人的抨击。

反联邦党人认为，一个强大的中央政府会危及各邦主权，并可能潜在地损害公民的权利和自由，只有州权才是公民权利和自由的忠实捍卫者。[②] 在反联邦党人的坚持下，美国宪法没有明确联邦政府的最高主权性质，仅对联邦与各州之间的权力界限作出了文本认定。根据宪法文本，联邦政府和州政府在各自权限之内，都是最高权力机关。

① 对于宪法的这种措辞，美国学界存在两种看法。部分学者认为，它意味着制宪代表不愿承认奴隶制度的合法性，至少不愿永远承认奴隶制度。虽然第一条第九款规定，联邦政府建立后20年内，南部蓄奴州可继续进口非洲黑奴，国会不能立法禁止，但这仅是一种缓兵之计，最终仍要废除奴隶制度。另一些学者则认为，宪法实际上是支持奴隶制的，宪法中直接涉及奴隶制或奴隶的规定有5条，如“五分之三条款”（the Three-Fifths Clause）、“逃奴条款”（the Fugitive Slave Clause）和“奴隶贸易条款”（the Slave Trade Clause）等。尽管这些条款在遣词造句上极其谨慎，但事实上仍然等于承认了奴隶制度的合宪性。参见王希《原则与妥协：美国宪法的精神与实践》，北京大学出版社2000年版，第204—206页。

② 所谓联邦党人，即指美国制宪期间支持通过联邦宪法的政治精英，他们主张创建统一的主权国家，加强联邦政府权威。反联邦党人则是指与之意见相反的政治精英，他们反对批准联邦宪法，警惕高度中央集权的联邦政府，强调州权自主和个人自由。实际上，反联邦党人才是真正主张联邦主义的政治家。反联邦党人的政治主张详见［美］赫伯特·J. 斯托林编《反联邦党人赞成什么》，汪庆华译，北京大学出版社2006年版。

联邦宪法以列举方式，规定了联邦政府的专有权力，主要包括规定和征收直接税、进口税、捐税和其他税收的权力，创建和维持海军以抵御外侵的权力，管制对外、州际以及与印第安人贸易的权力，决定和管理新加入联邦的边区领土的权力。《宪法》第十条修正案规定，宪法没有授予联邦也未禁止各州行使的权力，仍然由各州或人民保留。一般来说，州政府有权设置地方政府，调整政府组织，合法征收联邦税种以外的税收；有权制定民法、刑法、选举法及公安、卫生、福利方面的法律，管制州内商业贸易，设立学校，监督教育等。对于联邦选举，州在联邦宪法的限定范围之内，有权决定选举资格，设置选举机构，办理选举事务。① 由此可见，美国宪法并没有改变州与公民之间的根本关系，公民在日常生活中接触最多的，也最为依赖的，仍然是州政府。换而言之，州政府仍然是公民政治生活的主导者和保护者。

根据《宪法》规定，各州公民身份的认定取决于州内政治。何人应该拥有选举权，何人应该享有公民资格，何人能够当选议员、州长，都取决于州议院中不同意见的博弈。如果州议院多数意见维持不变，州内公民身份的认定就不会出现突破。无论支持与否，联邦政府只能冷眼旁观，无权进行干涉。不仅如此，联邦政府甚至无法保障其工作人员安全执法。据 1789 年《司法条例》，如果联邦工作人员遭到州法院的不公判决，联邦政府除依靠最高法院进行司法审查外，几乎没有其他有效的保护手段。对于联邦政府来说，各州就像针扎不进、水泼不进的铁桶阵，很难进行合法干预。

19 世纪 30 年代，托克维尔赴美考察时，对南方民主政治呈现出的排他性印象深刻：“只要看一看南部各州的立法机构采取的暴虐措施，看一看那些州的统治者的行径和法院的判例，就不难确信：把印第安人完全撵走，曾是这些州的全部措施所要一致达到的最终目的。住在联邦这一地区的美国人，以贪婪的眼光注视着仍被印第安人占据的土地。他们觉得这些印第安人还没有完全放弃野蛮人生活的传统，所以拟在文明使这些人安心定居以前，就让他们破产而绝望，并逼着他们离开。”联邦政府对此也无力“纠正”：“中央政府为了不使美国联邦陷入危机，

① 参见李昌道《美国联邦中央和州的关系》，《政治与法律》1984 年第 2 期。

也就只好把心一横，听任那几个已经处于半死半活状态的野蛮人部落自消自灭。”①

1787 年制宪会议召开时，南部各州对于奴隶的需求已经接近饱和，奴隶制度呈现出了衰退迹象。所以，只有南卡罗来纳和佐治亚代表，仍然极力维护奴隶制度。但是，1793 年发明的轧棉机，解决了制约种植园经济发展的瓶颈，再度刺激了奴隶贸易发展。轧棉机发明以前，一个奴隶每天拣棉花不足 1 磅，轧棉机发明后，一个老年黑人妇女每天就能轻易拣 50 磅棉花。② 这意味着奴隶可以为种植园主赚取更多的利润。于是，南方对奴隶需求数量剧增，奴隶贸易随之水涨船高。19 世纪初期，奴隶贸易再度变得活跃起来：“1812 年战争以后，人们普遍承认，美国资本、美国船只和美国海员在非洲和新世界之间进行着大规模的奴隶贸易。”③

日益猖獗的奴隶贸易，自然引起北方理想主义者的反感。部分牧师、报刊编辑纷纷公开反对奴隶制，掀起了一场轰轰烈烈的废奴运动。北方政治家为了削弱国会中的南方势力，也积极支持废奴运动。1821 年，马里兰州法院裁定，只要奴隶主向奴隶遗赠财产，就意味着奴隶变成了自由人，因为州法律规定奴隶不得拥有财产。其他北方自由州也先后制定法令，禁止追捕逃亡奴隶。但是，由于南方议员在国会中占据优势，废奴主义者以及北方各州的废奴行动，很难获得联邦国会支持。1828 年，废奴主义者向国会提出申请，要求在哥伦比亚特区废除奴隶制，结果遭到拒绝。1840 年 1 月，众议院通过一项法令，表示不接受任何反对蓄奴的请愿书或决议案。

自由州与蓄奴州之间的冲突，最终促成了“普瑞格诉宾夕法尼亚案”。1832 年，黑人奴隶玛格丽特·摩根（Margaret Morgan）从马里兰州逃到宾夕法尼亚州，其主人雇佣爱德华·普瑞格（Edward Prigg）

① ［美］阿历克西·德·托克维尔：《论美国的民主》上册，董果良译，商务印书馆 1997 年版，第 390 页。

② 参见中共中央马克思恩格斯列宁斯大林著作编译局《马克思恩格斯全集》第 15 卷，人民出版社 1963 年版，第 368 页。

③ ［美］约翰·霍普·富兰克林：《美国黑人史》，张冰姿等译，商务印书馆 1988 年版，第 159 页。

等赶赴宾夕法尼亚追捕，结果被当地法院判处绑架罪。普瑞格等人向联邦最高法院提起诉讼，声称宾夕法尼亚州法律违背了宪法。

1842 年，最高法院经审理后判决，根据联邦宪法规定，奴隶主只要不破坏和平或使用非法暴力，就有权在联邦的任何一州内，抓捕和重新俘获他们的逃亡奴隶；但宪法赋予了联邦政府而非州政府执行“逃奴条款”的权力，所以宾夕法尼亚法律违宪无效。[①] 该判决既确认了奴隶主合法追捕逃亡奴隶的权利，又宣示了联邦政府执行“逃奴条款”的合宪性，可谓“一箭双雕”。

19 世纪上半叶，国会是联邦政府中最有“权势”的权力分支。但是，由于议案表决遵循“多数决”原则，它常常沦为多数派的政治工具。当时，在国会中占据主导地位的是南方议员。1850 年，他们再度主持通过《逃亡奴隶法案》，以便强化追捕逃奴行动。该法案规定，设置联邦专员负责发放允许逮捕和领回逃奴的证明；各州司法机构以及地方政府，必须协助奴隶主追捕逃亡奴隶；任何白人通过宣誓，即可证明自己对黑人奴隶的合法占有；各州公民都有义务按照联邦专员的要求，协助执行逃亡奴隶法案，拒绝遵守法律或妨碍执法者，将被判处罚款或监禁。[②] 根据这一法案，各州都将被捆绑于南方战车之上，共同维护黑人奴隶制度。对此，本就反对奴隶制的北方各州自然异常愤怒。

1855 年，马萨诸塞议会率先通过人身自由法令，规定州内所有政府工作人员，“凡今后逮捕、监禁、拘留或引渡任何逃亡奴隶的人或者协助这样做的人，均处以罚款……及徒刑”，“凡属于马萨诸塞州及该州的任何郡的牢房、监狱或其他拘留所，均不得被使用去拘留或监禁”逃亡奴隶。[③] 随后，其他 9 个自由州也制定了人身保护法令，抵制《逃亡奴隶法案》。1860 年，纽约上诉法院甚至判决，只要奴隶来到自由

---

① *Prigg v. Pennsylavnia*, 41 U. S. 539 (1842)，译文参见北京大学法学院司法研究中心编《宪法的精神：美国联邦最高法院 200 年经典判例选读》，中国方正出版社 2003 年版，第 98—101 页。

② 参见［美］詹姆斯·麦克弗森《火的考验：美国南北战争及重建南部》上册，陈文娟等译，商务印书馆 1993 年版，第 102 页。

③ 刘祚昌：《美国内战史》，人民出版社 1978 年版，第 84 页。

州，就等于获得了人身解放。至此，蓄奴州与自由州的冲突已经不可避免。南方依据州权理论，认为奴隶制度属于州内事务，包括联邦政府在内的其他机构无权干涉；北方则依据州权理论，通过议会立法解放了逃亡而来的黑人奴隶。

1861 年，共和党人林肯成功当选总统。为了避免刺激南方各州的政治神经，林肯明确表示不会废除奴隶制，但是其反对奴隶制西扩的态度，仍然让南方政治家忧虑不已。同年 2 月，南方 7 个州决定退出联邦，另组“美利坚诸州联盟”。他们认为各州有权加入联邦，自然也有权退出联邦。[①] 随后，又有 6 个州加入联盟。任职联邦政府的南方政治家，闻听消息后纷纷南下，支持其所在州的政治决定，联邦政府面临着四分五裂的危险。不过，对于联邦政府来说，南方议员退出也意味着转机的到来。此后，联邦国会变成了北方议员亦即“废奴派”的阵营，使得通过废奴法案变成了可能。而且，南方诸州自动脱离联邦，也为联邦政府后来突破州权至上理论、强制废除奴隶制提供了合法说辞。

最初，联邦政府仅试图限制奴隶制向西部扩张，并没有准备废除奴隶制。战争初期，众议院、参议院先后通过决议，宣布联邦政府涉入战争实属无奈，目的仅为确保宪法至高无上，维护联邦尊严和完整，保护所有州的平等地位，一旦目的实现，就会立刻停战。[②] 然而，前线失利让国会和总统中途改变了想法，他们转而试图通过废除奴隶制，扭转战局。1861 年 8 月，联邦国会制定了第一个《敌产没收法》（*Confiscation Act of* 1861），宣布如果奴隶主允许自己的奴隶被用于支持南部邦联分裂活动，其对于奴隶财产的所有权即宣告作废，奴隶将被从邦联的劳役中解脱出来。1862 年 7 月，国会通过第二个《敌产没收法》（*Confiscation Act of* 1862），宣布凡参与反叛活动的奴隶主，其所拥有的奴隶都将永远获得自由。同时，它还授权联邦法院决定一个奴隶主是否忠于联邦，一个奴隶是否应该被定义为“敌产”；严禁联邦军队中的任何人将

---

① 任军锋从宪政角度对美国内战进行了重新解读，他认为将南方各州视为分裂联邦力量的传统看法过于简单。详见任军锋《宪法缘何“活着”？——评王希〈原则与妥协：美国宪法的精神与实践〉》，载赵晓力编《宪法与公民》，上海人民出版社 2004 年版。

② 参见王金虎《南部奴隶主与美国内战》，人民出版社 2006 年版，第 208 页。

逃奴退还，并保证那些愿意移居其他国家的黑人获得自由权利。[①] 这些国会立法为林肯解放奴隶奠定了法律基础。

1862 年 9 月，林肯总统起草了《解放宣言》草案，宣布自次年 1 月 1 日开始，南方叛乱各州奴隶立刻获得永久自由权，并将得到联邦政府的承认和保护。这一宣言以及前述国会立法，意味着联邦政府将突破美国宪法的规定，担负起重新认定黑人政治身份的责任。在此之前，联邦政府为了避免激怒南部蓄奴州，承认奴隶制属于州内事务，自己无权干涉，黑人是否为奴的依据，主要是州法律和奴隶主的宣誓。现在，联邦政府则明确表示，联邦才是黑人政治身份的认定者。就联邦与各州关系来说，这无疑是一个极为重要的权力转移。它意味着联邦政府而非州政府，将成为公民资格的认定者。

不过，林肯总统对中央集权非常警惕。他再三强调，战争的本意是为了维护联邦完整，而不是干涉各州内部事务，因而，南方各州重新加入联邦以后，仍然有权自行决定如何赋予黑人公民权利。国会中的激进派议员则持反对意见，他们认为将黑人公民权交还给南方州，就等于交还给白人议员，问题将回到起点。因此，他们强调联邦政府必须出面，强制南方赋予黑人平等公民权。战争获得胜利后，他们推动国会通过了相关法案，对黑人公民权利进行有限保护，进而又促使国会以宪法修正案的形式，宣布在美国领土范围内永久废除奴隶制度。

无论林肯总统，还是继任的安德鲁·约翰逊总统，一再表示公民选举权从属于州权，联邦政府无权干涉。换言之，南方各州有权自行决定是否赋予黑人选举权。在这种思想指导下，安德鲁·约翰逊默认各州自行召开制宪大会，负责制定新的州宪法。各州制宪大会也果如北方激进派议员所料，在承认黑人恢复为自由人之后，又设置种种障碍，将他们排除在了选举之外。

以激进共和党人为核心的国会，对约翰逊总统的“放任政策”极其不满。1866 年年初，联邦国会通过《自由民局法案》（*Freedmen's Bureau Bill*）修正案，要求将黑人民权置于联邦保护之下，侵犯黑人权

---

① 参见王希《原则与妥协：美国宪法的精神与实践》，北京大学出版社 2000 年版，第 257、263 页。

利者将由联邦军事法庭审理，或接受自由民局的制裁。同时，联邦国会通过的《公民权利法案》（*The Civil Rights Act of* 1866）规定，所有出生于美国境内者（除印第安人外），只要不受任何外国法律的管辖，即为美国（联邦）公民（Citizens of the United States）；所有美国公民，无论种族、肤色和以前是否受过奴役，皆在联邦境内各州和领地上享有平等权利。① 这一法案将黑人纳入“美国公民”范畴，彻底推翻了斯科特判决对于黑人奴隶身份的界定。

但是，这两项法案均遭到约翰逊总统否决。约翰逊总统认为，自由民局（Freedmen's Bureau）是一个战时临时机构，战争结束后应该立即撤销；民权法案介入公民权利保护，是对各州司法权的一种明显侵犯，公民权利保护从属于州权，联邦不能干预。更为重要的是，约翰逊总统强调，该法案在通过时，“国会中没有来自主要受其条款影响的那十一个州的参议员和众议员”②，因而是违背宪法精神的。

约翰逊总统此举激怒了国会中的共和党人。1866 年夏，他们推动国会再次通过了《公民权利法案》和《自由民局法案》修正案。随后又通过了第十四条宪法修正案，规定：“所有在合众国出生或归化并受其管辖的人，都是合众国的和他们居住州的公民。任何一州，都不得制定或实施限制合众国公民的特权或豁免权的任何法律；不经正当法律程序，不得剥夺任何人的生命、自由或财产；在州管辖范围内，也不得拒绝给予任何人以平等法律保护。”③ 1870 年 2 月，国会又通过第十五条宪法修正案，规定：“合众国公民的选举权，不得因种族、肤色或以前

① “The Civil Rights Act, April 9, 1866”, Henry Steele Commager ed. , *Documents of American History*, Vol. Ⅰ, pp. 464 – 465，转引自王希《原则与妥协：美国宪法的精神与实践》，北京大学出版社 2000 年版，第 285 页。

② ［美］詹姆斯·麦克弗森：《火的考验：美国南北战争及重建南部》上册，陈文娟等译，商务印书馆 1993 年版，第 252 页。

③ 《美国宪法修正案》，载李道揆《美国政府和政治》，中国社会科学出版社 1990 年版，第 767 页。麦克弗森认为，第十四条修正案存在一个措辞上的漏洞，即它没有在“各州均不得制定和实施剥夺美国公民的特权或豁免权的法律”一句中，加上“或者其所居住州的”字样，从而为最高法院故意区分州公民权和国家公民权提供了发挥余地。最高法院在 1873 年屠宰场案判决中，就是通过这种区分削弱了联邦政府的民权保护行动。详见［美］詹姆斯·麦克弗森《火的考验：美国南北战争及重建南部》下册，刘世龙等译，商务印书馆 1994 年版，第 256 页。

是奴隶而被合众国或任何一州加以拒绝或限制。国会有权以适当立法来实施本条。”①

无论国会出于何种考虑，它先后通过的《民权法案》及第十四、第十五条宪法修正案，皆为黑人争取平等公民权利提供了法律依据。但是，州权是美国联邦存在的前提，只要联邦仍然承认州权自主，就不能随意介入各州内部事务。换言之，联邦政府要想真正贯彻民权保护，就必须突破州权绝对自主的理论，在自己与州政府之间寻求新的平衡。不过，内战刚刚结束后，联邦政府显然还不具备这种政治能力。首先，国会、总统和最高法院三个权力分支，在公民权归属问题上意见相左，无法达成一致；其次，国会内部日渐分裂，温和派实现了维护联邦统一的目标之后，不主张再采取激进行动②，更何况，南方诸多资深议员回归后，重新掌握了国会委员会中的关键位置，对激进共和党人形成极大限制；最后，即使联邦政府拥有介入公民权利保护的合法性，它也没有财力或实力确保各州认真执行。

根据以上分析，可知南北战争以后被解放的多数黑人，注定难以真正获得平等公民权。“解放黑人”仅仅是联邦政府的一种承诺，不是黑人群体自身抗争的结果。而联邦政府在解决了分裂危机之后，已没有动力和能力落实黑人的公民权利。从动力角度来说，联邦政府此时迫切关心的，不是少数族裔权利，而是如何重新回到常规政治轨道。从能力角度来说，联邦政府只要继续承认州权自主，就必须从南方逐步撤出，让南方各州议会自主决定各自州内的事务。而一旦南方州议会重新获得自主，在议会中占据主导地位的白人议员，必定会借助各种各样的手段，将黑人公民权变得有名无实。事实上，黑人也确实刚刚脱离奴隶制枷锁，便又陷入了种族隔离的深渊。

---

① 《美国宪法修正案》，载李道揆《美国政府和政治》，中国社会科学出版社 1990 年版，第 768 页。

② 在南方重建问题上，联邦国会内部分裂为激进与温和两派。温和派相对能够满足各方面的要求，他们的领袖威廉·P. 费森登（William P. Fessenden）担任国会联合重建委员会主席，能够影响委员会决策。因此，联邦国会在重建过程中采取的行动，并不像民权立法所显示的那样激进。详细情况参见顾銮斋主编《西方宪政史》第 5 卷，人民出版社 2013 年版，第 190—191 页。

第三节　最高法院"缺席"黑人民权保护

在现代人心目中，美国最高法院乃是少数公民权利的捍卫者，是公平与正义的化身。不过，早在 1957 年，罗伯特·达尔就撰文指出，美国最高法院实质上是"国家执政联盟"（the ruling national coalitions）中的一员，它很少能够成功阻止多数人坚定不移的追求，从而履行维护少数人权利的义务；相反，它最有可能挫败的是少数群体的脆弱行动。[①] 征诸 20 世纪 40 年代以前联邦最高法院的审判轨迹可知，罗伯特·达尔的看法确有实据。早期美国最高法院受制于联邦权力结构，更多关注和维护联邦国家主权，很少为了保护黑人群体权利而触动南方各州的敏感神经。在某种意义上，它更像是联邦政府的挡箭牌。当然，这种角色是历史形成的，并不是最高法院自愿选择的结果。

1789 年 9 月，联邦国会根据《司法法案》（*Judicial Act*）设立了最高法院。最高法院由 1 名首席大法官和 5 名大法官组成。次年 2 月，最高法院在纽约皇家证券大楼宣布成立，约翰·杰伊被提名担任首席大法官。宪法规定最高法院拥有司法权，但是没有说明其权限和行使方式。而且，由于联邦政府缺乏权威，多数政客更看重州内职位，不愿意参加联邦政治。两位被总统提名的大法官就没有到任。首席法官约翰·杰伊说："（我）实实在在地相信（perfectly convinced），在一种有如此缺陷的制度下，最高法院既没有一种必不可少的活力、分量和尊严，使其能够支持联邦政府，也不拥有它应该获得的、公众把它视为国家正义最终保护者的那种信任和尊重。"[②]

更重要的是，不同政治精英对最高法院的定位，存在截然不同的看

---

① Robert A. Dahl, "Decision-Making in a Democracy: The Supreme Court as a National Policy-Maker", *Journal of Public Law*, 6 (Fall, 1957), pp. 279 – 295. 在此文中，罗伯特·达尔讨论的核心问题是最高法院参与国家决策的程度，而不是少数群体权利保护问题。查尔斯·布莱克的观点与达尔相近，他认为最高法院首要的和最必要的功能，是宣告立法有效而非立法无效，司法审查的意义，在于使人民满意于政府在有限权力范围内行使职权，因而，最高法院实际上是政府正当化的工具。

② 1801 年 1 月 2 日杰伊致亚当斯的信，转引自任东来等《美国宪政历程：影响美国的 25 个宪法大案》，中国法制出版社 2004 年版，前言第 4—5 页。

法。以杰斐逊为代表的反联邦党人认为，组成联邦的各州有权自主解释宪法；以丹尼尔·韦伯斯特为代表的联邦党人则强调，宪法需要单一、权威的解释者，这个解释者既不能为公众压力所左右，也不能频繁地更换，将宪法解释权留给大众，只能招致冗长的争议和喋喋不休。[①] 在这种情况下，最高法院很难获得独立发展空间。当时，与其说它是独立的权力分支，不如说是两党相争的政治舞台。最高法院如果想摆脱尴尬、树立权威，只能竭力争取宪法的唯一解释权。但是，由于联邦宪法解释权与州权自主理论密不可分，最高法院的任何“揽权”举动，都会遭到反联邦党人的抵制。

亚当斯总统离职前夕，联邦党人主导下的国会通过了《1801 年司法条例》，试图通过增加联邦法官人数、减少最高法院法官人数，抵制即将上台的反联邦党人领袖杰斐逊总统。“他们是想使联邦司法机关成为一架对抗共和党政府的‘政府机器’。”[②] 亚当斯总统任命了多位联邦法官和治安法官，以便继续维持联邦党人的影响力。这一举动自然遭到反联邦党人议员的抨击。杰斐逊总统上台后，指示国务卿扣押了亚当斯总统签发的法官任命书。

迟迟没有收到任命书的富商威廉·马伯里（William Marbury），一气之下将国务卿詹姆斯·麦迪逊（James Madison）告上了最高法院。

面对两党之争，最高法院处于夹缝之中，动辄得咎。但是，他们不希望始终扮演傀儡的角色。马歇尔首席大法官试图以退为进、以守为攻，趁机确立解释宪法的合法权力。1803 年，马歇尔法院针对马伯里诉麦迪逊案宣布，判定一项法律是否符合宪法与立法机构无关，最高法院是所有联邦法律问题的最终仲裁机关。不过，判决书同时强调，最高法院拥有宪法的最终解释权，有权判定最高行政当局的行为和命令是否违宪，有权否决行政当局的违宪行为和命令。[③]

马歇尔主持下的最高法院，虽然没有解决马伯里等人的任命问题，

---

① ［美］基斯·威廷顿：《司法至上的政治基础：美国历史上的总统、最高法院及宪政领导权》，牛悦译，北京大学出版社 2010 年版，第 3—4 页。

② 刘祚昌：《杰斐逊全传》，齐鲁书社 2005 年版，第 759 页。

③ 参见任东来等《美国宪政历程：影响美国的 25 个宪法大案》，中国法制出版社 2004 年版，第 37 页。

但是其判决明确了最高法院的宪法解释权，为最高法院介入司法审查奠定了理论基础。此后，最高法院又通过麦考洛克诉马里兰州案、达特茅斯学院案、吉本斯诉奥格登案等判决，将宪法中隐含的司法审查精神真正贯彻到了现实政治中。

马歇尔法院的精巧判决让反联邦党人政府难以找到抨击借口。但是，最高法院的宪法解释地位并不稳固。几十年后，安德鲁·杰克逊总统（Andrew Jackson）在任期间，仍然否认最高法院拥有唯一宪法解释权。1832 年 7 月，他在否决一项国会决议案时宣称，联邦国会、行政机构和法院"都必须以它自己对宪法的理解为准"，完全依赖司法判例等于允许"有一个危险的权力来源，它不应该被用来决定宪法权力问题，除非人民和州也默许这样做"。[①] 杰克逊总统的质疑让最高法院不得不时刻小心。它必须摸清总统和国会的政治底线，不能纯粹"司法用事"。换言之，最高法院只有小心翼翼地维护总统和国会权威，或避免与其正面冲突，才能保持相对的独立性。

最高法院大法官可以终身任职，没有后顾之忧，如果不考虑政治大局，完全可以"一意孤行"。但是，多数大法官进入最高法院之前，都拥有丰富的司法和政治经历，深知司法之局限和政治之复杂。他们首先是深谋远虑的政治家，其次才是追求正义的大法官。在关系国家命运的重大问题上，即使总统和国会不对他们施加压力，多数大法官经过审慎考虑之后，也往往会予以配合，以免联邦政府陷于停摆。因此，他们在事关联邦权力划分的公民权利保护领域，态度极其谨慎，不到万不得已不愿接受诉讼。

长久以来，公民权利保护一直属于州内事务，联邦政府无权干预。联邦如果介入，就意味着侵犯州主权，有可能会引发州政府的强烈抗议。鉴于这种历史传统，19 世纪上半叶，最高法院接到来自各州的公民权利保护诉讼时，大都选择了拒绝受理。1833 年，它在"巴伦诉巴尔的摩案"（*Barron V. Baltimore*）中表示，《权利法案》防范的主要对象，是联邦政府而非州政府；各州人民拥有限制州政府的绝对权力，联

① ［美］西德尼·M. 米尔奇斯、迈克尔·尼尔森：《美国总统制：起源与发展》，朱全红译，华东师范大学出版社 2008 年版，第 128 页。

邦政府无权干涉。[1] 隐含在这种司法立场背后的真意，是最高法院不想介入“政治丛林”，以免破坏联邦与各州之间的权力平衡。当时，在多数大法官的眼中，维持联邦与各州之间的权力平衡，远比保护公民权利更为重要。

面对白人公民的民权诉求，最高法院尚且如此谨慎，他们对于黑人奴隶诉讼的态度，自然可想而知。奴隶制关系到南方各州的经济命脉，一着不慎，便可能导致满盘皆输。最高法院颇有自知之明，很少受理有关黑人奴隶的诉讼。内战之前，它仅处理了3件相关诉讼。而且，几乎所有大法官都认为，黑人奴隶属于财产，没有资格获得公民权。坦尼大法官甚至公开表示，不仅黑人奴隶无权获得公民权，连自由黑人都没有资格被归化为美国公民。[2] 最高法院体现出的司法立场，基本上是牺牲黑人公民权利、强化联邦权威，极力维持联邦与各州之间的权力平衡。

内战结束后，最高法院更加注重联邦权威的构建。仅1867年，它就否决了10部州定法律。共和党主导下的国会，亦给予了最高法院积极支持，承认它有权确定州权行动的宪法范围。[3] 就这样，最高法院为联邦权威提供宪法支持，联邦国会为司法权威提供政治后盾，两者分工合作、各有所取，共同铸造起了联邦政府的权威性。当然，拥有精湛法学素养的大法官们，毕竟不同于深陷权力旋涡的政治家，他们固然关注联邦权威，但是同样了解州权和公民权之不可或缺。当联邦权威受到威胁时，他们往往选择抑制州权；当州权和公民权受到损害时，他们又转而限制联邦权力。

内战结束后，国会在激进共和党人的主导下，颁布解放黑人奴隶、赋予黑人公民权的宪法修正案，推翻了斯科特判决以及《1790年联邦归化法案》，将包括黑人在内的有色人种纳入公民范畴，为少数族裔争

---

① *Barron v. Baltimore*, 32 U. S. 243（1833），转引自白雪峰《美国联邦最高法院与〈权利法案〉联邦化》，《文史哲》2012年第1期。

② 参见宋云伟《美国内战前联邦制因素对奴隶制相关案件的影响》，《法学家》2008年第6期。这三个判例分别是格罗伍思诉斯劳特案（*Gvoes v. Slaughter*, 40 U. S. 1841）、普瑞格诉宾州案（*Prigg v. Pennsylvania*, 41 U. S. 1842）、司各特案（*Dred Scott*, 60 U. S. 1857）。

③ 参见［美］基斯·威廷顿《司法至上的政治基础：美国历史上的总统、最高法院及宪政领导权》，牛悦译，北京大学出版社2010年版，第123—124页。

取平等权利提供了司法根基。更为重要的是，它预示着联邦政府即将取代州政府，成为公民资格的认定者和公民权利的保护者。此时的最高法院虽经林肯总统“换血”[①]，渐渐成为废奴主义者的阵营，但是多数法官基于二元联邦主义传统，始终对联邦政府的权力扩张忧心忡忡。在他们看来，公民权利绝对受州保护或完全受联邦保护，都存在不可预知的潜在危险。因而，19 世纪下半叶，最高法院转而通过司法审判，极力限制联邦介入公民权利保护。

在 1873 年屠宰场组案（*Slaughterhouse cases*）判决中，最高法院宣布，根据宪法修正案，每个公民都分别拥有“联邦公民”和“州公民”两种身份；出入首都华盛顿、寻求公海保护、使用联邦水域、集会请愿、要求人身保护等，属于联邦公民权利，接受联邦政府保护；包括选举在内的其他日常公民权利，则属于州公民所有，接受州政府保护。1874 年，最高法院在迈纳诉哈珀塞特（*Minor v. Happersett*）一案中，进而区分了公民权与选举权概念，认为公民权不必然包含选举权，第十五修正案并没有赋予联邦公民选举权。两年后，最高法院又在美国诉克鲁克香克案（*United States v. Cruikshank*）中，区分了公民个人行为与州行为，并认为第十四修正案仅能被用于惩罚州政府侵犯公民权的行为，而不能用于制裁公民的侵权行为。同年审理的美国诉里斯案（*United States v. Reese*）宣布，第十五宪法修正案没有直接赋予黑人选举权，所以黑人的选举权不属于受联邦政府管理的公民权利。1883 年，最高法院在民权诉案中再度重申，联邦国会无权干涉公共场合中的私人行为，第十四修正案规定的自由黑人权利保护，应由各州政府自主实施。[②]

自内战结束至罗斯福新政，最高法院仅偶尔作出判决，禁止各州政府侵犯公民权利。在多数判决中，它对联邦是否会借助民权保护“吞

---

① 1864 年 11 月，林肯总统任命萨蒙·P. 蔡斯（Salmon Portland Chase）担任最高法院首席大法官。蔡斯是一位坚定的废奴主义者，他上台后基本扭转了最高法院的保守立场，支持作出了许多支持黑人解放的司法判决。

② 参见王希《原则与妥协：美国宪法的精神与实践》，北京大学出版社 2000 年版，第 322—330 页；胡晓进《每个人的权利：美国宪法第十四条修正案与美国民权的历史演变》，《法制现代化研究》2006 年第 1 期，第 80—81 页；彭亚楠《谁才有资格违宪？——美国宪法的“政府行为”理论》，载赵晓力编《宪法与公民》，上海人民出版社 2004 年版，第 237 页。

噬”州权，似乎更为警惕。多数法官出于司法信仰或者政治考虑，始终坚持认为，公民日常权利应受州政府保护，州政府才是公民权利的真正依靠。为了达到这一目标，他们甚至不惜扭曲宪法本意，“创造”了若干脱离实际的司法解释。这些司法解释为种族歧视提供了合法空间，使得联邦政府迟迟不能介入民权保护，导致少数族裔找不到有效的申诉和求助渠道。

当然，最高法院并非“顽固”坚持传统。实际上，它在区分“联邦公民”与“州公民”“政府行为”与“私人行为”“公民权”与“选举权”等概念的过程中，已经承认了联邦政府在公民权利保护领域的权力拓展，赋予了联邦政府保护公民权利的合法根基。只不过，它不希望联邦政府完全取代州政府，成为公民权利的唯一保护者，才进行了诸多司法限定。

小　结

现代国家以主权者的确立为前提。主权者通过垄断合法使用暴力的权利，瓦解各种小共同体，成为公民权利的主要甚至唯一保护者。就此而言，公民权利保护与国家建设相辅相成，没有公民就没有国家，没有国家就不存在公民权利保护。在现代世界里，只有主权国家才能承担保护公民的重任。所谓公民社会，是以现代国家为场域发展起来的，或者说是附着于现代国家之上的。

以此审视 19 世纪以前的北美殖民地，可知它们尚不具备现代国家所需的基本要素。当时，各州（邦）都拥有独立主权，都可以自主决定谁能成为公民，谁能行使选举权。每个州（邦）的政治都是封闭性的，不容联邦政府介入。多数州公民也不认为作为各州协调机构的联邦政府，可以忠实有效地保护公民权利。相反，他们坚守长期以来的政治信念，认为州（邦）政府才是公民权利的最佳捍卫者。这种思想传统所造就的政治格局，使得联邦政府无权解放黑人奴隶，遑论赋予他们平等公民权。

进入 19 世纪后，联邦国会、行政与司法三个权力分支之间的相互牵制，联邦与各州之间的二元对立，仍然困扰着美国国家治理和公民权利保护。受联邦与各州二元对立传统的限制，联邦政府迟迟不能获得合法废除奴隶制的权力；即使强制废除以后，也无力确保黑人平等公民权的落实。只要联邦政府承认南方各州自主权，南方各州就会以各种各样的方式限制黑人，使联邦政府赋予他们的选举权沦为形式。从这个角度来说，与其说南方白人剥夺了黑人平等公民权，不如说联邦主义政治阻碍了黑人行使平等公民权。

第二章
联邦政权建设与公民权利联邦化

参加制宪会议的各州代表，对于强权政府抱有天然的戒心。他们所规划的联邦政府，处处闪烁着权力制衡的影子：横向的三权分立和纵向的二元对立。这种缜密的权力制衡，确实在一定程度上抑制了政治专断，降低了联邦政府侵犯公民权利的可能性，但是也使得国家陷入碎片化境地，无法行使治理职能。因而，从 19 世纪初期开始，一种强化联邦权威、提高国家能力的观念，就在上层精英中不断滋长和蔓延。随着两次世界大战和经济危机的出现，这种国家建设观念逐渐找到了用武之地。

第一节　三权分立基础上的联邦权力集中

美国联邦宪法规定了一套三权分立、相互制约的政治设计，联邦国会通过的命令、决议或表决，必须送交总统批准后始能生效，如果总统不批准，国会必须经三分之二议员重新通过，始能成为法律；总统在提名和任命大使、公使、最高法院法官时，必须咨询参议院意见并征得其同意；联邦最高法院和国会设立的下级法院，负责审理基于联邦宪法、联邦法律或条约的诉讼。从理论上来说，这种三权分立的政治设计，能够有效地防止权力集中和专断，是人类政治文明的一个重大突破。但是，在社会现实中，如果国家“主权者”支离破碎，不能形成主次明确的权力体系，它又如何履行国家治理的职能？

事实上，美国建国之初，联邦政府内部确实杂乱无序。三个权力分支之间既不能相互制衡，也无法相互支撑。最高法院争取宪法唯一解释权的行动，始终面临着总统的暗中甚至公开抵制；总统扩大行政权威的努力，又经常遭到国会的驳斥。反过来，国会独享立法权的宪法规定，也不断受到总统抨击。即使联邦行政分支内部，对于是否应该强化总统权威，以及强化到什么程度，都存在难以化解的分歧。

华盛顿和亚当斯在任时，倾向于强化行政权威，提高白宫在三个权力分支中的地位。进入19世纪后，长期执政的民主共和党人则反其道而行之。他们奉行州权主义，反对扩张联邦行政权力，极力主张将行政权力严格限定在宪法规定的最低范围之内。他们不希望白宫成为联邦政府的政治核心。

1829年，安德鲁·杰克逊就任总统后，同样奉行州权主义，但与其前任不同，他不满足于总统在联邦内部的脆弱地位，开始要求摆脱来自国会的控制。“从詹姆斯·麦迪逊到约翰·昆西·亚当斯，总统行政机构的特点是受国会的控制，而扩大的选民群体的支持则将行政机构从这样的困境中解救了出来。”① 安德鲁·杰克逊宣称，总统是人民的直接代表，国会制定法案时，必须要考虑总统的意见。杰克逊总统在任期间，成功否决了国会通过的12项法案。1845年波尔克总统上台后，继续致力于扩张总统权力，通过监督各行政机构提交国会的预算，巩固杰克逊开创的总统体制。他一直强调，总统在人民选举的各种代表中享有特殊地位，不能受国会任意摆布。

内战前夕上台的林肯总统，原是一位反对行政扩张的辉格党人。②不过，由于内战爆发时，国会正值休会，林肯总统便在危急时刻，超越宪法赋予总统的职权，承担起了维护国家统一的重任。他动员民兵，封锁南部海岸，扩充陆军和海军，终止人身保护权令，实施军事管制，其中诸多举动都明显超越了美国宪法规定的总统职权范围。③ 但是，对于林肯的超常规行动，国会和最高法院没有强行制止，仅给予了象征性告

---

① ［美］西德尼·M. 米尔奇斯、迈克尔·尼尔森：《美国总统制：起源与发展》，朱全红译，华东师范大学出版社2008年版，第125页。

② 辉格党是安德鲁·杰克逊总统在任时，由各个反对党领袖组成的一个联合政党。它强调国会立法权高于总统行政权，反对杰克逊总统扩张行政权，反对总统专断。19世纪50年代初期，该党党员围绕奴隶制存废发生分裂。

③ 参见［美］西德尼·M. 米尔奇斯、迈克尔·尼尔森《美国总统制：起源与发展》，朱全红译，华东师范大学出版社2008年版，第161—162页。

诚。他们都清楚，在国家存亡之际，只能依赖行政机构迅速决断、随机应变。由此，总统在国家危急时刻的特殊权力和地位得到了承认。不过，林肯总统深知权力制衡之必要，运用行政权力时极为克制，很少依赖军功抑制其他两个权力分支。而且，一俟战争结束，他就主动归还了原属各州的常规权力，努力使国家回归先前的联邦主义体制。

内战结束后，共和党人主导下的联邦国会，不满于行政权力膨胀，频频限制总统的职权范围。它先后颁布《战后重建法》和《终身职务法》，禁止总统未经参议院同意撤销文职官员；通过《陆军拨款法案》，"实际上剥夺了总统作为三军总司令的宪法职权"；进而，又授权南方军事指挥官不必理会联邦及州行政官员的命令。① 安德鲁·约翰逊总统继任后，对国会的举动异常愤怒，屡次否决国会法案，甚至违背参议院意愿，解除了军事部长斯丹顿的职务。② 他强调说，总统有权独立解释宪法，不受国会限制。这些行动反过来又激起了国会议员的强烈不满，他们几乎将安德鲁·约翰逊弹劾下台。从 19 世纪 70 年代到 80 年代，国会不断利用自己受理上诉、进行调查的特权，干预内阁各部的工作，迫使各部向国会而非总统负责。③

但是，从效果来看，国会的意图并没有根本实现。联邦行政权力不但没有萎缩，反而变得愈来愈强大。威尔弗雷德·宾克利说："当格兰特总统离任时，参议院内外没有人相信，在之后的 10 年里，行政当局

---

① 参见［美］基斯·威廷顿《司法至上的政治基础：美国历史上的总统、最高法院及宪政领导权》，牛悦译，北京大学出版社 2010 年版，第 196—198 页。

② 埃德温·M. 斯丹顿（Edwin McMasters Stanton）是一个坚定的废奴主义者，南北战争期间担任北方军事部长。林肯被刺杀后，由于不同意优待南方蓄奴各州，被约翰逊总统革职。1868 年 1 月，参议院根据《官员任期法案》（*Tenure of Office Act*），否决了约翰逊总统的革职命令。

③ 关于南北战争后国会与白宫之间的权力斗争，参见刘绪贻、杨生茂主编《美国通史》第 3 卷，人民出版社 2005 年版，第 219 页。另外，韦伯论述美国政治时指出，参议院与总统之间的权力之争主要围绕官职任命而展开："参议员是有权力的政治家。对比之下，众议院在政治上来说权力甚微，因为它不能过问官职的任命，而阁员们既然只是总统的助手，那么因为总统独立于所有的人（包括国会）而从人民得到正当性，阁员便可以独立于（众议院）的信任或不信任，径自执行职务。"详见［德］马克斯·韦伯《学术与政治》，钱永祥译，广西师范大学出版社 2010 年版，第 245 页。

为保护对行政部门的控制权，能够四次成功地挑战并决定性地击退参议院。”[①] 1887 年，在克利夫兰总统的积极争取下，国会最终废止《官员任期法案》（*Tenure of Office Act*），恢复了总统独立任免官员的职权。此后，总统在提名内阁成员、制定和否决行政政策、解雇联邦官员等领域，都逐渐确立了优势地位。1890 年最高法院的尼格尔案（*In Re Neagle*）判决，更是为“帝王总统”铺平了道路。该判决认为，总统权力并不局限于国会立法或联邦条约所规定的条款，还包括由宪法、国际关系以及宪法为政府所提供的保护所带来的权利、责任和义务。这是最高法院首次明确表明，总统在国际事务中拥有固定权力。[②]

当然，19 世纪后半期，总统权力仍然是有限的。他们对于联邦财政开支或各行政部门的政策执行，几乎不能施加任何影响。1921 年《预算与审计法》通过之前，总统在联邦税收和开支上的权力，“如果不是完全没有的话也是几乎不存在”[③]。国会控制着政府，总统仅处于行政管理的边缘。[④] 至少在和平时期，联邦各个部门和机构进行年度预算时，以及国会各委员会进行审核时，很少咨询总统的意见。总统更像是一个财政预算的旁观者，而非参与者。这种权力格局使得总统缺少有效执行能力，难以应付日益凸显的国家危机。

20 世纪初，西奥多·罗斯福总统上台后，继续争取扩大白宫行政权。他任命了 6 个独立委员会，分别负责调查政府科学工作、行政管理、公共用地、内陆航道、国民生活和国家储备等情况。这些委员会无须经国会批准，直接对总统负责。在此之前，综合行政评估权一直归属国会，现在则开始向白宫转移。1905 年，罗斯福总统又成立部门管理委员会（Committee on Department Methods），负责接受私营企业对政府

---

① ［美］法利德·扎卡利亚：《从财富到权力》，门洪华、孙英春译，新华出版社 2001 年版，第 159 页。在这本书中，作者着力探讨了美国从孤立主义到参与帝国战争的战略转变。

② 参见杨生茂《试论美国宪法与美国总统在外交事务中的权力》，《世界历史》1988 年第 5 期。关于美国总统与国会争夺对外事务权，另可参见胡晓进、任东来《美国总统与国会的对外事务权之争》，载孙哲主编《美国国会研究 Ⅱ》，复旦大学出版社 2003 年版。

③ ［美］基斯·威廷顿：《司法至上的政治基础：美国历史上的总统、最高法院及宪政领导权》，牛悦译，北京大学出版社 2010 年版，第 200 页。

④ 参见［美］乔纳森·卡恩《预算民主：美国的国家建设和公民权（1890—1928）》，叶娟丽等译，上海格致出版社 2008 年版，第 142 页。

商业交易的投诉。总统宣称，白宫对各个行政部门的正当运行负有主要责任。[①]

部门管理委员会的设立，意味着总统开始介入行政管理。对此，国会极为警惕，它通过法令要求总统提供详细的财政开支报告，限制总统资助独立委员会。但是，尽管如此，总统还是获得了向国会提供拨款建议的权力，为其参与国家财政决策打开了一个缺口。美国学者乔纳森·卡恩指出，在西奥多·罗斯福时期，总统重新成为国家行政管理的重要力量，他大刀阔斧地利用总统职权干预经济，调解社会各集团之间的利益和矛盾，将总统的权力范围扩大到了对全国的安全、繁荣和幸福负责。[②]

威廉·霍华德·塔夫脱总统上台后，通过建立预算制度，更深入地参与到了联邦政治决策之中。他要求新成立的节约与效率委员会，负责调查联邦各部门的组织、人事、工作方法、会计报告、国家预算等工作，并确定了它们分别在联邦政府中的位置和权力。[③] 而且，塔夫脱总统还反复强调，国会无权干预总统从行政部门那里获取预算信息。虽然这一设想没有立即获得成功，但是在其继任者威尔逊总统持续努力下，国会最终于 1921 年通过《预算与审计法》，明确承认了总统主持制定和提交联邦预算的权力。紧接着，新成立的预算局发布公告，规定在未获得总统同意之前，联邦各部门的任何拨款要求都不得提交国会两院或者其中的任何委员会。[④]

经济危机最终扭转了国会与总统之间的“不平等”关系。1933 年，富兰克林·罗斯福总统在就职演说中表示，他希望联邦行政与立法能够保持平衡，以便应对美国面临的经济危机，必要时，甚至应该允许总统采取紧急行动：“总统有权力按照公众利益的需要采取行动，即使法律没有明文授权，有时甚至违反法律的规定。”罗斯福还强调，“假如国

---

① 参见［美］乔纳森·卡恩《预算民主：美国的国家建设和公民权（1890—1928）》，叶娟丽等译，上海格致出版社 2008 年版，第 143 页。

② 参见［美］王希《原则与妥协：美国宪法的精神与实践》，北京大学出版社 2000 年版，第 382 页。

③ 参见［美］乔纳森·卡恩《预算民主：美国的国家建设和公民权（1890—1928）》，叶娟丽等译，上海格致出版社 2008 年版，第 143—147 页。

④ 同上书，第 194—195 页。

会不采取行动，或不采取充分行动，我便负起责任，我便要采取行动”。罗斯福演说开启了行政权力新一轮扩张的序幕。此后，总统主导联邦政府的雄心与日俱增。杜鲁门总统强调“没有一个人能代替总统作决定”；肯尼迪总统认为，“总统必须懂得如何领导国会，何时要同国会协商，何时独作主张”；尼克松总统则表示，“总统的主要责任就是领导”，而不是“说服”。①

从20世纪30年代开始，美国总统积极利用宪法规定的立法创议权以及《预算与审计法》介入国会决策。② 他们除了积极制定、提交和执行预算外，还时常修正国会拨款立法，扣留某些项目经费，甚至终止项目实施。③ 罗斯福总统向国会提出了大量关于清理银行、复兴工业和调整农业的提案，这些提案使得联邦政府可以对州与地方经济行使管治权。以前，各州人民主要向州政府和地方政府“购买服务”，现在则可以向联邦政府寻求帮助。他们开始将更多的期望寄托于联邦政府，联邦政府与公民之间的关系由此愈加紧密。

杜鲁门总统上台后，一方面向国会提交国情、预算和经济咨文，另一方面充分发挥总统行政办公室和预算局的功能，指定预算局处理所有联邦各部门的预算请求。总统咨文和提案对国会立法的影响越来越大，几乎渗透到了国会立法的各个环节。总统能够借助各种各样的手段影响国会立法，比如可以给予议员好处，作为支持自己施政方针的回报；可以通过援助公共工程项目、管理设备甚至财政补贴等，争取国会议员的支持；可以派遣助手去国会进行游说。间接手段包括利用媒体会议、与公众见面和发表电视演说，公开总统的立法议案，呼吁公众向国会施

① ［美］纳尔逊·波尔斯比：《国会和总统》，1976年版，第27、99、133、165页，转引自李道揆《美国政府和美国政治》，中国社会科学出版社1999年版，第403—404页。

② 所谓立法创议权，就是向立法机构提出立法建议的权利。美国宪法第二条第三款规定：“总统应不时向国会报告联邦情况，并向国会提出他们认为必要和妥善的措施供国会审议。”据此，美国总统可以通过向国会提供国情咨文或直接提交议案，间接参与国会立法。1921年通过的《预算与审计法》，要求总统每年向国会提交国情咨文，解释国家的经济状况，并对所提出的预算加以论证。参见谭融《权力的分配和权力的角逐——美国分权体制研究》，天津大学出版社1994年版，第62页。

③ James L. Sundquist, *The Decline and Resurgence of Congress*, Washington D. C.: The Brookings Institution, 1981, p. 201，转引自刁大明《美国国会拨款制度的变迁与改革》，《美国研究》2011年第2期。

压；争取利益集团直接游说国会议员，尽量减少总统议案在国会立法过程中的障碍；等等。①

第二次世界大战结束后，美国总统在政治中的角色，在某种程度上从宪法规定的“协助立法”，变成了现实政治中的“主导立法”。当白宫将立法议案送交国会时，该议案一般都会被排在讨论名单的前列。而且，总统提案在国会中的通过率一直比较高，直到20世纪90年代才有所下降。艾森豪威尔的提案通过率为75%，肯尼迪为87.1%，约翰逊为79%，尼克松为75%，福特为53.8%，卡特为76.8%，里根为67.1%，布什为54.8%，克林顿为36.2%。② 就此而言，白宫几乎成为了联邦决策的中心，国会则更多发挥着审查和监督功能。国会离开总统提供的国情、预算和经济咨文，已经很难进行有效的政治决策。

至于联邦最高法院，自始至终都没有对总统权威形成过实质性威胁。尽管它坚称自己拥有唯一宪法解释权，可以审查总统命令和国会立法，但是几乎每位大法官都清楚，如果不加限制地审查总统法令和国会立法，就难以保障联邦政府正常运转。有鉴于此，最高法院往往拒绝审查司法领域之外的政治问题，即使该问题符合通常所谓的“具体争议”，亦多抱壁上观。③ 据此原则，最高法院更多审查州和地方政府的

---

① 参见谭融《权力的分配和权力的角逐——美国分权体制研究》，天津大学出版社1994年版，第63—64页。

② Edward Sidlow and Beth Henschen, *America at Odds*, *Belmont*, CA: Wadsworth/Thomson Learning, 2002, p. 310，转引自石庆环《20世纪美国文官制度与官僚政治》，东北师范大学出版社2003年版，第395—396页。一般情况下，美国国会较少干预总统的外交与国防事务。从1948年到1964年，总统提交的国内政策法案通过率为40%，外交和国防政策法案通过率则分别为59%和73%，明显高于前者。详细情况参见谭融《权力的分配和权力的角逐——美国分权体制研究》，天津大学出版社1994年版，第65页。

③ 参见张千帆《自由的魂魄所在：美国宪法与政府体制》，中国社会科学出版社2000年版，第120页。长期以来，联邦最高法院对“政治问题”或“具体争议”并无明确的界定标准。1962年，最高法院在贝克诉卡尔案（*Baker v. Carr*）中，提出了判断政治问题的明确标准：“通过明文显示，宪法把问题委托给平行的政府部门；或在解决问题时，缺乏能被发现和易于控制的司法标准；或在作出决定之前，必须初步决定非明确属于司法裁量权的政策；或假若法院从事独立决定，就必然对平行政府分支有欠尊重；或存在非常需要，必须不加质询地服从已经作出的政治决定；或不同政府分支对同一问题的多种意见将产生潜在的困扰。除非法院案件无法摆脱这些特征之一，那就不应基于政治问题的存在，而以不可审查为由撤销案件。”转引自张千帆《西方宪政体系》上册，中国政法大学出版社2004年版，第77页。

不当立法，很少介入联邦内部的政治纷争。长期以来，它以违宪为名推翻的法令，大都局限于州和地方层面。除曾经抵制过罗斯福总统的施政方案以外，最高法院基本上都保持了配合姿态。在某种意义上，它更像行政分支的政治同盟而非“刁难者”。

至 20 世纪中叶，联邦政府三个权力分支之间的关系，已经大大超越宪法所设计的轨道，达成了一种新的政治平衡。在这一权力格局中，三个权力分支之间的界限越来越明确，相互之间的制衡也越来越有效。但是，另一方面，行政权力在联邦权力结构中的地位越来越突出，几乎成为联邦政治的中心。如果没有总统支持，国会立法和最高法院的司法审查都难以付诸实践。这种权力格局使得联邦政府不再“裂痕累累”，而是拥有了一个“政治灵魂”。在一定程度上，美国总统代表人民成为了实际上的主权掌控者。

对于黑人民权来说，这样的政治变迁意味着什么？在联邦立法、司法和行政三个权力分支中，最高法院大法官由总统提名，经国会参议院批准，与民意没有直接关系。由于不受民意左右，最高法院在很长时间里都避免介入政治，拒绝审理有关黑人民权的判决，具有明显的保守色彩。事实上，即使它愿意挺身而出保护黑人民权，也面临极大困境。只要总统和国会不支持，法院判决就很难被贯彻和落实。国会众议院由各州选民自行选举组成，代表各州的选民利益。自从南方重建后，南方议员长期占据着国会中的关键位置，对于国会表决具有至关重要的影响。他们当然不希望国会再度出面，介入南方州内民权政治，激化白人与黑人之间的冲突。在其主导下，1875 年之后的 80 余年中，联邦国会再也没有通过民权法案。

在三个联邦权力分支中，只有总统职位与公民权利的关系越来越密切。19 世纪初，很多州开始取消州议会决定总统选举人的方式，改为由选民直接选举。1800 年总统选举时，16 个州中有 4 个州实行民选总统选举人，其他各州则由议会选举。1829 年杰克逊上台时，联邦 24 个州中有 18 个州采用了民选原则。[①] 对于联邦权力结构来说，这是一个

① 参见王希《原则与妥协：美国宪法的精神与实践》，北京大学出版社 20Q0 年版，第 189 页。

重大改变。取消中间“过滤”环节，由各州选民直接选举总统选举人，大大强化了选民与总统之间的关联性，使得总统职位更加依赖选民意志。而且，与州议员不同，总统必须照顾各州选民的要求，不能局限于某一州或某一选区的选民利益。为了提高竞选成功的概率，总统候选人必须努力争取更多州的选民支持。一般来说，当竞选双方势均力敌、皆有可能之时，中间州的中间群体的选票会变得异常重要。第二次世界大战结束后，中间州的黑人选民就拥有这种能量。

1910 年至 1960 年，南部黑人大量迁入宾夕法尼亚、纽约、伊利诺伊、新泽西、密歇根、俄亥俄和加利福尼亚等州，并获得了选举权。根据 1940 年的人口统计，除了加利福尼亚州外，黑人已经构成 4%—5% 的潜在选民。这些选民的政治倾向对总统选举的影响力越来越明显。1948 年，NAACP 政治理论家亨利·李·穆恩指出，如果宾夕法尼亚、纽约、伊利诺伊、新泽西、密歇根、俄亥俄和加利福尼亚州的黑人选民支持共和党，那么获胜者就不可能继续是民主党的罗斯福。[①] 此后，多数总统候选人似乎都意识到了这一点，开始关注黑人选民的呼声。就此而言，以行政分支为中心的三权分立格局，明显对黑人争取民权具有非同寻常的意义。

当然，美国的政治架构决定了行政分支不可能一权独大。20 世纪 50 年代，联邦最高法院就屡屡提醒总统，要求其注意自身与国会之间的权力界限。它在 1952 年“钢铁公司占领案”中，重新界定了总统与国会之间的关系：总统不能违反立法机构的意志；执法行动必须具备宪法或法律授权基础；总统立法权力仅限于在法案通过前的否决权；在法案成为法律之后，执法机构必须受其约束。当然，立法机构不能干预执法机构解释与应用法律，只能借助法律监督行政机构。[②] 从 20 世纪 70 年代开始，国会也开始抑制总统权力，加强对总统发布命令、编制预算、建立办事机构等行政行动的监督。[③]

---

① 参见谢国荣《民权运动的前奏——杜鲁门当政时期美国黑人民权问题研究》，人民出版社 2010 年版，第 67、70 页。

② 参见张千帆《自由的魂魄所在：美国宪法与政府体制》，中国社会科学出版社 2000 年版，第 140 页。

③ 参见李道揆《美国政府和美国政治》，中国社会科学出版社 1999 年版，第 405 页。

第二节 联邦权力向各州内部事务的渗透

从殖民地时期开始，北美民众就不信任母国政府，积极争取自主自治，形成了根深蒂固的自治传统。独立战争胜利后，各州（邦）仍然拒绝接受一个带有集权倾向的中央政府，它们担心联邦政府权力过于强大，会侵蚀人民的自由权利。即使旨在强化联邦权威的制宪精英，也不想改变人民自治的传统。至少，他们没有明确主张各邦绝对服从中央政府："新政府究竟是一个由主权州组成的联合体，还是唯有中央才是唯一主权代表，并根据中央的意愿为地方政府在某些领域保留部分权力？关于这个问题，宪法和 18 世纪的领袖们都语焉不详。"① 建国初期的联邦政府基本上是各个主权州的政治联合体，其权力仅限于协调州际贸易和应对外交争端。

不过，联邦政府毕竟是为了解决国家松散无力而建立的，有限度地强化中央权力乃是其题中之义。联邦政府第二任总统——联邦党人约翰·亚当斯，即主张打造一个刚强有力的联邦政府，化解联邦当时面临的内外危机。任职期间，他先后主持制定了《归化法》《客籍法》《敌对外侨管制法》和《惩治叛乱法》，试图直接管理各州公民行为，维护联邦秩序。这些法令遭到杰斐逊、麦迪逊等反联邦党人的激烈抵制，他们分别主持起草了《肯塔基决议案》（1798）和《弗吉尼亚决议案》（1799），声称上述四项联邦法令违宪无效。而且，他们还表示，各州

① ［美］杰克·毕曼著，解志勇摘译《美国地方政府的法律和政治制度》，《国家行政学院学报》2009 年第 4 期。相对来说，以汉密尔顿为代表的联邦党人，态度比较明确，强调联邦政府应该建立在公民而非各州政府基础之上，"只有在政府权力以个人为基础行使时，才能实现正义"。据此，制宪会议的任务是构建一个有限的国民政府，并使它在联邦制基础之上，将管辖权扩展至领土内的所有个人。这种主张意味着，联邦政府将在诸多领域内取代州政府的权力。汉密尔顿的政治观念详见［美］文森特·奥斯特罗姆《美国联邦主义》，王建勋译，上海三联书店 2003 年版，第 42—43 页。牟效波提醒笔者，联邦宪法第十条修正案在这一点上是比较明确的，即宪法有限列举之外的权力仍然保留在各州手中，联邦政府不得随意剥夺。

立法机构有权依据自己对宪法的理解否决联邦法令。[①]

19 世纪初，联邦政府为了解决财政困难，先后成立合众国第一、第二银行时，再次遭到各州强烈抵制。其中，5 个州宣布对联邦银行征收带有歧视性色彩的商业税。比如，马里兰州众议院就通过立法，对联邦银行票据征收印花税，联邦银行巴尔的摩分行没有遵守规定，被马里兰州法院判处罚款。联邦银行则认为联邦权力高于州权力，州法院无权审查联邦法令。巴尔的摩分行出纳员麦考洛克不服州法院判决，将案件提交到了联邦最高法院。

这一冲突涉及美国宪法规定和联邦政治，备受各界关注。关键时刻，联邦最高法院再次承担起了界定国权与州权边界的重任。大法官们非常清楚，如果司法机构不出面，联邦政府与各州之间的权力冲突，可能会引发难以预料的政治对抗甚至冲突。

最高法院多数意见支持了麦考洛克，认为“政府直接产生于人民，以人民的名义‘任命和成立’”，人民成立政府是“为了建设一个更完美的合众国，树立正义，确保安宁，并谋吾人及子子孙孙永享自由之幸福。处于独立自主地位的各州的同意是暗含在召开代表大会并将宪法提交人民之中的。……它无须州政府批准，州政府也不能予以否决。以这种方式通过的宪法是绝对强制性的，各主权州均受其约束”[②]。据此，最高法院认为，联邦政府有权以最有利于人民的方式履行职责，马里兰州不能对联邦银行征收印花税。这一判决通过确认联邦政府的最高主权，赋予其开设国家银行的合法性。

1824 年，最高法院在吉本斯诉奥格登案中，再次确认了联邦法令的权威性。在该案中，吉本斯获得了联邦政府颁发的航运许可证书，随后赴纽约从事汽船航运业务，结果却遭到当地专营权垄断者奥格登的控

---

① 在确立联邦权威问题上，麦迪逊与汉密尔顿态度一致，但是两者又有不同之处。麦迪逊认为应该严格解释宪法，以免联邦政府侵蚀各州固有权力，汉密尔顿则倾向于宽泛解释宪法，以授予联邦政府尽可能多的权力。关于两者观念的详细分析参见王广振、白雪峰、李巍《西方宪政史》第 5 卷，人民出版社 2013 年版，第 157—158 页。

② *McCulloch v. Maryland*, 17 U. S. 4 wheat, 316 (1819)，中译文参见［美］斯坦利·I. 库特勒编《最高法院与宪法——美国宪法史上重要判例选读》，朱曾汶、林铮译，商务印书馆 2006 年版，第 50 页。该案英文摘要见美国联邦最高法院中心网站（http: //supreme. justia. com/cases/federal/us/17/316/）。

告。纽约州法院要求吉本斯停止航运业务。吉本斯不服，上诉至最高法院，称联邦国会是唯一有权管理州际贸易的机构，如果它容忍各州自行其是，将十分危险。被告则坚持，宪法没有授予联邦政府管理航行水域的权力，且汽船航行不属于“物物交换”，不在宪法州际贸易条款规定范围之内。最高法院再次确认了联邦法令的权威性，认为宪法州际贸易管理权包含航行管理，纽约州无权禁止拥有联邦航行执照的汽船在其州内水域执业。① 根据这一判决，联邦国会有权管理州内航行业务。

尽管杰斐逊总统及其继任者大都坚持州权至上，不希望联邦政府过度扩展管理范围，但是在国际关系日趋紧张的情况下，强化中央权力已经成为各国不可阻挡的趋势。1845 年，美国联邦国会立法规定，联邦海事裁判权包括对内陆湖及可通航河流的管理。对此，最高法院明确予以了支持。1851 年，它在杰纳西首领号汽船诉菲茨休案（*The Propeller Genessee Chief V. Fitzhugh*）中判定，海事裁判权取决于水域的可通航性，而非取决于潮水涨落。② 1859 年，它又在艾布尔曼诉布思案（*Ableman v. Booth*）中宣布，制宪精英、美国人民制定和通过宪法时，都将各州多项主权转让给了联邦政府，联邦政府在其管辖范围之内拥有至高无上的权威，有权设置独立于州权之外的法院。③

面对联邦政府的“步步紧逼”，南方各州的抵触情绪最为强烈。在南方政治家看来，州权自主直接关系到奴隶制的存废，所以不能有丝毫退让。他们决定脱离联邦政府，重新回到“小国寡民”的状态中去。其领导人认为，合众国本来就是各州自行联合的产物，宪法亦规定人人有追求自由的权利，因此南方有权加入联邦，也有权脱离联邦。1860 年，南卡罗来纳州率先退出联邦，其他南方州纷纷响应，共同成立了新联盟。这对林肯总统来说是一个巨大难题：他应听任南方脱离联邦还是维护联邦统一？最终，林肯总统在国会授权下，决定采用武力方式将南方各州强行“拖”回联邦，一场持续四年的内战由此而起。

---

① 参见［美］斯坦利·I. 库特勒编《最高法院与宪法——美国宪法史上重要判例选读》，朱曾汶、林铮译，商务印书馆 2006 年版，第 87 页。该案英文摘要参见美国联邦最高法院中心（http：//supreme. justia. com/cases/federal/us/22/1/）。

② 同上书，第 99—102 页。

③ 同上书，第 104—105 页。

内战期间，林肯总统不仅扩展了行政权力，而且强化了联邦对于各州的直接控制。南方战败以后，州权自主传统遭受重创，不得不接受联邦政府的强制性安排。在某种程度上，南方重建实际上就是联邦对南方政治的重新改造。当然，林肯总统及其后任安德鲁·约翰逊总统，都深受联邦主义传统的熏陶，不希望走到中央集权的道路上去。他们认为，在南方接受联邦政府提出的要求之后，应该逐步恢复其原有的自主权力。不过，此举引起了共和党人主导的联邦国会的反对，联邦国会试图通过增加宪法修正案，介入原属州权的公民权利保护中去。根据这些修正案，所有出生于美国的人，无论什么种族，都具有美国和州的双重公民身份以及相应的投票权；各州行使权力时都必须尊重公民的基本权利。

如果以上修正案真正得到贯彻，联邦政府将会如虎添翼，大大提高自身的权威性，削弱传统的二元权力格局。但是，在这个联邦权力高歌猛进的时刻，最高法院表示了不同意见。作为宪法解释者，最高法院认为自己有责任出面，维护制宪精英当初设计的联邦主义体制，防止出现中央集权。他们不同意各个州独自为政，但是也不希望联邦整齐划一。早在 1847 年，联邦权威渐涨之际，最高法院就提出了“州治安权”理论，竭力维护州权自主的核心原则。根据该理论，各州所拥有的治安权力，“完全就是每一个主权国家就其支配地位而言所具有的统治权力”[①]。换言之，拥有独立治安权的州，差不多就是一个独立国家。内战结束后，最高法院继续以“州治安权”理论为依据，对宪法修正案进行最低限度的阐释，防止联邦权力无限扩张。

1873 年，屠宰场组案原告律师认为，第十四条宪法修正案已将公民的各项权利，转移到了联邦司法保护之下，因而要求最高法院撤销路易斯安那州一项垄断性法令。最高法院没有支持这种司法诉求，它认为“美国公民权”与“州公民权”不是一个概念，第十四修正案保护的是美国公民权，而非州公民权；州公民权必须“依赖于其迄今为止所依

① 5 How. 504, 583 (U. S. 1847)，转引自［美］伯纳德·施瓦茨《美国最高法院史》，毕洪海等译，中国政法大学出版社 2005 年版，第 86 页。

赖的安全和保护”，即公民权利仍属于州权范围。至于平等保护条款，乃是针对黑人刚获得的自由而言，与本案无关。① 就这样，最高法院通过区分“美国公民权”与“州公民权”，否定了联邦进入更广泛的公民权利保护领域的意图。

1875 年，联邦国会通过了《民权法案》，禁止旅店、戏院、交通工具等公共设施实行种族歧视。由于涉及联邦主权与州主权，该法案成了各方争议的焦点。最高法院的态度依旧比较消极。1883 年，它在民权诉案中判定，宪法第十四条修正案禁止的是特定性质的州行为，包括损害美国公民的特权和豁免权，未经正当程序剥夺公民生命、自由、财产，拒绝给予美国公民平等法律保护等；该修正案没有授权联邦国会针对州立法领域中的事项进行立法，而是仅仅授权其通过立法纠正被禁止的州法律和州行为；公共娱乐场所和公共交通工具中的种族歧视属于私人行为，与州法律和州行为无关，不应受联邦国会干涉，因此 1875 年民权法案违宪无效。②

最高法院的系列判决，明确了联邦与州在公民权利保护领域中的界限，即前者负责保护合众国公民权利，后者负责保护州公民权利，联邦可以通过立法来纠正州法律和州行为。不过，州公民权利是一个宽泛概念，几乎涵盖了公民的整个日常生活，因而州权仍是公民权利保护的主体。当然，最高法院并没有完全消弭联邦介入民权保护的宪法基础，因为它没有否决国会根据宪法调整社会、政治和经济生活的合法权力。只要联邦有权调整社会、政治和经济生活，就会不可避免地介入公民生活。而且，“州行为”是一个模糊概念，最高法院完全可以通过重新解释其内涵，将其纳入宪法约束中来。③

20 世纪初，最高法院对联邦权力扩张仍然高度警惕，反对联邦

---

① 参见［美］保罗·布莱斯特等编《宪法决策的过程：案例与材料》，张千帆译，中国政法大学出版社 2002 年版，第 303—308 页。

② *Civil Right Cases*, 109 U. S. 3 (1883)，中译文参见北京大学法学院司法研究中心编《宪法的精神：美国联邦最高法院 200 年经典判例选读》，中国方正出版社 2003 年版，第 121—123 页。最高法院在美国诉哈里斯案中同样裁定，宪法第十四条修正案是针对州行为，而不是针对个人的，参见 *United States v. Harris*, 106 U. S. 636 (1883)。

③ 参见邱小平《法律的平等保护：美国宪法第十四条修正案第一款研究》，北京大学出版社 2005 年版，第 89 页。

司法介入公民的刑事诉讼。1903 年，阿肯色州东部（eastern Arkansas）一伙白人威胁黑人放弃木材厂的工作，如果不服从就将其杀死。联邦司法部以其违反联邦法律为由提起了诉讼：根据联邦法律规定，所有美国人都享有缔结和执行合同的权利；两个人或多人密谋伤害（injure）、虐待（oppress）、威胁或恐吓（intimidate）任何公民自由行使或享受宪法、联邦法律赋予的权利或特权，都属于违法行为。

1906 年，案件经过几次拉锯战后，最终被提交到了联邦最高法院。法院多数派意见认为，第十三条修正案仅仅授权联邦政府禁止和惩治奴役（enslavement），而没有授予其处理“种族战争”（the war of race）的权力；该案属于普通犯罪而不是奴役行为，故应归州政府处理，不在联邦司法管辖范围之内。[①] 由此，联邦司法部不得不放弃介入州内种族事务的行动。

在最高法院的严格区分之下，保险、制造、伐木、矿业、渔业、广告等行业以及私人之间的刑事案件，皆被明确划入州内公共事务，联邦政府无权干预。[②] 不过，最高法院的保守立场是有底线的，它在关系到联邦法律与州法律孰高孰低的问题上，始终旗帜鲜明地支持前者。尤其从 19 世纪末开始，最高法院在限制联邦介入民权领域的同时，赋予了它更多调整社会、政治和经济生活的权力。

1880 年，最高法院在西博德案（*Ex parte Siebold*）中宣布，为了维护社会安宁和良好秩序，联邦和州都有权监督地方组织选举，但是联邦权力应该处于优先地位。[③] 同年，最高法院在克拉克案（*Ex parte Clarke*）中判决，联邦国会有权通过法律，对不遵守联邦选举程序者进行惩罚。[④] 根据以上两个判决，联邦政府取得了监督各级选举的优先权

---

① *Hodges v. United States*, 203 U. S. 1 (1906). Also see Michael J. Klarman, *From Jim Crow to Civil Rights: The Supreme Court and the Struggle for Racial Equality* , Newyork: Oxford University Press, 2004, pp. 51 – 52.

② 参见盖哲《论美国的联邦制和联邦主义》，载复旦大学美国研究中心国际政治系编《美国研究》，复旦大学出版社 1986 年版，第 121 页。

③ *Ex parte Siebold*, 100 U. S. 371 (1879).

④ *Ex parte Clarke*, 100 U. S. 399 – 404 (1880).

力。1895 年，最高法院又在戴伯斯案（*In re Debs*）中裁定，根据宪法贸易条款和邮政条款，联邦政府有权禁止任何妨碍州际贸易和邮件自由输送的行为，包括禁止工人罢工。[①] 在最高法院“默许”下，联邦政府还陆续获得了监管行业组织、外来移民、铁路运输及垄断组织的权力。

内战结束后几十年，美国市场经济突飞猛进，获得了前所未有的发展。一批批移民赴美定居，北美各地的公路、运河、铁路、邮局、电报逐渐连成一片，金融中介机构和巨型企业遍地开花，为其提供服务的各种政府组织也随之出现。1868 年，美国国家贸易委员会成立；1875 年，美国银行家联合会成立。随后，又陆续出现了美国劳工联盟、国家农民联盟、农民和劳动者联盟等行业组织。经济发展和行业组织的出现，催生了州和地方政府无法解决的若干难题，为联邦权力扩张提供了客观需求。1882 年国会从各州收回了移民政策控制权，1883 年联邦行政机构委员会成立，1884 年联邦政府劳工部成立，1887 年州际贸易委员会成立。[②] 以此为契机，19 世纪末 20 世纪初，联邦政府在诸多领域实现了史无前例的权力拓展。

落实联邦对州际铁路的有效管制，是内战后联邦政府最大的收获之一。1886 年，联邦最高法院在沃巴什铁路等公司诉伊利诺伊州案（*Wabash, St. Louis & Pacific Railway Company v. Illinois*）中宣布，铁路运费率牵涉州际贸易，伊利诺伊州无权单独进行管制。[③] 次年，联邦国会通过了《州际贸易法案》，授权成立州际贸易委员会，负责协调和管制铁路运输。该法案宣布，铁路公司的运费率必须“公平合理”；对于不同个人、地区及货物种类所实行的特殊运费、运费折扣、回扣及其他形式

---

① *In re Debs*, 158 U. S. 564 (1895)，以上对于西博德、克拉克、戴伯斯三个案件的分析，参见宋云伟《美国二元联邦主义时代》，黑龙江人民出版社 2009 年版，第 136—138 页。

② 参见［美］法利德·扎卡利亚《从财富到权力》，门洪华、孙英春译，新华出版社 2001 年版，第 148—150 页。

③ *Wabash, St. Louis & Pacific Railway Company v. Illinois*, 118 U. S. 557 (1886) (https://supreme.justia.com/cases/federal/us/118/557/case.html).

的运费差别对待，均属非法行为。[①] 1906 年，国会修改了《1887 年州际贸易法案》，将管制范围扩展至快车、卧铺车、管道线、铁路设备公司以及私用铁路线、工业铁路线，并规定州际贸易委员会有权制定最高运费率。此后，国会又先后通过《曼－埃尔金斯法》和《巴拿马运河法》，将州际贸易委员会的管制范围扩大到电话、电报、电缆公司以及铁路与水路联运的运费价目表。[②]

贸易垄断是内战后出现的一种新州际贸易现象。消费者、中小企业主和农工联盟等群体，对垄断组织抬高价格、垄断市场极为不满，强烈要求州政府予以立法管制。19 世纪80 年代末，这些群体主导了南部和西部 8 个州的议会，成为一股强大的政治力量。受其推动，至 1890 年，14 个州的宪法明文禁止贸易垄断或限制贸易，1900 年增加到 27 个。[③] 但是，贸易垄断多属于跨州业务，超出了各州法律约束范围，州层面的反垄断成效有限。反托拉斯主义者只好向联邦寻求立法援助。1890 年，他们推动国会通过了《谢尔曼反托拉斯法》（简称《谢尔曼法》），但是该法案不仅措辞含糊，而且遭到了最高法院抵制，执行效果不甚理想。[④] 有鉴于此，1914 年 9 月，国会颁布《联邦贸易委员会法》，决定成立 5 人联邦委员会，负责禁止“商业中的不公平竞争方法”。次月又颁布《克莱顿法》，具体界定了《谢尔曼法》中的“限制贸易和商业”概念。以上行动明确和扩大了联邦州际贸易管理范围，加强了联邦政府对工商业活动的监控力度。

20 世纪前后，联邦政府不但扩展了州际贸易管理范围，加强了对工商业领域的监控，而且提高了财政汲取和社会危机驾驭能力。它通过

---

① 参见胡国成编《塑造美国现代经济制度之路：美国国家垄断资本主义制度的形成》，中国经济出版社 1995 年版，第 32—33 页。州际贸易委员会从成立之日起，就准备向铁路公司提出挑战，制止其收取不合理的运费率，但是最高法院屡屡否定其举动。据统计，从 1887 年至 1905 年，共有 16 个有关铁路运费的诉讼被提交至最高法院，最高法院在受理的 15 起诉讼中都支持了铁路公司的要求。详细情况参见该书第 34 页。

② 同上书，第 37 页。

③ 同上书，第 54 页。

④ 最高法院反对联邦政府介入反垄断。它在 1895 年合众国诉伊·西·奈特公司案中判决，当事的奈特公司属于制造业，仅“间接地”与“商业和贸易”有关，不在《谢尔曼法》的约束范围之内。而且，它还认为控制全国 95% 的美国制糖公司，仅在宾夕法尼亚一州之内控制了制糖业，并未直接妨碍州际贸易，同样不违背《谢尔曼法》。同上书，第 58 页。

销售股票、拓展税收等方式，获得了较为充裕的财政经费。19 世纪 80 年代，联邦政府所面临的困难已经不是如何筹集资金，而是如何分配不断增加的财政收入。财政部成为联邦政府中最大的行政部门，其工作人员由 1873 年的 4000 人增加至 19 世纪末的 25000 人，增长率达 625%；联邦政府开支也从 1877 年的 2.39 亿美元，提高到 1909 年的 6.94 亿美元，30 余年中，联邦开支增加了 190%。[①] 联邦政府凭借充裕的经费，具备了应付突发危机、管理社会经济的能力。

1929 年经济大危机的爆发，从根本上改变了联邦政府与各州之间的权力结构。[②] 从 20 世纪 30 年代开始，罗斯福总统为了应对经济危机，开始大规模直接干预社会经济。由其主持制定的《国家工业复兴法》规定了各种公平交易规则，且给予工人在工作时间及工资上的保障；同时，联邦政府还向州政府提供资助，补贴地方公共工程项目、住宅援助、福利计划、失业补助等。各州和地方政府迫于日益紧迫的财政压力，不得不接受联邦补贴或资助。就这样，联邦政府借助发放经济补贴，在没有改变二元联邦制度的前提下，悄悄地“嵌入”各州内部经济事务之中，实现了国家的统一治理。

最高法院最初反对政府直接介入社会经济，但是在罗斯福总统的强大压力之下迅速改变了立场。1936 年，最高法院在“美国诉科蒂斯—赖特出口公司案”（*United States v. Curtiss Wright Export Corp.*）中判决，宣战、媾和、缔约和与外国保持外交关系等对外权力，即使在宪法中没有被提到，作为一个独立国家的附属物，也应属于联邦政府，这是一个国家的固有权力，所有国家都应该拥有这种权力。这一判决为长期以来的联邦外交权力扩张提供了宪法支持。[③] 联邦政府接管了经济和外交领

① 参见［美］法利德·扎卡利亚《从财富到权力》，门洪华、孙英春译，新华出版社 2001 年版，第 150—152 页。

② 劳伦斯·M. 弗里德曼指出：“从战争、大萧条及其他突发事件方面，解释邦联政府的成长很可能是错误的”，联邦政府的权力扩张在此之前已经发生，其主要原因在于，早期的仆人国家观念、小农联邦主义已经无法适应社会经济发展。详细情况参见［美］劳伦斯·M. 弗里德曼《美国法律史》，苏彦新等译，中国社会科学出版社 2007 年版，第 733 页。

③ 参见盖哲《论美国的联邦制和联邦主义》，载复旦大学美国研究中心国际政治系编《美国研究》，复旦大学出版社 1986 年版，第 123 页。

域，而后，“又将其手伸到教育、科学研究、医疗设施和跨州的高速公路”。[①]

第二次世界大战期间，联邦权力继续扩张，逐渐超越州际贸易，隐性涉入了诸多州内事务。1941 年 12 月，联邦国会通过《战时权力法案》，授权总统根据作战需要设置新的行政机构；1942 年 3 月，国会又通过第二个《战时权力法案》，授予总统全权根据国防需要，在整个经济范围内优先分配资源。据此法案，罗斯福政府先后成立了战时生产局、经济稳定局、战时动员局等联邦行政部门，基本掌握了工业、农业、战时对外贸易、交通、军工，以及其他关乎国计民生的关键领域。[②] 至此，联邦政府已经大大突破长期以来州权不可侵犯的政治壁垒，获得了隐性调整各州工业管理、劳资关系、教育、卫生和社会福利等领域的权力。如果没有这些权力，联邦政府后来是不可能有效落实反隔离、反歧视法令的。

面对联邦权力扩张，最高法院大都采取了肯定立场。1937 年，它在“斯图尔特机器公司诉戴维斯案”（*Steward Machine Company v. Davis*）中，宣布联邦有权为了公共福利征税，《社会保险法》没有强迫和损害各州，而是联邦与各州为了实现共同目标而进行合作的一种治理手段。同年，最高法院在“何弗灵诉戴维斯案”（*Helvering v. Davis*）中，判定老年社会保障税属于联邦征税范围，国会可以征收适当的税种，用于公共服务。1941 年，最高法院在“美国诉达比木材公司案”（*United States v. Darby Lumber Company*）中，支持国会管制可能对州际贸易产生实质性影响的州内贸易活动。1942 年，它又在“维卡特诉费尔伯恩案”（*Wickard v. Filburn*）中，宣布“直接相关”或“贸易—生产”等司法标准已经过时，联邦政府有权根据《农业调整法案》（*Agricultural Adjustment Act*），规范农户的种植面积和产量。[③]

---

① ［美］劳伦斯·M. 弗里德曼：《美国法律史》，苏彦新等译，中国社会科学出版社 2007 年版，第 735 页。作者同时强调，美国“同法国或者苏联相比仍然不是高度中央集权化的，权力是极其分散的”。

② 参见刘绪贻、杨生茂主编《美国通史》第 5 卷，人民出版社 2005 年版，第 350—354 页。

③ 参见张千帆《美国联邦政府对州际贸易的调控》，《南京大学学报》2001 年第 2 期。

这些判决使得联邦不仅能够管制社会经济，而且还可以变相地“约束”州内政治：“现在，这一点已经明确，国会的管辖能够触及它愿意触及的任何商务问题，并能够就这一问题做它想做的事，就像它在其他任何问题一样，不论是出于经济的、人道的还是其他目的。”[①] 联邦政府可以借助修宪、财政补贴和有限立法等手段，迫使州政府成为联邦政策的合作者与执行者。

不过，在这个长时段的政治博弈过程中，南方各州并不是完全处于下风。它们在国会中仍然拥有捍卫州权自主的强有力的资本。自重建以来，南方各州在联邦国会中的席位不仅没有遭到削弱，反而由于黑人奴隶的解放而占据了主导地位。

联邦众议院席位是根据各州人口进行分配的。南北战争之前，南方的900万居民中有400万黑人奴隶。根据联邦宪法，计算众议员席位时，没有选举权的黑人奴隶按2/3个人计算。这种计算方式为南方争得了270多万选民基数，使得南方白人选民在国会中的代表数额，实际上高于北方选民。黑人奴隶获得解放成为自由公民以后，与白人选民同等计算，这等于又为南方增加了130万选民基数。由于黑人投票权名存实亡，新增加的选民基数，都落入了白人选民手中，从而将更多南方白人“送”进了国会。[②]

南方白人在民主党国会议员中占据了绝对多数地位；90%的国会众议员曾在南方军队中服役，或为当初的邦联政府工作过；南方政治家重新进入参议院，或者担任参议院秘书，或者担任关键委员会主席，能够否决很多不利于南方各州的提案。[③] 在民选政治中，议会代表考虑更多的，是其所在州的利益，而不是全国利益。[④] 为了安抚南方选民的种族主义情绪，这些南方代表更愿意继续支持种族隔离，而不是“冒犯众

① ［美］麦克罗斯基：《美国最高法院》第3版，任东来、孙雯、胡晓进译，中国政法大学出版社2005年版，第147页。

② 参见龚小夏《驴象庄园：美国总统是如何产生的》，法律出版社2008年版，第60页。

③ 参见［美］詹姆斯·麦克弗森《火的考验：美国南北战争及重建南部》下册，刘世龙等译，商务印书馆1994年版，第379页。

④ 参见李庆四《美国国会与美国外交》，人民出版社2007年版，第48—50页。

怒”，赋予黑人平等公民权。

此外，众议院委员会主席分配的重要准则之一是服务年限。一个人担任议员的时间越长，在议会中的影响力越大，担任委员会主席的概率随之越高。美国南方人口流动性小，家族势力庞大，白人议员的任期往往远超北方议员，在掌握众议院各委员会方面占有明显优势。[①] 这一格局是国会长期排斥民权法案的结构性背景。

第三节 最高法院与公民权利联邦化[②]

与欧洲民众相比，早期到达北美的移民似乎对政治抱有更深刻的疑虑。他们不但拒绝相信宗主国政府，而且拒绝相信任何大权独揽的政治力量，包括被视为人民代表的议会。建国之前，北美殖民地民众就不断尝试改革英国的议会至上传统，试图以司法权力监督立法和司法机关。

美国法律史家施瓦茨曾经指出，在联邦宪法制定前的 10 年中，北美各邦法院就开始审查议会立法是否符合宪法，并判定违宪的立法和法律无效。1780 年到 1787 年，至少有 8 个州的判例直接涉及司法审查。[③]

不过，制宪会议期间，各州代表很少论及司法审查。严格说来，涉及司法审查的讨论仅有 4 次，而且这些有限的讨论，基本否决了赋予司法部门审查国会立法和行政法令的提议。[④] 最终确定的宪法文本，既没有明确提出“司法审查”概念，也没有赋予最高法院明确的司法审查

---

① 参见龚小夏《驴象庄园：美国总统是如何产生的》，法律出版社 2008 年版，第 60 页。

② 在国内学界，白雪峰专门、系统地梳理了美国最高法院在公民权利联邦化过程中所发挥的重要作用。笔者在撰写本节过程中受惠甚多。参见白雪峰《美国联邦最高法院与〈权利法案〉联邦化》，《文史哲》2012 年第 1 期。

③ 参见［美］伯纳德·施瓦茨《美国法律史》，王军等译，中国政法大学出版社 1990 年版，第 40 页。

④ 参见刘练军《司法审查之思想源流与制度预设：论美国制宪会议有关司法审查的辩论》，《同济大学学报》2008 年第 2 期。

权。有学者认为，虽然美国宪法并没有提及司法审查概念，但是这并不意味着宪法缺乏司法审查精神，其第三条第二款第一项规定，实际上就隐含了违宪审查的意图。①

其实，无论美国宪法是否隐含着违宪审查的意图，以司法审查立法和行政的政治机制，确实在美国建国之后逐渐形成了。接下来，笔者要分析的，便是最高法院如何确立和扩展其司法审查权力，以及司法审查对联邦政府与各州关系产生了怎样的影响。

联邦国会通过的《1789 年司法法令》(*Judiciary Act of 1789*)，规定了联邦法院的组织、成员和管辖权力。法令规定，最高法院对于州为一方当事人的所有民事争议，拥有唯一司法审判权；对于州与州内公民之间的诉讼、州与其他州公民以及外国人之间的诉讼，享有初始（original）但非唯一的司法审判权。最高法院还享有审理针对大使（ambassadors）、其他使节（public ministers）或他们的仆人（domestics）和家仆（domestic servants）的控告（suits）或诉讼（proceedings）的唯一权力；享有审理大使（ambassadors）、使节（public ministers）所提出的诉讼，或当事人一方为领事、副领事的诉讼的初始但非唯一权力。② 根据这一法案，最高法院的审查权力主要局限于州际和外交诉讼领域，有关公民权利的诉讼不包括在内。

但是，该法令第 25 条规定，凡一州最高法院或最高衡平法院在任何诉讼中的最终审判或法令，与联邦条约、法令或联邦机构的职能相抵触或违背联邦法律时；或任何州的法令或机构在效力上与联邦宪法、条约或法律相抵触，州法院的判决支持州法律时；或州法院判决在解释联邦宪法条款、条约、法令或委任状过程中，侵犯了任何一方所享有或要求的资格、权利、特权或豁免权时，受害者均可向联邦最高法院提起诉

---

① 参见刘大生《美国司法审查制度是如何产生的——对一种流行说法的质疑》，《江苏行政学院学报》2006 年第 6 期。该条款为：“The judicial power shall extend to all cases, in law and equity, arising under this Constitution, the laws of the United States, and treaties made, or which shall be made, under their authority.” 刘大生经过比较分析后，认为此文应翻译为“司法权应当扩展到在法律和平衡中的、发生在宪法之下的、发生在联邦法律之下的和发生在已经签订的条约或者将来签订出来的条约之下的、它们授权之下的所有案件”。

② *The Judiciary Act of 1789*，美国国会自由图书馆档案（http://memory.loc.gov/cgi-bin/ampage?collId=llsl&fileName=001/llsl001.db&recNum=208），August 8, 2012.

讼，要求进行宪法审查。[①] 据此，联邦最高法院在涉及联邦宪法和法律的诉讼中，拥有对州法院的上诉管辖权。换言之，联邦最高法院在如何解释联邦宪法、法律与条约，以及州法律是否符合联邦宪法、法律与条约等问题上，拥有最终决定权。

虽然《1789 年司法法令》赋予了最高法院司法审查权，但是建国之初的最高法院既没有财力又无执行力，实际上很难落实。事实上，最高法院在最初十年间，甚至很少获得进行司法审查的机会。仅有的一次判决，还遭到了各州一致抵制。[②] 包括联邦法院大法官在内，很少有人认为最高法院拥有最高司法权威。1791 年大法官举行首次会议时，6 名法官中有 2 人没有到场。不久，拉特利奇（Wiley B. Rutledge）辞去大法官一职，担任南卡罗来纳州最高法院首席法官，杰伊（John Jay）同样选择了离开，就任纽约州州长，最高法院几乎陷于瘫痪。当时，联邦最高法院地位之脆弱，由此可见一斑。[③] 这种尴尬境地直到马歇尔大法官上任，才逐步得到了改善。他不但说服其他 5 位大法官，塑造出一种稳定和谐的内部工作氛围，还利用 1803 年"马伯里诉麦迪逊案"，奠定了最高法院的宪法解释权。

马伯里诉麦迪逊是一个涉及联邦行政职权的案件。1800 年，共和党人杰斐逊当选总统，任命麦迪逊为国务卿。前总统亚当斯离职时任命了一批治安法官，以求最大限度地减少联邦党人的政治损失，马伯里即为其中之一。然而，原国务卿马歇尔没有将委任状及时送达，新的国务卿麦迪逊又在杰斐逊总统授意下故意扣押，致使被任命者迟迟未能收到委任状。马伯里按照《1789 年司法法令》第 13 条规定，一纸诉状将国务卿麦迪逊告上了最高法院。该条款规定，最高法院有权向联邦公职人员提出强制令。马伯里等人请求最高法院判定麦迪逊递送委任状。

最高法院意识到马伯里案涉及联邦宪法解释和司法独立，审理稍有

---

① *The Judiciary Act of 1789*，美国国会自由图书馆档案（http：//memory. loc. gov/cgi-bin/ampage? collId = llsl&fileName = 001/llsl001. db&recNum = 208），August 8，2012.

② 参见［美］伯纳德·施瓦茨《美国最高法院史》，毕洪海等译，中国政法大学出版社 2005 年版，第 20 页。

③ 参见［美］詹姆斯·西蒙《打造美国：杰斐逊总统与马歇尔大法官的角逐》，徐爽、王剑鹰译，法律出版社 2009 年版，第 94—95 页。

不慎就可能引起政治动荡。不过，最高法院经过反复斟酌，最终决定受理此案，并作出了一项影响深远的判决。判决书认为，原告有权得到他所要求的委任状，也有权要求法院审核联邦行政分支的非法行为；但是根据联邦宪法第 3 条第 2 款的规定，最高法院在所有源于联邦宪法或法律的案件中，都“应该具有上诉管辖权”，而不是“初始管辖权”（original jurisdiction），所以他们无权接受马伯里的诉讼。但是判决书话锋一转，又提出了联邦宪法的性质和解释权问题，认为联邦宪法构成了国家根本法和最高法律，违犯宪法的法律皆属无效。而且，解释宪法和判定什么是法律，乃是司法部门的职权和责任。

马伯里诉麦迪逊案判决确立了三条原则：第一，宪法作为国家最高法律，不仅广义地表达了缔造者的建国哲学，而且像普通法律一样具有确定意义，可以在现实中得到解释和实施；第二，司法机构是解释和实施宪法的实体机构，法院有权在关于宪法的实际争议中阐释和运用宪法；第三，总统或其他政府机构也可以解释宪法，并按照自己对宪法的理解行使职权，但是法院的司法解释拥有最高效力，必须被政府所有分支机构所遵行。① 简言之，联邦司法机构应是美国宪法的最高解释者，有权审查国会和总统法令的合宪性。

杰斐逊总统对最高法院的判决非常不满。他认为，如果最高法院拥有唯一的宪法解释权，人民的意志就会遭到裹挟。他要求国会弹劾马歇尔团队的成员蔡斯大法官，从内部瓦解最高法院的精神意志。马歇尔大法官非常清楚，最高法院地位孱弱，缺乏实力和威望，根本不足以与国会、总统权力抗衡，最好的出路就是妥协。马歇尔大法官私下里向国会议员表示，如果国会取消弹劾，就可以取得对最高法院判决的上诉管辖权。这是一种代价非常昂贵的政治妥协。不过，令马歇尔欣慰的是，国会的弹劾没有成功。最高法院的低调、弹劾操控者的失误以及议员对强力国家的期望，最终让杰斐逊总统的设想半途而废，也使最高法院的司法审查理念得到了初步认可。

其实，杰斐逊总统的担心有些多余，最高法院当时的真正用意，并

① *Nowak & Rotungda*，转引自张千帆《自由的魂魄所在：美国宪法与政府体制》，中国社会科学出版社 2000 年版，第 101—102 页。

不在于抑制国会和行政权力，马歇尔大法官最关心的两个问题，分别是联邦政权建设和私有财产保护。换言之，最高法院着重审查的对象是州行为，而不是国会立法和总统法令，它的早期判决大都是以维护联邦主权为最高原则的。例如，1810年最高法院在弗莱切诉帕克案中判定，佐治亚州不是一个独立的主权国家，而是合众国的成员，必须服从联邦宪法。[①] 这一立场遭到了州司法系统的强烈反弹。1816年，弗吉尼亚州法院在“马丁诉亨特的租户案”（*Martin v. Hunter's Lessee*）中声称，州法院有义务遵从联邦宪法，但是宪法含义应该由州法院自己确定，最高法院无权将自己的理解强加于州法院。

对此，最高法院给出了针锋相对的回答。联邦最高法院的多数意见判决书认为：

> 合众国宪法的制定与建立者，并非处于主权地位的各州，而正如宪法前言所宣布——乃是“合众国的人民”。毫无疑问，人民能够把所有他们认为合适与必要的权力赋予大众政府，并根据他们的爱好，扩展或限制这些权力，或授予首要与最高的权威。同样无疑的是，如果认为【各州权力】违背了普遍契约，那么他们就有权禁止各州使用任何这类权力，并……使各州政府的权力从属于中央权力，或为自己保留那些他们拒绝委代给任何一方的主权。……合众国的法院无疑能够修正各州执法与立法行为，并当它们违犯宪法的时候，宣布它们欠缺法律效力。[②]

根据最高法院的解读，合众国是人民通过订立“契约”建立的，拥有最高主权，有权修正各州的执法与立法行为。这一判决实际上以“人民主权”化解了州权自主的绝对性。在几年后的“科恩斯诉弗吉尼亚案”（*Cohens v. Virginia*）中，马歇尔不仅重申了上述观点，而且将一向被认为是保护州权的宪法第十一条修正案，解释为允许个人向最高法

---

① 参见由嵘等编《外国法制史参考资料汇编》，北京大学出版社2004年版，第606—611页。

② 参见张千帆《自由的魂魄所在：美国宪法与政府体制》，中国社会科学出版社2000年版，第90—91页。

院提起上诉，即使当诉讼的另一方当事人为州政府时也是如此。“马歇尔说，只是在诉讼行为由个人‘肇始’的情况下，该修正案才禁止个人对州的诉讼；如果案子是由州挑起的（比如，逮捕了某个人），个人仍然可以把各州告上最高法院，各州需要为自己辩护来反对这一上诉案。”① 如此一来，最高法院就拥有了关于州政府案件的上诉管辖权，成为联邦法律的最终阐释者。

此后十多年，马歇尔法院不断重申，最高法院拥有涉及州政府案件的上诉管辖权。如果这一理念得到实施，最高法院实际上就获得了受理公民状告州政府案件的权力。但是，19 世纪上半期，包括最高法院在内的联邦精英似乎都已经意识到，打造一个强有力的国家政权，比公民保护更为重要。因此，内战之前，最高法院很少受理民权诉讼。即使受理，也仅仅是狭义地阐释《权利法案》的规定，拒绝将其应用于州政府侵犯公民的案件。1833 年，马里兰州的约翰·巴伦（John Barron）曾状告巴尔的摩市政府，认为后者违反了宪法第五条修正案，要求联邦最高法院保护自己的宪法权利。最高法院经过审理之后，却宣布宪法第五条修正案的“公正赔偿”规定，“仅被设想来限制合众国政府的权力，而不适用于各州立法”。②

最高法院担心介入民权保护领域，会激发联邦与各州之间的剧烈冲突，因此行事极为谨慎。内战之前，它很少在州内公民保护问题上表态，更少裁定涉及黑人政治身份的诉讼。黑人奴隶以及自由黑人恐怕也非常清楚，即使自己向法院提起民权诉讼，胜算的可能性也极为渺茫，故而大都选择了隐忍。直到内战以后，国会才通过宪法第十四条修正案，明确赋予各州公民“美国公民”身份，进而将黑人公民权利保护纳入了联邦职权范围。1873 年，联邦最高法院在屠宰场诉讼案判决中，积极呼应国会意图，详尽厘定了“美国公民”与“州公民”两个概念，为联邦政府介入公民权利保护提供了宪法正当性。当然，最高法院明确表示，宪法第十四条修正案仅授权联邦政府保护黑人平等权，州政府仍

---

① ［美］罗伯特·麦克罗斯基著，桑福德·列文森增订：《美国最高法院》，任东来等译，中国政法大学出版社 2005 年版，第 49 页。

② *Barron v. Baltimore*, 32 U. S. 243 (1833), 250, 249. 又可参见张千帆《西方宪政体系》上册，中国政法大学出版社 2004 年版，第 247—248 页。

然拥有其他传统的公民权利保护权。

19世纪后半期，由于黑人公民权利事关南方政治，最高法院仍然尽力避免审理相关的诉讼。但是，到了19世纪末，随着经济快速发展，各州政府与其公民之间的矛盾越来越突出，很多公民都沦为了州法令的牺牲品，遂先后向最高法院寻求司法援助。在这种情况下，最高法院开始关注各州的民权诉讼，出手审查州法令中的违宪行为。

1897年，最高法院在奥尔盖耶诉路易斯安那州案（*Allgeyer v. Louisiana*）中裁定，订立契约是宪法赋予公民的自由权利，不应受到其他任何法令约束。这意味着只有宪法可以规范公民之间的契约行为，保护各州公民订立契约的权力，将从州政府转入联邦政府手中。该判决书还大幅度拓展了正当程序条款中的“自由”概念，认为它不仅应包括公民身体不受非法限制，还包括公民可以自由地选择居住和工作场所，可以运用合法手段谋生、从事任何生计，以及订立适当和必需的契约等。[①] 对于公民权利保护来说，这一概念拓展至关重要，它大大压缩了各州保护公民权利的范围，为联邦政府深度介入少数公民保护提供了合法性，也强化了联邦政府从事黑人民权保护的宪法基础。

奥尔盖耶案判决意味着联邦最高法院开始关注白人公民的自由经营权和财产权。就当时而言，这一新动向对黑人等少数族裔来说意义甚微。但是，从长时段来看，最高法院对于宪法“自由”概念的拓展，影响则是非常深远的，因为它随时都可以将这种“自由”概念，从自由经营扩展至言论、选举、教育和居住，从而将黑人公民权利纳入宪法保护范围。事实上，进入20世纪后，随着公民组织的积极抗争和多数法官的理念调整，最高法院也确实正式开启了公民权利联邦化的历程。

1925年，最高法院在吉特洛诉纽约州案（*Gitlow v. New York*）中宣布，吉特洛散发的文章具有明显的煽动性质，纽约州禁止其言论符合正当程序，没有违反联邦宪法，但是判决书同时指出：“言论自由和出版自由——两者均受宪法第一条修正案保护，国会不得剥夺——是属于个人

① 参见［美］伯纳德·施瓦茨《美国最高法院史》，毕洪海等译，中国政法大学出版社2005年版，第198页；白雪峰《美国联邦最高法院与〈权利法案〉联邦化》，《文史哲》2012年第1期。

基本权利和自由范围，它们受宪法第十四条修正案关于正当法律程序条款的保护，各州不得侵犯。”① 这意味着，言论和出版自由不但被明确列入公民权利范畴，而且还被纳入了最高法院的审查范围。如果各州侵犯公民的言论和出版自由，最高法院将有权依据宪法进行审查和保护。

1931 年，最高法院审理斯特龙伯格诉加利福尼亚案（*Stromberg v. California*）时，明确打出了言论自由保护的旗帜。在该案中，加利福尼亚法院判定斯特龙伯格在夏令营活动中使用红旗，违反了 1919 年《加州红旗法》，最高法院判决书却认为，公民拥有合法进行政治讨论的权利，《加州红旗法》“过于含糊和漫无止境”地限制公民进行政治讨论，等于剥夺了宪法规定的公民言论自由权，因而违宪无效。这是美国宪政史上的一个重要判决，它正式将宪法第一条修正案中的言论自由，纳入了宪法第十四条修正案保护范围，使联邦政府开始承担正面维护公民自由和权利的责任。② 1938 年，最高法院在合众国诉卡洛琳公司案中，又进一步宣布必须严格审查侵犯公民权利和自由的案件。至此，最高法院不但推动公民自由权利实现了联邦化，而且还将司法审查的重点，转移到了公民自由权利保护领域。

当然，由于公民权利事关联邦与各州之间的权限消长，最高法院不得不谨慎行事。③ 1919 年，霍姆斯大法官在谢内库诉合众国案（*Schenck v. United States*）中，代表法院提出了一种“明显且现实的危

① *Gitlow v. NewYork*, 268 U. S. 652 (1925)，中译文参见［美］斯坦利·I. 库特勒编《最高法院与宪法——美国宪法史上重要判例选读》，朱曾汶、林铮译，商务印书馆 2006 年版，第 301 页。

② 参见王希《原则与妥协：美国宪法的精神与实践》，北京大学出版社 2000 年版，第 463—464 页。

③ 当然，最高法院的“吸收”行动经历了一个历史过程。在吉特洛诉纽约州案中，最高法院将言论自由和出版自由纳入了正当程序条款中；在帕尔科诉康涅狄格州案中，卡多佐大法官认为只有“有序自由”（ordered liberty）才能被吸收。至 20 世纪 40 年代后期，最高法院内部出现了两种“吸收路线”的辩论，一种是布莱克大法官的“全部吸收”（total incorporation），主张吸收《权利法案》中的各项权利；另一种是布伦南大法官的“选择吸收”（selective incorporation），主张仅吸收法院认定的“根本性”宪法权利。布莱克大法官的意见逐渐占据了上风。参见田雷《论美国的纵向司法审查：以宪政政制、文本与学说为中心的考察》，《中外法学》2011 年第 5 期；王希《原则与妥协：美国宪法的精神与实践》，北京大学出版社 2000 年版，第 467 页。

险”审查原则，即判断一种言论是否应受宪法保护，主要看它是否造成联邦议会有权防止的实质性危害，是否在产生明显且现实的危险状态下被使用，是否具有产生明显且现实的危险性质。[①] 同年，克拉克大法官在阿伯拉姆斯诉合众国案（*Abrams v. United States*）中，又将“明显且现实的危险”原则扩展为“不良倾向”标准，即“如果某人从事的行为可能产生某种后果，那么他必须被判定具有产生该后果的故意并对其承担责任”[②]。经此严格阐释之后，公民言论自由的空间被大大压缩，在很多情况下都无法得到实践。

不过，第二次世界大战结束前后，随着美国中产阶级逐渐壮大以及罗斯福政府对社会经济事务的深入干预，将《权利法案》中的公民自由和权利纳入宪法审查范围，保护公民不受州、地方政府以及联邦政府侵犯，已经成为最高法院无可逃避的司法重任。他们可以缓慢地前行，但是不能停下脚步。1948 年，最高法院在谢利诉克瑞默案（*Shelley v. Kraemer*）中宣布，不包含州行为的私人合同不受宪法第十四条修正案约束，但是根据宪法第十四条修正案，州行为不仅指州政府的直接行动，还包括与州行为相关的私人合同；凡是与州行为有关的私人合同都需要接受宪法规范。[③] 根据这一判决精神，最高法院不但有权审查州政府的直接行动，还可以审查与之相关的私人侵权行为。至此，最起码就理论而言，最高法院已经实现了公民权利保护的联邦化，具备了保护公民权利的坚实法律基础。

---

① *Schenck v. United States*, 249 U. S. 47（1919），中译文参见马聪《霍姆斯大法官的言论自由观——“明显且现实的危险”原则的发展》，《时代法学》2007 年第 5 期。

② *Abrams v. United States*, 250 U. S. 616（1919），中译本载北京大学法学院司法研究中心编《宪法的精神：美国联邦最高法院 200 年经典判例选读》，中国方正出版社 2003 年版，第 197 页。在该案中，霍姆斯法官意识到，“明显且现实的危险”原则极易沦为政府压制言论自由的工具，因而改变了立场，反对法院多数意见。参见任东来、胡晓进等《在宪政舞台上：美国最高法院的历史轨迹》，中国法制出版社 2007 年版，第 269—270 页；白雪峰《美国联邦最高法院与〈权利法案〉联邦化》，《文史哲》2012 年第 1 期。

③ *Shelley v. Kraemer*, 334 U. S. 1（1948），美国最高法院（http：//supreme. justia. com/cases/federal/us/334/1/）.

小 结

建国之初，美国联邦政府是一个极为松散的政治联盟，维持自身日常运转尚且艰难，遑论公民权利保护。然而，19 世纪中叶以后，内战、工业化、市场经济以及不断增长的公民福利需求，为联邦国家建设提供了强大动力。一方面，联邦政府内部的行政、立法和司法分支，经过长期的相互博弈，终于厘清了各自的权力界限，形成了相互制衡而又中心突出的宪政体制，具备了主权者所必需的基本条件；另一方面，联邦政府借助最高法院的司法审查，不断扩展自己的权力管辖范围，获得了诸多隐性约束州政府行为的有效手段。至 20 世纪中叶，美利坚合众国已经不再是一个松散的政治联盟，而是变成了联邦权力主导下的有序共同体。

美国联邦权力并非依靠武力和战争铸就，而是充分借助了最高法院的司法审查功能。这种国家权力扩张的方式，既避免了武力相向的政治危险，又确保了中央与各州权力关系的明晰与平衡。联邦政府所拓展的每一项管辖权力，皆以最高法院的严谨论证为前提，有着明确的界限和约束。而且，最高法院沿袭制宪精英的思想，对权力专断抱有高度戒心，故而在维护联邦权威的同时，时时不忘尊重和维护各州原有的主权。作为美利坚合众国根基的二元主权体制，并没有随着联邦权力扩张而遭到废弃。

第三章
公民抗争：民权组织的民权诉求

至20世纪中期，美国的国家政权建设成效显著，联邦政府不但确立了最高主权地位，而且奠定了保护公民权利的合法根基。国家与公民之间的关系，已经超越州与公民关系而获得了优先性。但是，在提供公共服务方面，任何政府天生都具有内在的被动性。没有强大、持久的压力，它们都不会积极主动地为公民提供保护或服务。对于以司法治理为主导的美国政治来说，这种被动性体现得似乎更为明显。只有当权利受害者提起诉讼时，最高法院才能启动司法审查程序，集体讨论是否给予司法救济；只有当受害者组织起来引发全国舆论关注，并对联邦政府造成巨大压力时，总统和国会才会积极采取措施，致力于保护受害者的合法权益。

然而，无论民权诉讼还是游行示威，都需专业知识、活动经费和社会组织作为后盾。公民依靠个人之力或一家之力，很难引起舆论广泛关注或成功赢得司法诉讼。因而，一个相对成熟、稳定的现代国家，不仅需要政府控制有力、治理有方，还必须培育类型多样、处事理性的公民组织，以协助个人进行合法抗争，推动国家机器有效运转。第二次世界大战后兴起的美国民权运动，就是在公民组织推动下逐步展开的。这些组织将黑人民权推向国家政治的风口浪尖，迫使联邦政府不得不探求民权保护之道。

第一节　美国公民组织的艰难成长

北美殖民地是以流亡者、冒险家为基础发展起来的。这些早期的流亡者、冒险家饱受欧洲国家当局压制之苦，因而试图创建一种独立于国家政治之外的社会生活。直到 19 世纪初，曾经近距离观察北美的托克维尔还说，美国人从小就不信任当局，只有在迫不得已时才会向它求救。[①] 这种思维让北美民众养成了自发组织社团的习惯。在取得独立之前，北美殖民地就陆续出现了慈善、健康、教育等民间组织，为居民提供力所能及的公共服务。不过，在殖民地最初一百年甚至更长时间里，欧洲移民缺乏共同行动的经验，成立自发团体的愿望也不是特别强烈。当时的社团规模有限、类型单一、地域色彩浓厚，基本上依靠教会的扶持而得以生存。[②] 同时，随着殖民地与母国政府之间的关系越来越紧张，对行政当局抱有高度戒心的北美民众，最后仍然没有摆脱创建统一国家、组织强力政府的悖论。

独立战争胜利并颁布联邦宪法后，部分州一度呈现出组织民间社团的强劲势头。1760 年至 1820 年，马萨诸塞州和缅因州共计出现了约 1900 个公民组织，平均每年出现 70 个。这些组织的形式日渐丰富，除了传统的慈善团体、教会组织、政治团体外，还出现了具有权利诉求色彩的社会改革组织，如美国反对奴隶制协会（American Anti-Slavery Society）、美国禁酒协会（American Temperance Society）等。其中，美国反对奴隶制协会成立于 1833 年，总部设在纽约，拥有会员 25 万人，曾在废奴运动中扮演重要角色。[③]

无论一个国家采用什么样的政治体制，其政府与公民组织之间都会存在着难以避免的张力。作为暴力使用的合法垄断者，政府不能允许其他任何组织挑战自己的权威。因而，如何控制规模庞大的公民组织，是政府竭力思考的难题。在古代中国，统治者通常严厉限制或直接禁止百姓结社，以防形成肘腋之患。北美拥有追求自由、平等的精神传统，在这种环境中成长起来的政治家，对公民组织的态度较为多元。民主共和党人认为，公民组织是公民抵御暴政、维护民权的根本保障，所以必须

---

① 参见［法］阿历克西·德·托克维尔《论美国的民主》，董果良译，商务印书馆 1997 年版，第 213 页。

② Arthur M. Schlesinger, “Biography of a Nation of Joiners”, *The American Historical Review*, Vol. 50, No. 1 (Oct. 1944), pp. 1－25，转引自赵梅《美国公民社会的构建》，中国社会科学出版社 2010 年版，第 40 页。

③ 参见赵梅《美国公民社会的构建》，中国社会科学出版社 2010 年版，第 47—49 页。

给予民众自由结社的权利。但是，联邦党人则认为公民结社乃派系斗争的根源，为了维护国家统一和政治秩序，必须严格限制公民结社。

由于联邦党人执政，早期联邦政府对公民自由结社，并没有表现出比古代中国统治者更多的宽容。如果说有区别，那就是古代中国统治者对公民结社的限制是模糊、随意的，完全以主政者的意志为转移，而美国联邦政府则以国会立法作为依据，体现出高度的确定性。1798 年，联邦国会通过《煽动暴乱法案》，宣布法国人民和政府是合众国的敌人，任何美国公民，如果被发现向法国提供援助或表示同情，就是附敌的表现，将被处以死刑。该法案还宣布，美国公民组织起来阴谋反对政府的任何措施都是非法的；妨碍政府官员执行他们的任务，或者援助"任何暴动、叛乱及非法的集会"也是非法的；凡是发表或出版"任何反对合众国政府或合众国国会两院的，目的在于诋毁……或中伤他们的，捏造出来的，诽谤性的，恶意的言论者，都是犯罪行为"[①]。以上非法或犯罪行为，都将被判处不同程度的罚款和监禁。

这意味着在建国之初，美国人民不能随意参加结社与集会。任何结社与集会都有可能被判定为"暴动、叛乱及非法"，从而遭到政府的解散或法院的有罪判罚。尽管众议院中的民主共和党人严词抗议，强调宪法明确规定人民拥有言论和出版自由，联邦政府不得侵犯人民的自由权利，但是《煽动暴乱法案》仍在国会两院获得通过。随后，根据该法令，25 人遭到逮捕，14 人被起诉，10 人受到审判并被判处有罪。[②] 由此可见，18 世纪末 19 世纪初，即使奉个人权利为圭臬的美国，仍然不能避免政府与公民组织之间的内在紧张，往往从限制甚至打压的角度进行管制。

不过，当联邦政府趋于稳定之后，民情民意和两党政治对国家决策的影响力还是体现了出来。1810 年，民主共和党成为国会两院多数派。他们的立场与联邦党人相反，更为重视公民权利和私有财产保护，因而极力扭转联邦政府对于公民自由结社的消极态度，并且争取到了最高法院的司法支持。1819 年，马歇尔法院在达特默思学院诉伍德沃德案

---

① 刘祚昌：《杰斐逊评传》，齐鲁书社 2005 年版，第 637 页。

② 同上书，第 640 页。

(*Trustees of Dartmouth College v. Woodward*)中宣布，公民组织作为一个"法人"，应该拥有合法权利："法人是一个人为的、不可分割的、无形的、只能存在于法律的思考中的概念。……作为纯粹法律的创造物，法人拥有它根据最初的特许状所转让的特权，或有明文规定，或是自其存在之日起附带而来的。"法人具有永久性和个体性，"这些特权和特性使一个社团能够管理自己事务，掌握自己财产"①。最高法院判决承认了公民团体的独立性与合法性，明确了宪法对公民团体的法律保护，为公民自由结社提供了司法支持。

此时，联邦党人亦开始反思之前的民权政策。他们与民主共和党人在公民自由结社问题上的立场趋于接近："党争对共同体造成了破坏，但两党领袖都得出结论认为，保护民间组织的合法权利符合本党的利益。"② 在这种情况下，美国公民社会得到了蓬勃发展的机会。19 世纪 30 年代，托克维尔访问美国时，已经充分感受到美国公民组织的繁盛。他观察到，美国人不论年龄多大，不论处于什么地位，不论志趣是什么，无不时时在组织社团；美国不仅有人人可以组织的工商团体，还有其他成千上万的团体。③ 托克维尔甚至认为，美国繁荣的秘密，就隐藏在众多的公民社团之中。

从 19 世纪中叶到 20 世纪初，随着北美社会经济的迅猛发展，美国公民组织更是如雨后春笋般纷纷涌现。而且，受内战后《民权法案》的鼓舞，这些美国公民组织不再局限于慈善、传教等功能，而是积极介入民权保护，推动最高法院关注公民权利。1869 年成立的"全国妇女选举权协会"和"美国妇女选举权协会"便以争取妇女选举权为宗旨。1890 年，两者合并为全美妇女选举权协会（National American Woman

---

① *Trustees of Dartmouth College v. Woodward*, 17 U. S. 518 (1819)，转引自任东来等《美国宪政历程：影响美国的 25 个司法大案》，中国法制出版社 2004 年版，第 53—54 页。为了使语句更加通畅，此处引文略有改动。

② Johann Nuru Neem, "The Transformation of Civil Society in Massachusetts, 1780s - 1840s", Dissertation, Department of History, University of Virginia, p. 129, pp. 171 - 172，转引自赵梅《美国公民社会的构建》，中国社会科学出版社 2010 年版，第 148 页。1825 年，美国民主共和党发生分裂，约翰·亚当斯组织国家共和党，安德鲁·杰克逊创建民主党。

③ 参见［法］阿历克西·德·托克维尔《论美国的民主》下卷，董果良译，商务印书馆 1993 年版，第 635 页。

Suffrage Association，NAWSA），成为美国女性公民权益的代言人。1909年，全国有色人种协进会（National Association for the Advancement of Colored People，NAACP）成立，以帮助有色人种争取平等公民权为己任。1920年，美国公民自由联盟（American Civil Liberties Union，ACLU）成立，旨在借助诉讼、立法以及社区教育，捍卫宪法赋予美国公民的自由和权利。不过，政府与公民组织之间的固有张力，仍然不时刺激着联邦国会的政治神经。一旦遭遇外力威胁，他们就会通过立法严厉限制、规范公民自由发表言论和自由行动。

1917年，联邦国会通过的《惩治间谍法案》（*Espionage Act of* 1917）规定，对未经授权擅自取得、接受和传播国防资料，并对美国军队造成不利影响的个人判处重罪，甚至死刑；1918年，国会又通过了《惩治煽动叛乱法》（*Sedition Act of* 1918），规定国会对所有印刷、书写或发表任何“关于美国政体或美国宪法的不忠、亵渎、辱骂或攻击性言论……或任何旨在使美国政体，或美国宪法，或美国陆海军，或美国国旗或陆海军制服受到轻视、嘲笑、侮辱或名声扫地的言论”者，均予以严厉惩处。① 显然，这一法案是针对批评联邦政府体制和行为的人而制定的。参议院就此议案进行辩论时，有议员进行了强烈谴责，海勒姆·约翰逊参议员甚至扬言它将会“扼杀美国的出版自由，不让任何人，不管他是什么人，对现政府进行合理批评”②。但是，议案在国会两院仍然以绝对多数票获得通过。

在联邦法令的严格限制之下，公民自由行动的空间遭到大幅度压缩。众多参与共产主义运动或被视为共产主义者的公民遭到打击，致力于为少数族裔争取平等权利的组织举步维艰，时刻面临被解散的危险。不过，北美毕竟拥有深厚的公民结社传统。联邦法令的主要目的，是严格限制不利于国家安全的公民组织，而不是予以全面取缔，只要它们不突破政治底线，仍有一定活动余地。比如，以瓦解“隔离但平等”原则为宗旨的NAACP，由于始终坚持司法诉讼，就在第一次世界大战后

① 参见［美］查尔斯·A. 比尔德《美国政府与政治》上册，朱曾汶译，商务印书馆1987年版，第24页。

② 同上。

取得了多次阶段性胜利。1923 年，美国公民自由联盟推动的吉特洛诉纽约州案（*Gitlow v. New York*），虽然没有取得胜诉，但促使最高法院承认言论和出版自由包含在宪法第十四条修正案之内，各州政府不得侵犯。霍姆斯大法官提出的衡量公民言论是否符合法律的“明显且即时的危险”原则，更是得到了多数大法官的认同。[①]

第二次世界大战期间，联邦政府仍然严格控制公民言论。1940 年，国会修订了《外侨登记法》，规定下列行为皆属犯罪：第一，唆使、劝告或以其他任何方式，引起美国武装部队任何成员叛变、不服从或拒绝执行任务；第二，散发教导或劝告以暴力手段推翻政府的书写品或印刷品；第三，组织或帮助组织任何以上述宣传为宗旨的团体；第四，成为任何上述团体的成员。根据这一条款，任何美国公民都不得发表带有革命性质的言论。很多抱有“颠覆性”见解或与激进主义组织有关系的雇员，都遭到了联邦政府解雇。这种做法造成了极为恶劣的政治后果，使得政治观点与国会不一致的美国公民，即使自身条件符合文官法，也无法在联邦政府任职。[②]

当然，1940 年的《外侨登记法》主要是针对革命言论和革命组织。其他性质的公民组织，比如慈善、民权团体，只要不涉及共产主义或革命言论，联邦政府不会随意取缔。第二次世界大战期间，罗斯福政府还在法学家的要求下，废止了过去随意侵犯公民自由的行政行为。“在联邦调查局的指挥下，联邦警官奉令不得以捏造的罪名或根本不以任何罪名对人们进行轻率专横的逮捕。对被控犯有违犯有关言论自由法律罪行的人们，法官和陪审团审讯起来也不那么歇斯底里、蛮不讲理了。”[③] 联邦政府对于公民言论自由的尊重，既保护了公民个人权利，也为公民组织的合法行动提供了政治保障。

最高法院也开始重点关注公民的言论自由权利。1937 年，它在赫

---

① *Gitlow v. New York*, 268 U. S. 652 (1925)，中译本可参见北京大学法学院司法研究中心编《宪法的精神：美国联邦最高法院 200 年经典判例选读》，中国方正出版社 2003 年版，第 199—201 页。

② 以上材料参见［美］查尔斯·A. 比尔德《美国政府与政治》上册，朱曾汶译，商务印书馆 1987 年版，第 26—27 页。

③ 同上书，第 25 页。

恩登诉洛瑞案（*Herndon v. Lowry*）中，判决共产党组织者赫恩登携带共产党员名册并收藏共产党宣传书刊，既不能说明他有散发行为，也不能证明他有赞成或鼓吹暴力、创建黑人共产主义共和国的企图；其计划纲领不过是一种幻想，没有造成事实上的危险；根据“明显且即时的危险”原则，赫恩登的言论没有违反宪法，应受宪法第一修正案保护。欧文·罗伯茨大法官表示，如果法院以赫恩登在共产党内担任要职并鼓动其他动员为由，判处其犯罪甚至死刑，将是对公民言论自由权利的不正当侵犯。[①] 这一判决对于每个公民来说至关重要。在某种意义上，它为个人参与公民组织争取合法权益，提供了最为坚实的司法根基。

第二次世界大战结束后，最高法院在肯定言论自由的基础上，又将结社自由“吸收”进了宪法条款之中。1956 年，亚拉巴马州以 NAACP 未获批准为由，向州法院提起诉讼。州法院判定 NAACP 败诉，要求其提供包括会员名单在内的各种相关信息。NAACP 不同意提交会员名单，遂向联邦最高法院寻求保护。在决定公民组织命运的关键时刻，联邦最高法院给予了支持。1958 年，其多数意见判决书认为，公民结社是宪法第十四条修正案所保护的“自由”权利之一，亚拉巴马州无论出于何种目的，强迫 NAACP 公布其成员名单，都是对公民自由结社的一种有效限制。[②] 这一判决从公民言论和集会自由中“创设”了结社自由，并将其与言论自由、集会自由并列，成为受宪法保护的公民基本权利。受此鼓舞，越来越多的公民组织投身民权抗争，最终迫使总统和国会启动了民权保护探求之路。

---

① *Herndon v. Lowry*, 301 U. S. 242 (1937).

② *N. A. A. C. P. v. Alabama*, 357 U. S. 449 (1958). 此处判决的原文为：We hold that the immunity from state scrutiny of membership lists which the Association claims on behalf of its members is here so related to the right of the members to pursue their lawful private interests privately and to associate freely with others in so doing as to come within the protection of the Fourteenth Amendment. And we conclude that Alabama has fallen short of showing a controlling justification for the deterrent effect on the free enjoyment of the right to associate which disclosure of membership lists is likely to have. Accordingly, the judgment of civil contempt and the $100000 fine which resulted from petitioner's refusal to comply with the production order in this respect must fall. 参见 *N. A. A. C. P. v. Alabama*, 357 U. S. 449 (1958) (http://caselaw.lp.findlaw.com/scripts/getcase.pl?court=us&vol=357&invol=449).

第二节　全国有色人种协进会的民权诉讼

全国有色人种协进会（National Association for the Advancement of Colored People，NAACP）成立于20世纪初。当时，种族主义组织三K党（the Ku Klux Klan）遍布美国南部和中西部地区，私自拷打黑人的现象随处可见。1908年8月，伊利诺伊州斯普林菲尔德市（Springfield）发生了种族骚乱，部分白人无缘无故对一名黑人理发员和一名84岁老人施以私刑。他们杀害、打伤了部分黑人，并将数以百计的黑人赶出城市。暴乱地点就在林肯大厅附近，离“伟大解放者”林肯的坟墓不到两英里。暴动发生后，一些报纸和刊物立刻进行了相关报道。[①]

社会活动家威廉·英格丽希·沃林（William English Walling）及其夫人发表《北方的种族战争》一文，介绍了斯普林菲尔德市的种族骚乱。他们认为，白人在斯普林菲尔德对黑人发动的袭击，比俄国沙皇屠杀犹太人的行为更恶劣万分，因为骚乱发生后，没有一个伊利诺伊州白人为此道歉或感到羞愧。沃林忧心忡忡地指出，如果不采取积极手段，南方白人对黑人施加私刑的现象将会向北方蔓延，从而导致更大规模的种族冲突，所以大家应该联合起来，惩罚暴力行凶者。[②] 他们的呼吁得到了很多公共知识分子的响应。

1909年初，沃林与民权改革家玛丽·W. 欧文顿（Mary W. Ovington）等人在曼哈顿进行会晤，他们决定召集一次会议，讨论解决种族隔离问题。5月，几十位知识分子、宗教领袖、社会工作者、黑幕揭发者以及废奴主义者，齐聚纽约准备成立全国黑人大会。在历数了黑人所遭受的虐待后，60多位著名白人与黑人领袖共同签署了一份由奥斯瓦尔德·

① NAACP, *Celebrating a Century*: 100 *Years in Pictures*, Layton: Gibbs Smith Publishers, 2009, p. 12，另可参见［美］兰斯顿·休斯《“全国有色人种协进会”的组成》，载［美］乔安妮·格兰特《美国黑人斗争史》，郭瀛等译，中国社会科学出版社1987年版，第228—229页。

② Gillert S. Jonas, *Freedom's Sword*: *the NAACP and the Struggle against Racism in America, 1909 – 1969*, New York: Routledge, 2005, pp. 8 – 9.

G. 维拉德（Oswald Garrison Villard）起草的组织宣言，宣布成立一个民权组织，“恢复争取政治与公民自由（political and civil liberty）的斗争”①。

1910 年 5 月，全国黑人大会改名为全国有色人种协进会，并宣布了组织宗旨：“在美国公民中促进权利平等、消除种性等级和种族偏见；增进有色公民的权益；保证他们有平等的投票权利；增加他们获得公正的法院审理、孩子受教育、按才录用、在法律面前完全平等的机会。”② 协会制定了组织章程，建立了永久性管理机构，其最高领导机构——协进会委员会由 30 名理事组成。波士顿律师穆尔菲尔德·斯托里（Moorefield Storey）任会长，约翰·米勒郝兰德（John Milholland）与亚历山大·沃茨（Alexander Watts）任副会长，奥斯瓦尔德·G. 维拉德（Oswald Garrison Villard）任委员会主席，玛丽·W. 欧文顿任秘书，沃特·萨克斯（Walter Sachs）任会计，杜波依斯（Dubois）负责公共事务与研究方面的事务。当时，NAACP 所有会员共计 329 名，每人缴纳一定的会费。③

在杜波依斯等人的宣传下，NAACP 得到了很多著名人士的支持。④他们不仅为 NAACP 捐助资金，还提供行动策略指导和司法援助。至 1913 年年底，NAACP 在美国建立了 24 个分会，预算经费增加到 1.6 万美元；1914 年年底增加到 50 个分会。⑤ 不过，协会最初阶段经费困难，不足以维持日常开支，进入 20 世纪 20 年代后困境才逐渐缓解。

20 世纪 20 年代初，由于北方各州出现了大量来自南方的黑人，NAACP 在黑人中的影响力不断提高，黑人会员缴纳的会费越来越多。

---

① Gillert S. Jonas, *Freedom's Sword: the NAACP and the Struggle against Racism in America, 1909 - 1969*, New York: Routledge, 2005, p. 11.

② ［美］兰斯顿·休斯：《“全国有色人种协进会”的组成》，载［美］乔安妮·格兰特《美国黑人斗争史》，郭瀛等译，中国社会科学出版社 1987 年版，第 231 页。

③ Gillert S. Jonas, *Freedom's Sword: the NAACP and the Struggle against Racism in America, 1909 - 1969*. New York: Routledge, 2005. p. 15. 需要指出的是，Gillert S. Jonas 在此提及的 NAACP 人事安排与《美国黑人斗争史》（第 231 页）所述差异甚大，留待考证。

④ 参见［美］杜波依斯《威·爱·伯·杜波依斯自传：九旬老人回首往事的自述》，邹得真等译，中国大百科全书出版社 1996 年版，第 232 页。

⑤ 参见［美］兰斯顿·休斯《“全国有色人种协进会”的组成》，载［美］乔安妮·格兰特《美国黑人斗争史》，郭瀛等译，中国社会科学出版社 1987 年版，第 232—233 页。

1920 年，来自黑人会员的会费已经占据协会收入的绝大多数，这也表明，协会最初试图吸引大量白人精英参加的策略遭到了失败。对于 NAACP 来说，黑人会员成倍增加更为显著的结果，是行政管理权转移到了黑人会员手中。1916 年，詹姆士·威尔登·约翰逊（James Weldon Johnson）被任命为分会秘书（field secretary）；1918 年，沃特·怀特（Walter White）被任命为执行秘书助理（assistant executive secretary）；1921 年，约翰逊升任行政秘书。① 至 1935 年，比较重要的委员会主席和法律项目负责人，基本上都由非裔精英担任。②

为了获得黑人群体呼应，NAACP 准备从他们最难以忍受的事情入手工作。20 世纪 20—30 年代，令黑人最头疼的问题是白人滥施私刑。根据富兰克林·莫顿（Franklin Morton）的研究，从 1889 年到 1918 年，有 3224 名黑人受到白人私刑拷打。③ 有鉴于此，NAACP 投入了大量精力和物力，试图推动国会立法禁止私刑，但是并没有取得实质性结果。无奈之下，他们只好寻找新的突破口，转而帮助黑人退伍士兵提高工作技能，谋求职业机会。NAACP 领导人认为，只要白人看到黑人士兵的能力和勇气，自然就会对他们产生尊重。但是，这一努力同样收效甚微。

NAACP 还利用各种资源提起民权诉讼，并取得了一定成效。1915 年，他们推动最高法院裁定俄克拉荷马州宪法中的“祖父条款”违宪无效。④ 两年后，又促使最高法院推翻了肯塔基州路易斯维尔（Louis-

---

① August Meier and John H. Bracey, “The NAACP as a Reform Movement, 1909 - 1965: ‘To Reach the Conscience of America’”, *The Journal of Southern History*, Vol. 9, No. 1 (Feb., 1993), pp. 10 - 11.

② August Meier and Elliott Rudwick, “Attorneys Blcak and White: A Case Study of Race Relations within the NAACP”, *The Journal of American History*, Vol. 62, No. 4 (Mar., 1976), p. 914.

③ Gillert S. Jonas, *Freedom's Sword: the NAACP and the Struggle against Racism in America, 1909 - 1969*, New York: Routledge, 2005, p. 16.

④ 1908 年，俄克拉荷马州宪法第 3 条第 4 款第 1 项规定，投票人必须能够阅读和书写俄克拉荷马州宪法的任何部分，但是在 1866 年 1 月 1 日或之前享有投票权的人，或“此间居住本州的一些外国人”，以及任何外国人的“直系后裔”可以免除。这一规定后来被称为“老祖父条款”。参见［美］劳伦斯·M. 弗里德曼《美国法律史》，苏彦欣等译，中国社会科学出版社 2007 年版，第 748 页。

ville）的城市居住隔离法令。[①] 进入20世纪30年代后，随着非裔律师逐渐掌握了法律业务，NAACP对种族诉讼的兴趣越来越浓厚，其中以特别法律顾问休斯敦（Charles Hamilton Houston）和年轻律师瑟古德·马歇尔（Thurgood Marshall）最为积极。他们组织一批年轻黑人成立了律师团队，专门为非裔美国人提供民权诉讼服务。其中，马歇尔担任首席辩护律师。[②]

然而，要想将诉讼提交至最高法院并得到受理，何其艰难！最高法院每年收到上万件诉讼，最终被接受审理的不过七八十件，多数诉讼都如泥牛入海，了无声响。只有那些没有先例、事关重大且具有代表性的诉讼，才有可能进入法官们的“法眼”。因此，为了提高命中率，NAACP法律部设计了一套“三步走”的民权诉讼战略：第一步，反对公共交通工具上的种族隔离；第二步，反对教育领域的“种族隔离但平等”原则；第三步，反对所有场合与领域中的种族隔离。具体操作办法，是从申请援助者中挑选典型案例，帮助被告逐级上诉至联邦最高法院，挑选的标准有两个，一是涉及公民权利问题，二是种族歧视色彩明显。1940年后，黑人民权诉讼的数量激增，NAACP法律部不得不缩小选择范围，重点致力于有可能确立新宪政秩序的诉讼。[③]

以1935年“默里诉皮尔逊案”（*Murray v. Pearson*）为起点，NAACP法律部向最高法院提起了一系列有关黑人民权的诉讼，其中包括1938年“盖恩斯诉卡纳达案”（*Missouri ex rel. Gaines v. Canada*）、1944年“史密斯诉奥尔莱特案”（*Smith v. Allwright*）、1946年“摩根诉弗吉尼亚州案”（*Morgan v. Virginia*）、1947年“巴顿诉密西西比州案”（*Patton v. Mississippi*）、1948年“谢利诉克瑞默案”（*Shelley v. Kraemer*）、1950年“斯韦特诉佩因特案”（*Sweatt v. Painter*）等。在这些案件中，

---

① August Meier and John H. Bracey Jr., “The NAACP as a Reform Movement, 1909 - 1965: ‘To Reach the Conscience of America’”, *The Journal of Southern History*, Vol. 9, No. 1 (Feb., 1993), pp. 3 - 30.

② 《瑟古德·马歇尔的辉煌业绩：运用法庭力量进行民权斗争》（http://usinfo.org/PUBS/Marshall/）。

③ August Meier and John H. Bracey Jr., “The NAACP as a Reform Movement, 1909 - 1965: ‘To reach the conscience of America’”, *The Journal of Southern History*, Vol. 9, No. 1 (Feb., 1993), p. 15.

以马歇尔为核心的 NAACP 律师团队，充分利用宪法和最高法院判决留下的模糊空间，以及大法官们对于民权问题的日益关注，推动取消了多项侵犯黑人民权的州立法和州行为。

以上民权诉讼取得了不少成果，但是并没有动摇种族隔离的法律根基。最高法院一方面强调黑人应该享有“平等”的公民权利，另一方面又回避对种族隔离进行司法审查。种族隔离作为一项社会制度仍然根深蒂固，尤其是在关系到黑人前途的中小学教育领域。从 20 世纪 50 年代初开始，NAACP 法律部将目光集中到了取消中小学种族隔离制度上。他们深知这一挑战的艰巨性，因而进行了精心准备和周密安排。此时，对他们有利的是，社会环境已经出现变化，反法西斯战争推动了白人对国内种族问题的关注和反思，无论民间还是政府，都不再像战前那样仇视黑人和顽固维持种族隔离。黑人民众的力量也迅速增长，变得有能力参与抗争。①

1951 年，马歇尔团队遇到一起典型的黑人民权案件。堪萨斯州托皮卡小镇的黑人牧师奥利弗·布朗（Oliver Brown），打电话给 NAACP 当地分会主席麦金利·伯耐特（McKinley Burnett），请求协进会帮助其讨回女儿的平等教育权利。② 布朗家附近有一所小学，但是托皮卡教育局实行种族隔离，不允许其女儿就近入读，而是必须搭车到 5 英里之外的黑人学校学习。这一请求得到了 NAACP 法律部的高度重视。法律部认为，这个案件既涉及公民教育权，又与种族歧视有关，是一个可能引起最高法院关注的案例。为了引起更大反响，他们又精心选择了 4 个相近案例同时上诉。在马歇尔律师领导下，NAACP 法律部分别以当地中小学黑人学生的名义，向联邦地区法院提起诉讼，指控“隔离但平等原则”违反了宪法平等法律保护条款。

NAACP 法律部提起的 5 个诉讼，只有一个得到了联邦地区法院支持。1952 年，法律部遂将案件提交至联邦最高法院。最高法院将这几

① August Meier and John H. Bracey Jr., “The NAACP as a Reform Movement, 1909 - 1965: ‘To reach the conscience of America’”, *The Journal of Southern History*, Vol. 9, No. 1 (Feb., 1993), p. 21.

② 案件具体情况可参见任东来等《美国宪政历程：影响美国的 25 个司法大案》，中国法制出版社 2004 年版，第 210—212 页。

个案件合并审理，统称“布朗诉托皮卡教育管理委员会案”。马歇尔律师主动领衔，担任原告律师团负责人。1952 年 12 月 9 日，最高法院开庭审理。马歇尔采用“布兰代斯诉讼法”，引用 30 多位社会学者和心理学者的社会调查成果，说明教育隔离对黑人学生造成了严重的心理伤害，违反了宪法第十四条修正案中的“平等法律保护”原则。为了增强法庭辩护的说服力，马歇尔在每个案件审理时，都邀请了心理学家或教育家作为证人。

尽管马歇尔团队证据充分、辩护有力，但半数法官仍然不愿意承认种族隔离的违宪性。夹在中间的法兰克福大法官摇摆不定，他既认为种族隔离剥夺了黑人平等权，又认为宪法第十四条修正案没有禁止公立教育中的种族隔离。最后，他建议推迟判决，次年秋天开庭再审。这一建议被多数法官采纳。二审前夕，首席大法官弗里德里克·摩尔·文森（Frederick Moore Vinson）去世，艾森豪威尔总统提请厄尔·沃伦继任。沃伦是一位自由主义者，他的上任打破了最高法院内部的平衡。马歇尔抓住有利时机，组织多名历史学家和法学家研读相关文献，寻找推翻种族隔离的历史依据，最终取得了胜诉。[①]

最高法院宣布种族隔离违反“平等法律保护”原则，应该予以取消。这个判决明确了种族隔离的违宪性质，瓦解了种族隔离制度的宪法基础，对于 NAACP 法律部来说是一个莫大的鼓舞。他们决定乘胜追击，继续向劳工、传媒、住房等领域进军。1955 年 6 月，NAACP 法律部发起了一场有关反对工作和工会歧视的诉讼。他们代表成千上万的黑人工人，控告墨西哥湾沿岸一些石油公司和工会歧视黑人，侵犯了黑人的平等公民权利。协会律师指出，工会和雇主都属于“州行动者”（state actors），依宪法规定不能实行种族歧视，不能将黑人工人隔离于技术最低、工资最低的部门。他们要求最高法院禁止石油公司对黑人的歧视行为，但诉讼结果并不理想。

---

① 关于布朗案判决可参见王希《原则与妥协：美国宪法的精神与实践》，北京大学出版社 2000 年版；任东来等《美国宪政历程：影响美国的 25 个司法大案》，中国法制出版社 2004 年版；邱小平《法律的平等保护：美国宪法第十四条修正案第一款研究》，北京大学出版社 2005 年版；谢国荣《全国有色人种协进会与美国公立教育中种族隔离的取消》，《山东师范大学学报》2005 年第 5 期。

1955 年，NAACP 法律部起诉联邦通信委员会（the Federal Communicatons Commission），称其下属电视台 WLBT 播放种族歧视节目，违反了“宪法平等”原则。经过几年诉讼，WLBT 被吊销了电视播放执照。这是联邦通信史上第一家因播放种族歧视节目被取消权限的电视台。同年，法律部又推动了两件居住方面的诉讼：指控莱维特父子公司（Levitt and Sons Development Corporation）不允许黑人在纽约和宾夕法尼亚州的莱维顿新建住宅区购买房屋；指控联邦房管局（the Federal Housing Authority）歧视黑人，不许黑人购买联邦基金出租房。前一起诉讼被联邦法院驳回。法院认为无论联邦房管局还是退伍士兵管理局（the Veterans Administration）都没有得到国会授权，无权禁止房屋项目财产销售中的种族歧视。①

NAACP 法律部的民权行动引起了南方各州的抗议。1956 年，南方几个州先后通过法令，禁止 NAACP 在当地开展活动。路易斯安那州发出禁令，规定如果 NAACP 不向州政府提交全部会员名单，就不能召开会议；亚拉巴马州地方法院发出指令，禁止 NAACP 在州内开展任何活动；南卡罗来纳州议会将 NAACP 定性为颠覆性组织，禁止其在境内开展活动；阿肯色州的一位国会议员则将多项所谓的“证据”放到《国会议事录》中，试图说明 NAACP 的领导者是反美分子，应禁止其组织活动。② 这些禁令给 NAACP 带来了巨大政治压力，使得其工作举步维艰。同时，随着越来越多中下层黑人的加入，黑人民权抗争逐渐从法庭走向了大街和广场，民权诉讼在黑人中的影响力日渐降低。

不过，黑人民权运动并没有因此走向低谷。相反，随着新型民权组织如南方基督教领袖会议、学生非暴力协调委员会的出现，黑人民权运动展现出了更强的抗争力和影响力，最终引起了白宫的关注。

---

① NAACP: *Celebrating a Century: 100 Years in Pictures*, Layton: Gibbs Smith Publishers, 2009, p. 184.

② 参见［美］约翰·霍普·富兰克林《美国黑人史》，张冰姿等译，商务印书馆 1988 年版，第 541 页。

第三节　南方基督教领袖会议的非暴力抗争

最高法院所做的布朗案判决一度让黑人看到了希望。但是，南方部分州拒不执行布朗案判决，种族隔离仍然固若金汤。黑人能否享受平等公民权利，已经不是宪法问题，而是行政执法问题了。在这种情况下，新一代黑人民权积极分子放弃司法诉讼，将目光转向了街头抗争。1955年，亚拉巴马州蒙哥马利市黑人发起了抵制公共汽车运动，要求在公共场合落实“先到先接受服务”（First come, First serviced）的原则。不过，与此前不同，这些民权领袖为了增加号召力，特别邀请了教会领袖负责组织工作。在此之前，教会也常常以反种族歧视的领导者和代言人出现，但是很少参与具体的组织活动。现在，面对日益兴起的反种族歧视运动，南部教会在马丁·路德·金（Martin Luther King, Jr.）牧师号召下逐渐改变了态度。

蒙哥马利市抵制公共汽车运动激起了众多教会牧师的抗争积极性。1956年3月，马丁·路德·金召集多位黑人领袖在新奥尔良集会，准备动员黑人发起一项反种族隔离活动。为了协调各个抗议团体之间的行动，他们筹备成立了南方基督教领袖联盟。次年1月，又以此为基础成立了南方基督教领袖会议（Southern Christian Leadership Conference, SCLC），马丁·路德·金出任会长，办公地点设在佐治亚州的亚特兰大。

SCLC以改善非裔美国人的政治和社会经济地位为宗旨。[①] 这一组织在人员构成和行动原则方面，都与其他民权组织有所不同。首先，它是一个主要由黑人上层精英领导的民权组织。在其委员会中，绝大多数委员是牧师，其他人则来自牙医、药剂师、教授、商人或国际码头工人协会等群体。[②] 其次，它既不愿意采取政治游说、司法诉讼等手段，又不支持暴力革命，而是坚持非暴力抗争。马丁·路德·金认为，黑人仅

---

① Ollie A. Johnson Ⅲ and Karin L. Stanford, *Black Political Organizations in the Post-Civil Rights Era*, New Brunswick: Rutgers University Press, 2002, p. 132.

② Adam Fairclough, *To Redeem the Soul of America: The Southern Christian Leadership Conference*, University of Georgia Press, 2001, pp. 13 – 34.

占美国总人口数的12%，如果采取暴力反抗，就意味着自杀。[①]

很多SCLC的创建者本身就是NAACP会员甚至支部主席，不愿意在领导黑人民权运动方面给NAACP造成压力。[②] 为了避免与NAACP发生冲突，SCLC明确宣布主要在南方诸州发动民权抗争。而且，SCLC不招收个人会员，仅允许以支部形式加入。根据其初期领导人罗斯金（Rustin）、列维森（Levison）和贝克（Baker）的规划，SCLC基本上是一个伞状的松散联盟，主要负责协调各个地方团体或支部的活动。每个支部每年交纳25美元会费后，会收到一份由马丁·路德·金签名的证书，年终时有权利派出5名代表参加集会。各下属支部可以向SCLC委员会寻求指导和帮助。

SCLC支部的形式和大小不一，总体上可以分为两种类型。多数支部由牧师及其所从属的教会组成，如伯明翰的亚拉巴马基督教争取人权运动（the Alabama Christian Movement for Human Rights）、巴顿鲁日（Baton Rouge）基督教运动以及纳什维尔基督教领导委员会（Nashville Christian Leadership Council）。另一类支部主要包括选民登记组织和五花八门的民权组织，它们基本上由牧师领导，只有少量附属分支由一般信徒创建。[③] 这种松散的组织结构使SCLC与NAACP避免了冲突，但也为会费不足和领导不力埋下了伏笔。

马丁·路德·金不仅领导蒙哥马利市抵制运动获得了成功，而且还一跃成为全国黑人民权领袖。1957年，他致电艾森豪威尔总统，恳请召开民权会议讨论布朗案判决的落实问题：“您，我们的总统，不到南方来的话，我们将带领我们的同胞去找你。”[④] 但是，总统并没有作出回应，SCLC遂采取了直接行动。它联合NAACP，决定在布朗案判决三周年纪念日（1957年5月17日）之际发起朝圣运动，抗议南方白人的

---

① 参见［美］珂蕾达·史科特·金《自由之梦：小马丁·路德·金的奋斗》，丁振祺译，新华出版社1987年版，第97页。

② Adam Fairclough, *To Redeem the Soul of America: The Southern Christian Leadership Conference*, Athens: University of Georgia Press, 2001, p. 33.

③ Ibid., pp. 33 – 34.

④ Steven F. Lawson, *Running for Freedom: Civil Rights and Black Politics in America since 1941*, Malden, MA: Wiley-Blackwell, 2008, p. 74.

暴力行为。尽管这次朝圣运动没有引起舆论关注，但是马丁·路德·金通过与菲利普·伦道夫（A. Philip Randolph）、罗伊·威尔金斯（Roy Wilkins）两位著名民权领袖同台演说，大大提高了自己以及SCLC在黑人群体中的影响力。[①]

1957年夏天，由于抗争热情消退，黑人成员陆续退出，抵制公共汽车运动难以为继。经过商讨，SCLC领导人决定转向黑人选民登记运动，在他们看来，推动黑人参加选民登记具有多重有利因素：首先，总统提交国会讨论的民权法案主要围绕选举权展开，可以为选民登记运动提供合法性。其次，SCLC领导人认为，南方白人在黑人投票问题上的立场相对温和，不会像在种族隔离问题上那样坚决，因为"选举权不会引出社会融合问题"。最后，SCLC领导人认为，他们可以借助选民登记运动，组织各个支部参加统一的地区性活动，改变各自为战的散漫状态。马丁·路德·金强调，如果这一计划得到贯彻，SCLC将能建立一个扎根于南方的强大民权组织。[②]

争取黑人公民权是选民登记运动的重点。林肯诞辰纪念日，SCLC在南方几个城市组织了20余场群众集会，向当地及联邦政府施加压力。马丁·路德·金在集会上说："我们必须获得自由"，"而且也必将会获得自由。我们现在就需要自由。我们不需要再花一百五十年时间让别人用食匙把自由喂给我们！"[③] 迫于运动压力，艾森豪威尔总统在白宫召见了马丁·路德·金等民权领袖。这些民权领袖向总统提交了一份建议书，要求总统制定新的民权法案，责成司法部门保护参加选民登记的黑人民众，停止爆炸黑人教堂和私人住宅。[④] 艾森豪威尔总统接受建议书，兑现了一部分诺言。

但是，黑人民权运动并没有随着总统的介入而走向兴盛。相反，由

---

① Adam Fairclough, *To Redeem the Soul of America: The Southern Christian Leadership Conference*, Athens: University of Georgia Press, 2001, p. 40.

② Ibid., pp. 43 - 44.

③ ［美］珂蕾达·史科特·金：《自由之梦：小马丁·路德·金的奋斗》，丁振祺译，新华出版社1987年版，第100页。

④ 同上。这份建议书由南方基督教领袖会议的两位领导人负责起草，然后由马丁·路德·金、伦道夫、威尔金斯等民权领袖讨论定稿。

于疲于谋生，多数黑人参加几场示威游行之后，便丧失了街头抗争的热情，重新归于平静和容忍。即使马丁·路德·金辞掉了牧师职务，专心领导非暴力抵抗行动，也没有能够阻止黑人抗争热情的消退。SCLC 领导人将黑人的政治冷漠，归结为文化水平低、缺乏公民意识，因而组织了面向南方黑人的扫盲活动，希望能够推动南方黑人真正参加到抗争潮流中来，可是由于经费紧张、组织松散，很多活动没有得到有效贯彻和执行，大规模黑人民权抗争运动迟迟不见踪影。

1960 年，北卡罗来纳州格林斯博罗市爆发的学生静坐抗议运动，让 SCLC 领导人找到了新的斗争方向。他们猛然意识到，青年学生才是民权抗争的有力群体。他们决定召开一次学生领袖会议，制定一项非暴力直接行动策略，具体指导各地的学生抗争活动。会议上，他们推动成立了一个旨在从事民权抗争的学生组织——学生非暴力协调委员会（Student Nonviolent Coordination Committee，SNCC）。

SCLC 通过组织学生静坐，摸索出了一种新的抗争模式，即由青年学生打头阵，父母隐身其后，营造强大的运动声势。这种抗争模式更强调参与者的群体性和行动的直接性，与 NAACP 的司法诉讼形成了鲜明对照。作为 NAACP 领导人之一的马歇尔律师对此颇不以为然，他和威尔金斯都认为，希特勒曾经将千千万万群众“骗”到公共广场上，让普通人对群众运动充满了敌视，不再抱有任何同情之心，已经玷污了群众运动的名声。他们一致断定，群众运动的时代已经一去不返，非暴力抵抗没有任何前途。[①] 不过，马歇尔等人的反对，并没有阻止街头抗争行动的高涨。

1961 年 5 月，SCLC 联合北方民权组织，开展了一场自由乘车运动，挑战南方州际公路上的种族隔离。此前蒙哥马利市的抵制运动，仅仅迫使当地公共汽车取消了种族隔离，并没有改变南方州际公路上的现状。于是，志愿者决定乘坐长途汽车纵贯美国南部，再度挑战南方的种族隔离。当他们到达安尼斯顿和蒙哥马利时，分别遭到了白人暴徒袭击。马丁·路德·金召开群众集会，也遭到种族主义者围攻。不过，这

① Adam Fairclough, *To Redeem the Soul of America: The Southern Christian Leadership Conference*, Athens: University of Georgia Press, 2001, p. 55.

次抗争给联邦政府造成了巨大压力，迫使他们强制取消了州际交通及其辅助设施中的种族隔离。

肯尼迪总统上任以后，开始有意识地疏导民权组织的行动。1961年6月，司法部长罗伯特·肯尼迪召集SCLC、SNCC、争取种族平等大会（the Congress of Racial Equality，CORE）等民权组织的领袖开会，建议他们到南方地区参加黑人选民登记工作，并称这一工作比街头运动更有意义，更能改变非裔的社会状况。SCLC领导人接受了这个建议，一度赴佐治亚州的奥尔巴尼市发动公民参加选民登记，争取选举权利。不过，他们很快又改变了主意，认为与单纯劝导黑人参加选举登记相比，对黑人进行公民教育的意义更为长远，更能从根本上解决种族不平等问题。

SCLC选择了两个切入点进行黑人公民教育培训，一个是培训黑人社区领袖，内容包括公民常识、选举教育、社区管理等；另一个是在南方各州开展扫盲活动，提高黑人民众的文化水平。从1961年开始，他们开办了大量短期公民学校，利用业余时间讲授公民责任、读写技巧和选举知识等。培训方式有两种，一种是建立培训基地，邀请社区精英参加公民教育培训，然后资助他们返回当地开展公民教育；另一种是直接选派工作人员深入某一地区就地办学，宣传公民权利知识。相对来说，前者收效更为显著。从1963年4月到1964年6月，培训基地共训练了502名社区精英。他们回到家乡后，动员了2.5962万名黑人参加选民登记。①

经过一年努力，黑人民权行动虽然有所收获，但是仍未消除南方的种族隔离现象，也未改善黑人的生活状况。肯尼迪主导的联邦政府，似乎也没有表现出积极解决黑人民权的明显迹象。因此，马丁·路德·金等人决定对肯尼迪总统施加一点压力。1962年春，他们接受了亚拉巴马州人权组织邀请，赴伯明翰参加反种族隔离示威游行。3月，马丁·路德·金带人到达伯明翰，与当地民权领袖经过协商之后，决定以几家规模较大的商店为中心，开展抗争活动。4月3日，静坐抗议和示威游

① Box137，Folder 2；Box141，Folder 7，转引自姬虹《民权运动与美国南方黑人政治力量的兴起》，《美国研究》2000年第2期。

行开始后，很快就遭到警方压制。面对来自当地政府的强大压力，马丁·路德·金拒不示弱，继续坚持非暴力抗争，最终遭到逮捕。

肯尼迪总统从全局角度出发，不赞成“以暴制暴”，将黑人精英推到激进主义立场上去，故建议伯明翰政府释放了马丁·路德·金。不过，黑人民权组织并没有就此罢休，而是趁热打铁，又动员伯明翰黑人学生发起了争取权利运动。5 月 6 日，“这次组织工作的领导人如南方基督教领导会议的多萝西·科顿、詹姆士·贝弗尔和伯纳德·李，争取种族平等大会的基层干事艾萨克·赖特，还有 SNCC 的詹姆士·福尔曼、威廉·波特、威廉·里克斯、埃里克·雷尼和学生们，都在汽车游客旅馆的停车场上，和大伙一起参加游行和合唱”①。对此，联邦政府最初非常恼火，要求民权组织立即停止游行示威活动。但是，迫于黑人运动的强大威力，他们最终还是接受了黑人提出的条件，答应取消商店种族隔离、不起诉示威游行者、实行平等雇佣、定期与黑人领袖会晤等。②

伯明翰争取权利运动改变了肯尼迪总统的政治立场。在此之前，肯尼迪总统已经表现出反种族歧视的倾向，但是由于对现实政治考虑太多，迟迟不愿得罪保守政治势力，迈出民权立法的步伐。伯明翰黑人民权运动让他意识到，黑人民权已经成为国内政治的一颗定时炸弹，如果不尽快着手解决，后果难以设想。国际上的批评和指责接踵而来，也令其心情沉重、压力很大。肯尼迪总统遂放弃此前的顾虑，公开发表了反对种族歧视的讲话：“我们之中有谁会对改变他的肤色并处于黑人的位置感到满意？我们之中有谁会对总是被要求等待和耽搁感到满意？我将要求国会作出他们没有在本世纪完全作出的承诺——种族差异在美国是没有影响力的。”③ 这是美国总统首次在公开讲话中，表示要推动国会立法来解决黑人民权问题。

SCLC 领导人决定趁热打铁，继续向联邦政府施加压力。1963 年 8

---

① ［美］乔安妮·格兰特：《美国黑人斗争史》，郭瀛等译，中国社会科学出版社 1987 年版，第 381—382 页。

② 参见［美］珂蕾达·史科特·金《自由之梦：小马丁·路德·金的奋斗》，丁振祺译，新华出版社 1987 年版，第 138 页。

③ 张爱民：《从林肯到奥巴马》，天津社会科学院出版社 2010 年版，第 197 页。

月，他们联合 NAACP 等黑人民权组织，举行了一场规模庞大的“向华盛顿进军”游行。游行当日，25 万多群众聚集在林肯纪念堂和华盛顿纪念碑前，聆听马丁·路德·金的讲演——《我有一个梦想》。马丁·路德·金在演讲中说，美国缔造者制定宪法时，曾经向每一个美国人许下诺言，承诺给予所有人生命、自由和追求幸福的权利，但是现在看来，美国并没有向有色公民履行义务，而只是开了一张空头支票，今天“我们要求将支票兑现——这张支票将给予我们宝贵的自由和正义的保障”①。

这次游行以及马丁·路德·金的演讲，将民权运动推向最高潮，给联邦政府带来了巨大的政治压力。本来，越南战场的进退两难以及社会主义阵营对美国种族暴力的谴责，已经让联邦政府焦头烂额，现在国内又出现了如此大规模的种族冲突，总统不得不拿出十二分的勇气去面对了。

第四节　学生非暴力协调委员会的直接行动

从 1955 年到 1960 年，以马丁·路德·金为核心的 SCLC，在南方各州组织了多次非暴力街头抗争，要求取消公共场合中的种族隔离，改善黑人的社会和经济地位，但是效果不尽理想。多数中下阶层黑人迫于工作压力，仍然默默忍受种族隔离，不愿挺身争取改变。尤其是 1957 年至 1960 年，各种抗议活动和民权运动事件出现了大幅度的下降。在某种程度上，非裔美国人的抗议活动进入了一种停滞状态。对此，SCLC 深感无能为力。②

谁也不曾想到，1960 年一场突如其来的学生静坐，为黑人民权运动注入了新的活力。

这场静坐运动始发生于北卡罗来纳州的格林斯博罗市。1960 年 2 月1 日，4 名黑人大学生进入一个实行种族隔离的百货商店，购买完商

① ［美］马丁·路德·金：《我有一个梦想》，载钱满素主编《美国文明读本：缔造美利坚的 40 篇经典文献》，中央编译出版社 2014 年版，第 288 页。

② 参见［美］查尔斯·蒂利、西德尼·塔罗《抗争政治》，李义中译，凤凰出版传媒集团 2010 年版，第 228—229 页。

品后，坐在了专为白人准备的便餐柜台前。店方希望黑人学生离开，学生则回答说，我们既然购买了商品，就有权利坐在板凳上。本来，学生根据以往的经验，认为这样做肯定受到强制驱逐，但是他们没有想到，店方并没有暴力驱逐他们，而是将他们晾在了一边，任其静坐。于是，学生发现了一个既能发泄怒气，又不会招致白人报复的抗议方式。

傍晚，黑人学生回到学校后，立刻与学生会取得联系，招募了更多的学生参加静坐。次日，30 名学生进入商店，“占领”了柜台前的白人专座。店方仍然没有强制驱赶。最终，这两个多小时的静坐引起了记者关注，他们发表了大量相关报道，称一群“衣着讲究的黑人大学生”，以祈祷方式完成了静坐示威。① 随后，静坐示威运动得到越来越多学生的支持，如烈火般向州内其他城市蔓延。至 1960 年 4 月，南部和边疆州的 78 个城市爆发了学生抗议运动。他们在餐馆、公共图书馆、公园以及公共游泳池静坐，要求取消公共场合中的种族隔离。

针对此起彼伏的学生运动，SCLC 顾问埃拉·贝克（Ella Baker）建议成立一个民权组织，负责组织和协调各地学生的非暴力行动。1960 年 4 月，在各路民权精英参与下，一个专门面向青年学生的民权组织成立了，此即“学生非暴力协调委员会”（SNCC）。SNCC 总部最初设于亚特兰大市奥本大街（Auburn Street）197 号，几年后迁至纳尔逊大街（Nelson Street）360 号。② 首任委员会主席为马里恩·巴里（Marion Barry）。③ 委员会最初没有专职人员，多由各个学校学生兼职。1961 年 5 月，委员会聘请了专职秘书，招募了众多学生志愿者，其组织和活动逐渐走向正规化。

SNCC 曾在亚特兰大会议上发表宣言，阐明了自己的行动宗旨：“通过非暴力行动，以勇敢代替畏惧，以仁爱转化仇恨，以宽宏驱散偏

---

① Clayborne Carson, *In Struggle: SNCC and the Black Awakening of the* 1960*s*, Harvard University Press, 1981, p. 10.

② Department of Defense, “Student Non-Violent Coordinating Committee (SNCC)”, 1967 (http://www.aavw.org/protest/carmichael_sncc_abstract06_full.html), October 9, 2012.

③ 马里恩·巴里（Marion Barry）仅为学生非暴力协调委员会服务了一年。1961 年，查理斯·F. 马克杜姆（Charles F. McDew）继任主席；1963 年又由约翰·利维斯（John Lewis）接替。

见；（以）希望结束绝望，和平制止战争，信任解除怀疑。以相互关心消除敌意，诚恳公正战胜伪善不公，以救世济民的社会取代粗俗邪恶的社会。”[①] 简言之，就是以非暴力的行动，争取一个真诚、公正的理想社会。

SNCC 成立后，以高昂的热情参与到了其他民权组织开展的自由乘车运动中。该运动旨在推动联邦政府执行最高法院的“博因顿诉弗吉尼亚州案”（*Boynton v. Virginia*）判决，取消州际列车中的种族隔离。[②] 1961 年 5 月 4 日，SNCC 与其他民权组织成员，打破种族隔离原则，混合乘车从华盛顿向新奥尔良进发。他们在途中遭到了暴徒袭击，但是坚持不懈、拒不退缩，最终促使联邦司法部出面调解，取消了州际交通中的种族隔离。

新上任的肯尼迪总统没有明确禁止非暴力抵抗运动，但私下并不希望非暴力抗争运动扩大化，他认为这种抗争方式很容易引起种族冲突和骚乱。1961 年 7 月 16 日，肯尼迪总统授意司法部长召集黑人领袖进行座谈，倡议民权组织到南方从事黑人选民登记活动。司法部长告诫黑人领袖说，落实选举权是解决南方种族问题的关键，从事选民登记活动将比游行示威更富有成效。他还承诺为选民登记活动提供资金支持。

司法部的倡议在 SNCC 内部引发了争议。1961 年 8 月，在田纳西州高地民众学校（Highlander Folk School）会议上，部分领导人主张接受政府建议，转向从事选民登记活动，其他领导人则认为这是白宫的政府阴谋，坚决反对，并以退出组织相威胁。后经埃拉·贝克的有效调解，双方才最终达成妥协，一部分成员继续从事非暴力直接行动，另一部分则到密西西比州麦库姆（McComb）地区的帕克县（Pike）从事选民登记活动。这一事件反映出，部分 SNCC 领导人已经对联邦政府极度不信任。

密西西比选民登记活动提高了黑人的选民意识，推动了黑人投票率的上升。但是，SNCC 成员从中感受到的，却是越来越多的绝望和无

---

① ［美］乔安妮·格兰特：《美国黑人斗争史》，郭瀛等译，中国社会科学出版社 1987 年版，第 317 页。

② 参见杨云志《“从非暴力到黑人权力”：美国学生非暴力协调委员会（SNCC）研究》，华东师范大学 2010 年硕士学位论文，第 24 页。

助。他们从事民权工作时，经常遭到白人暴徒的恐吓与殴打。而且，警察有时不但不出面制止，甚至还参与施暴，以“莫须有”的罪名逮捕民权领袖，捣毁民权组织办公室。当地司法机关对此熟视无睹，即使接案审理，也往往对行凶者“网开一面”，不作惩戒。联邦工作人员则表示自己权力有限，不能插手各州事务，除了劝告民权组织谨慎行事外，没有其他办法。事实上，联邦政府受制于“州权自主”传统，确实不敢贸然干预。只有发生政治骚乱时，总统才有权调用军队，维持秩序。

种族主义者的暴力，南方警察部门的执法，仅仅是刺激黑人民权运动兴起的客观因素。事实上，与几十年前相比，种族主义者的暴力已经大幅度减少，警察部门的执法也越来越规范。黑人群体的社会生活环境不是恶化了，而是获得了长足进步。既然生活环境改善了，为何黑人群体反倒不能容忍，走向了越来越激进的抗争呢？从社会学角度来看，这与美国黑人分布的变化有很大关系。

1910 年，大约 90% 的黑人都生活在美国南方，而且 3/4 的黑人散布在稀稀疏疏的村庄。他们之间没有接触机会，没有消息往来，不具备参与共同行动的基本条件。到了 1950 年，仍然有 68% 的黑人居住在南方。但是，此后十年间，美国社会出现了有史以来最大规模的人口流动。这种流动不仅体现于南北之间，也发生于乡村和城市之间。1960 年，半数以上的黑人，从南方迁移到了北方；3/4 的黑人，从乡村转移到了城市。在北方，纽约有 100 多万黑人，芝加哥有 89 万，费城有 67 万，底特律有 56 万，洛杉矶有 33.5 万；在南方，休斯敦有 21.5 万，亚特兰大有 18.6 万。① 白人纷纷“逃离”市区，少数城市几乎成为黑人的天下。

这种人口分布的巨大变化，赋予了多数黑人便捷的信息渠道、共同的生活空间、繁多的自治组织，使个体隐藏于心底的种种不满，汇集成了集体性的社会勇气。他们以前能接受的歧视，现在再也不能容忍；以前习以为常的生活，现在再也不想继续。美国黑人的“相对剥夺感”骤然增强了。

---

① 参见［美］丹尼尔·贝尔《资本主义文化矛盾》，赵一凡、蒲隆、任晓晋译，生活·读书·新知三联书店 1989 年版，第 236 页。

1963年8月，SNCC领导人得到消息，南方各州正准备以“煽动佐治亚州阿梅里克斯（Americus）叛乱”为由，镇压SNCC在当地的活动。不久，他们又获悉参与奥尔巴尼运动（Albany Movement）的9名SNCC组织成员，受到了联邦司法部的严厉处置。[①] 联邦司法部表示，这9名SNCC成员在陪审员商店周围“巡逻”（picketed），是一种妨碍司法公正的行为，必须予以起诉。这是联邦司法部首次起诉民权活动分子。SNCC领导人对此义愤填膺，认为司法部妄图以貌似公正的手段争取南方支持，安抚对黑人民权运动抱有成见的白人，用心“非常险恶”。[②]

1964年落选民主党全国代表大会，更让SNCC领导层的怨气达至顶点。当年，SNCC为帮助南方黑人获得合法公民权利，决定成立一个没有种族歧视的新政党，参加即将召开的民主党全国代表大会。4月，密西西比自由民主党（Mississippi Freedom Democratic Party，MFDP）在杰克逊市成立。8月22日，该党向民主党全国代表大会资格审查委员会提交参会申请，结果遭到了委员会拒绝。[③]

这一失败刺激了SNCC领导人积蓄已久的绝望情绪，他们不愿意再信任白人，也不愿再信任联邦政府。他们认为，约翰逊政府根本不想诚心诚意地解决民权问题，在现有的政治框架内争取平等公民权利，无异于与虎谋皮。因此，部分领导人开始放弃非暴力宣传，鼓动黑人脱离白人统治，建立一个属于黑人自己的政治家园。此时，正值亚、非、拉民族独立运动风起云涌，这些SNCC激进领导人顺势将自己描绘成为民族独立的领导者。[④] 就这样，一直坚持在合法范围内行动的民权运动，在铜墙铁壁式的政治体制面前最终出现裂痕，酝酿出了少数具有革命倾向的激进主义分子。

---

① 奥尔巴尼是佐治亚州的一座小城。1961年11月，当地黑人掀起了争取民权运动，引起全国范围内的关注。该运动失败后，部分SNCC成员组织成立奥尔巴尼运动联盟，使黑人民权运动焕发了新的生机，因而引起联邦司法部的注意。

② Clayborne Carson, *In Struggle: SNCC and the Black Awakening of the 1960s*, Harvard University Press, 1981, p. 93.

③ http://www.answers.com/topic/student-nonviolent-coordinating-committee#cite_note-1.

④ Department of Defense, "Student Non-Violent Coordinating Committee (SNCC)", 1967 (http://www.aavw.org/protest/carmichael_sncc_abstract06_full.html), October 9, 2012.

此后的SNCC领导层变得越来越激进。它在参加“向华盛顿进军”时，最初起草的演讲稿火力十足，对美国政治进行了严厉谴责。该演讲稿表示，由于民权法案不足以保护黑人免受政治暴力，SNCC决定不再予以支持。演讲稿还指责联邦司法部逮捕9位奥尔巴尼运动领导人，是“联邦政府和地方政治家共同阴谋的一部分”，它号召黑人建立自己的权力机构：“革命就在眼前，我们必须亲自打破政治和经济上的奴役枷锁。非暴力革命运动认为，我们不必等到法院开始行动……不必等待总统、司法部，也不必等待国会，我们要自己起来创造一种权力来源，一种独立于任何国家结构的权力来源。只有如此，才能够确保我们的胜利。”① 在前现代国家里，这样的“非暴力革命”很容易吸引底层民众眼球。民众的忍耐力到达极限时，往往接受激进主义者的变革主张，甚至将他们推向政治的最高神坛。不过，在拥有深厚法治传统的美国，SNCC领导人的激进主张并没有赢得广泛的社会市场。他们甚至在民权运动内部，都没有获得主流民权领袖的基本认可。

著名民权活动家拜亚特·鲁斯廷（Bayard Rustin）召集成立了一个民权领导人委员会，力图纠正SNCC的暴力革命倾向。与会者除SNCC领导层的约翰·利维斯（John Lewis）、詹姆斯·福尔曼（James Forman）、考特兰德·考克斯（Courtland Cox）外，还有其他民权组织的领导人，如A. 菲利普·伦道夫、马丁·路德·金、拉尔夫·艾伯纳西（Ralph Abernathy）、尤金·卡森·布莱克（Eugene Carson Blake），等等。“向华盛顿进军”当日，他们在林肯纪念堂内会晤，集中讨论了SNCC的未来走向，要求其淡化演讲稿中的暴力倾向。SNCC迫于压力，最终接受了这一意见。

不过，即使修改之后的演讲稿，仍然充满了火药味。该演讲稿对肯尼迪总统提出的民权法案继续持保留意见，认为该法案不能让黑人免于警犬和消防水带的攻击，不能让被捕的数百黑人免于虚假起诉，也不能让阿梅里克斯（Americus）的3名SNCC分会秘书（field secretaries）免于死刑。在SNCC领导人看来，肯尼迪政党已经异化为东部的政党，他

---

① Clayborne Carson, *In Struggle: SNCC and the Black Awakening of the 1960s*, Harvard University Press, 1981, p. 93.

们高呼“我们的政党在哪里？让华盛顿行军变得没有必要的政党在哪里？”[①]这份演讲稿没有公开倡导暴力革命，但是对于美国政治的绝望已经溢于言表。

SNCC对其他民权组织的妥协仅是暂时的。1964年要求参加民主党全国代表大会遭拒后，它对美国政治彻底失去了信心，不再掩饰自己的愤怒。即使坚持非暴力行动的查尔斯·谢罗德，也转而强调黑人权力的重要性：“我们不仅要获得肉、面包和工作，而且，我们还要获得权力，分享权力。美国黑人现在面临的问题是要么‘重归于好’分享权力，要么振作起来，依靠暴力和鲜血获得权力。”[②] 1965年，SNCC宣布断绝与其他民权组织之间的联系。他们宣称，黑人需要建立自己的政治权力，而非寻求既有权力机构的接纳。1965年6月，SNCC组织了近百名新成员，到华盛顿参加一场争取密西西比州国会议员资格的游行。示威者在白宫和国会大厦前抗议，有的甚至试图冲入国会大厦。9月，SNCC发布一份长达50页的报告，对美国教育办公室（the U. S. Office of Education）进行了严厉批评。

1966年，SNCC将矛头直接对准了联邦政府。1月，它发表了反对美国介入越南战争的声明：“我们认为，美国政府一直在以追求自由的名义欺骗越南人民，就像它始终在欺骗多米尼加共和国、刚果、南非、罗德西亚以及美国境内的有色人种一样。我们学生非暴力协调委员会在过去5年中，一直为争取美国黑人的自由和自治而斗争。我们的努力，尤其在南方的努力告诉我们，美国政府从来没有保证过受压迫公民的自由，也没有真正决心结束境内的恐怖和压迫统治。”[③] 在SNCC看来，美国民主政治已完全趋于虚假，它不仅长期压制国内有色族裔，而且始终欺骗其他国家的人民。对于这样的政治，受压迫的人们除革命之外别无他途。

---

① Clayborne Carson, *In Struggle: SNCC and the Black Awakening of the 1960s*, Harvard University Press, 1981, p. 94.

② 杨云志：《“从非暴力到黑人权力”：美国学生非暴力协调委员会（SNCC）研究》，硕士学位论文，华东师范大学，2010年，第36页。

③ “Bond v. Floyd, 385 U. S. 116 (1966)” (http://www.aavw.org/protest/bond_election_abstract06_full.html), October 16, 2012.

SNCC凭借犀利的言辞，成为反对越战运动的主角。其核心成员不停地到各处演讲，谴责美国政府的战争行为。[①] 其中，斯托克利·卡米克尔（Stokely Carmichael）的演讲最具攻击性。1966年2月5日，他在访问加利福尼亚州的马林（Marin）县时说：“选择非暴力是个人之事；我可能坚持非暴力，但是我不会要求参加组织的人也选择非暴力。”“如果人们离开这里，准备为自己的权利而奋斗，我当然不会说他们应该彬彬有礼，不伤害任何人。我可能会劝说他们应该得到属于自己的东西。”当被问到是否会阻止暴力时，卡米克尔回答说：“暴力是不可缺少的。我不会停止斗争。我会尽力为我组织起来的人做好准备，使他们在面临斗争时能够取得胜利。”[②]

1966年5月，卡米克尔取代约翰·利维斯担任SNCC主席，标志着“非暴力行动”原则遭到了否定。卡米克尔坚决拒绝与政府合作，对总统民权会议更是毫无兴趣，认为它纯粹是总统的宣传把戏，根本不是为了保护黑人民权。他还反对1966年的《民权法案》，称它是一个“冒牌货”。[③] 9月，卡米克尔发表《我们需要什么?》一文，详细阐释了“黑人权力”理论。他指出，“黑人权力”是针对白人民权领袖提出的，因为没有一个白人民权领袖愿意走进黑人社区，倾听黑人的声音，他们只是动员黑人游行示威、遭受白人殴打；“黑人权力在政治上意味着黑人联合起来选举代表，促使他们为黑人说话，它并不意味着一定是选举黑人担当官职”[④]。

1966年8月30日，卡米克尔抵达费城。他在接受采访时，指称费城警察局副局长弗兰克·里佐（Frank Rizzo）是一个种族主义者，且毫不避讳地使用了大量“暴力”词汇。当被问及如何看待“暴力”时，卡米克尔回答说：“我现在站在这里，像你一样是个非暴力者，但是如

---

① Department of Defense, “Student Non-Violent Coordinating Committee (SNCC)”, 1967 (http://www.aavw.org/protest/carmichael_sncc_abstract06_full.html), October 9, 2012.

② 谢国荣：《布朗案判决后美国南部的象征性改革对民权运动的影响》，《武汉大学学报》2010年第4期。

③ Department of Defense, “Student Non-Violent Coordinating Committee (SNCC)”, 1967 (http://www.aavw.org/protest/carmichael_sncc_abstract06_full.html), October 9, 2012.

④ 谢国荣：《布朗案判决后美国南部的象征性改革对民权运动的影响》，《武汉大学学报》2010年第4期。

果你攻击我，我就会立刻杀死你。那时，我就不是一个非暴力者。”① 随后，卡米克尔在教堂召开群众集会，为被捕的 SNCC 成员筹集保释金，参加者大约有 1000 人。他号召黑人抛弃分歧，共同对付美国政府。②

1967 年 5 月，H. 拉普 · 布朗（H. Rap Brown）继任 SNCC 主席。他与卡米克尔一样，也不赞成纯粹的非暴力原则。他认为，如果美国政治权力结构不发生变化，仍然继续歧视黑人，黑人就应该以暴制暴，建立属于自己的政府。他在一次记者会上说：“我说你们最好弄一支枪。暴力是必须的——它和樱桃派一样具有美国特色。”③ 在布朗的领导下，SNCC 对美国政府的抨击不断升级，它不但号召黑人士兵退出越南战争，而且劝说符合征兵条件的黑人拒绝入伍。这种激进言论给联邦和各州政府带来了强大压力，迫使他们不得不继续解决黑人民权问题。不过，在黑人群体内部，日趋激进的 SNCC 却越来越不受欢迎。绝大多数黑人痛恨种族歧视，但也不愿意追随 SNCC 踏上暴力革命的道路。尤其当联邦政府致力于落实黑人的平等权利时，带有暴力革命色彩的民权组织逐渐失去了立足之地。

小 结

现代国家不仅需要控制能力和自我监控能力较高的国家政权体系，而且还需要一个充满活力的公民社会。归根结底，国家机器的能力和动力都来源于公民社会。如果没有公民社会的监督和支持，国家政权很容易遭到各级官僚的腐蚀，陷入权力破碎的境地；如果没有公民社会的推动，国家政权很容易被自身惰性和利益所羁绊，沦为不能有效运转的“机器”。总之，无论政体设计如何完善，它都很难积极主动地去保护公民权利，尤其是保护少数权利。从这个意义上来说，公民组织的存在

① Appearance of Stokely Carmichael, National Director of Student Non-Violent Coordinating Committee, Philadelphia, PA., August 30, 1966, FBI August 31, 1966, pp. 1 -2, October 9, 2012.

② Ibid..

③ ［美］马克 · 科兰斯基：《1968：撞击世界的年代》，程洪波、陈晓译，生活 · 读书 · 新知三联书店 2009 年版，第 7 页。

和介入，是落实美国少数权利保护的重要前提。杰克·M. 巴尔金教授就提醒大家，我们为最高法院布朗案判决欢呼的同时，不要忘记NAACP的长期努力。

NAACP、SCLC和SNCC是美国民权运动中的三个典型公民组织，它们都致力于反对种族隔离，为非裔美国人争取平等公民权：NAACP侧重政治游说和司法诉讼，希望将黑人纳入宪政保护体制；SCLC侧重非暴力直接行动，试图通过游行示威向政府施加压力，改善黑人的经济和政治地位；SNCC前期支持非暴力行动，后期提倡暴力抗争，主张建立黑人政府。这三个组织之间既有合作，也有竞争与分歧，但就客观效果而言，它们都为黑人公民权利的法政化发挥了重要作用。NAACP协助黑人向联邦法院提出大量民权诉讼，促成了一系列反种族歧视的司法判决；SCLC和SNCC通过游行示威与非暴力行动，迫使总统和国会不得不严肃对待黑人的民权诉求，积极探求解决之道。

第四章

司法介入：最高法院的民权判决

经过一个多世纪的争取，联邦最高法院确立了宪法唯一阐释者的地位。总统和国会历经多次“磨合”之后，亦深知在内政问题上以司法分支为先锋，会更有效地避免暴力冲突，并赢得各州公民的政治认同，故而默许了最高法院“独享”宪法解释权。[①] 不过，在第二次世界大战之前的大多数时间里，作为国家执政联盟的一个权力分支，最高法院最为关心的是联邦政权建设，而非少数族裔权利保护。为了避免联邦政府分裂、确立联邦最高地位，它往往牺牲少数人的公民权利，以换取各州对联邦政府的认可与支持。屠宰场组案、普莱西案等司法判决，就是联邦最高法院“政治考量”的结果。

进入20世纪后，NAACP等民权组织意识到，如果不能获得最高法院的司法支持，是很难从根本上解决种族隔离问题的，他们遂积极推动黑人群体提起民权诉讼。于是乎，民权诉讼如雪片一般涌向最高法院。同时，第二次世界大战结束以后，自由派大法官也在最高法院内占据主导地位，并将民权保护纳入了司法审查的视野。新型民权组织的司法诉讼与最高法院的民权转向不谋而合、相互激荡，共同促成了20世纪中期司法反种族隔离运动的出现，并成为联邦政府启动反种族歧视行动的先声。

---

① 美国学者基斯·威廷顿指出，最高法院独享宪法解释权，实际上得到了总统和国会的支持；如果没有总统和国会的默许，仅凭最高法院自己争取，是很难确立三权分立格局的。详见［美］基斯·威廷顿《司法至上的政治基础：美国历史上的总统、最高法院及宪政领导权》，牛悦译，北京大学出版社2010年版。

第一节 最高法院大法官的民权转向

19 世纪初期，美国所面临的时代主题，是如何化解联邦与各州之间的主权冲突。联邦主权高于州权抑或州权至上，是困扰这个新生国家的最大难题。作为联邦执政联盟的一员，最高法院当然不能置身事外。马歇尔法院进行司法审查的时候，并没有将保护公民权利作为头等大事，而是主要致力于为联邦最高主权提供合法性论证，并确定联邦与州之间的权力界限。坦尼时期的最高法院，仍将平衡联邦与州之间的权力关系，作为最重要的工作之一。进入 20 世纪后，随着联邦权威逐渐确立，最高法院才将州权与公民权之间的关系问题，作为司法审查的重点。

20 世纪初，随着各州频繁立法规制私人经济，美国进入了一个新的政治时代。继续支持自由放任还是允许政府干预，成为最高法院必须表明立场的又一大难题。宪法的本义和自身的理念，让多数大法官选择了支持自由放任。为实现这一目标，他们将宪法"非经正当法律程序，不得剥夺任何人之生命、自由或财产"中的"自由"一词，狭义地界定为"契约自由"和"经济自由"，从而取消了政府规制经济行为的合法性。这种保守司法立场的客观后果，是社会经济继续维持在"自然状态"之下，使得个人只能自己捍卫自己。社会主流群体或强势群体自然喜欢这种"各自为战"的社会状态，但是对于少数族裔来说，这种司法立场无异于"不作为"。

20 世纪 20 年代末，最高法院的保守立场在经济危机冲击下，开始变得步履维艰。金融崩溃、工厂倒闭、工人失业、农产品滞销，使美国遭遇了建国以来最严重的经济危机。失业者都希望政府出面，创造就业机会。罗斯福总统顺应民众诉求，提出了诸多复兴经济的方案。最高法院仍然坚持保守立场，频频否决罗斯福总统的施政方案。1936 年，它先后宣布 12 项新政措施违宪无效。不过，鉴于经济形势日趋恶化以及罗斯福总统"抗争"，最高法院最终还是顺势而为，放弃了对行政分支的"严格审查"。从 1937 年 4 月开始，它几乎默认了所有新政纲领，其中包括某些先前被推翻的方案。① 传统的司法能动哲学被司法克制哲学代替了。克制哲学强调，最高法院必须审慎地行使司法审查权力，“不应该将他们的社会与经济信仰来替代民选立法机构的判断”②。换言之，最高法院不应该随意否决立法机构的决议。

最高法院提出的司法克制哲学，重点在于反思此前对立法和行政分支的“过度”审查，而不是放弃应有的司法审查责任。事实上，它在放松了对经济立法的审查之后，很快将目光转向了一个新的领域——平等公民权利保护。这一动向在霍姆斯大法官那里，已经体现得非常明显。1941—1946 年执掌最高法院的斯通大法官（Harlan Fiske Stone），在论述霍姆斯大法官的司法克制哲学时说：“霍姆斯大法官的意见表明，他认为在涉及公民自由的案件中，法官不应过于受司法自我克制原则的束缚，不过就我所知他从未明确阐述其差别之所在。”③ 显然，斯通大法官认为，霍姆斯法官所谓的司法克制原则，并不适用于公民权利保护。而且，斯通大法官更进一步，表明了最高法院在民权案件中的应然立场，即联邦政府有权审查各州含有种族、民族、宗教及其他歧视性质的法律，并且可以根据宪法第十四条修正案予以推翻。④

从重点审查联邦经济立法，到重点关注各州民权立法，这是联邦最高法院最为重要的司法转向之一。它为何要做这种转向？又为何能够在

① 参见［美］伯纳德·施瓦茨《美国最高法院史》，毕洪海等译，中国政法大学出版社 2005 年版，第 256 页。伯纳德·施瓦茨指出，最高法院在 1937 年的革命性转变，并非是受总统权力所迫出现的，而是其法律意识自发改变的结果。实际上，卡多佐大法官在 1934 年就已经断言：“在我们所生活的这个大社会中，自由放任主义的福音……可能不足以指出救援工作的方法，至少对经济生活来说是如此。”（《美国最高法院史》，第 257 页）

② ［美］阿奇博尔德·考克斯：《法院与宪法》，田雷译，北京大学出版社 2006 年版，第 161 页。

③ ［美］伯纳德·施瓦茨：《美国最高法院史》，毕洪海等译，中国政法大学出版社 2005 年版，第 285—286 页。斯通大法官在脚注中指出，法律产生的过程可能并不是民主的，法院应该采用更积极的态度审查立法的动机，利用宪法第十四条修正案保护被排除在立法过程之外的人的正当权利；在政治民主的过程中，法律是针对一些特别的宗教、民族和种族的群体而制定的，因此最高法院必须更深入地审查法律是否对少数群体存在歧视，是否阻碍他们参加正常的民主过程。详见王希《原则与妥协：美国宪法的精神与实践》，北京大学出版社 2000 年版，第 469 页。

④ 参见王希《原则与妥协：美国宪法的精神与实践》，北京大学出版社 2000 年版，第 469 页。

短期内实现这种转向？有人认为，经济大危机迫使最高法院放弃了司法能动哲学，转而审慎地使用司法审查权力。但是，这种解释只能说明最高法院为何放弃了严格审查经济立法，而不能说明它为何转向了重点审理民权诉讼。为了深入理解最高法院的民权转向，有必要考察第二次世界大战期间最高法院的人事变动，了解当时大法官群体的思想背景。

按照宪法规定，最高法院出现空缺时，总统可以提名新的法官人选。宪法没有规定具体的提名标准，也没有限定总统与提名对象之间的关系，因此，总统可以在社会和国会认可的范围之内，提名任何符合条件的人选。一般来说，总统提名最高法院大法官时，都会抱有比较明确的政治目的，尽量提名与自身政治哲学相近的司法精英。为了确保实现这一目标，白宫遴选团队会秉持严格标准，层层筛选，确定最符合需要的提名对象。尽管总统提名后，被提名的对象还需要经过参议院的审议和批准，但是成功率一般都比较高。两百多年来，参议院仅拒绝或“无限期拖延”过 30 多位被提名的大法官人选，总统提名成功率接近 80%。[①] 凭借这独一无二的大法官提名权，总统实际上拥有间接影响最高法院的机会。

最高法院大法官没有任期限制，可以终身任职。只有当大法官去世或有人请辞时，总统才能行使提名权。由于大法官去世或辞职具有极大偶然性，美国总统提名大法官的机会也随之充满了不确定性。有的总统仅获得 1—2 次机会，有的总统却获得了 4—5 次，甚至更多的机会。在这方面，富兰克林·D. 罗斯福总统无疑最为幸运，在其任期内，共计获得了 9 次提名机会。他更换了 9 名大法官中的 8 名，并将 1 名大法官提名为首席大法官。[②]

总统能够影响大法官的产生，但是不能决定大法官的司法立场。由于大法官可以无限期任职，由总统提名大法官的政治设计，并不会让大

---

① 参见何帆《大法官说了算：美国司法观察笔记》，法律出版社 2010 年版，第 24 页。在此需要特别指出的是，按照该书出版时间，79% 的统计数据应是 1789—2010 年的。而且，作者引用这一数据是为了说明总统提名成功的艰难性。不过，在笔者看来，近 80% 的提名成功率亦可侧面说明总统在任命最高法院大法官问题上仍然占据着绝对优势。

② 参见任东来等《在宪政的舞台上：美国最高法院的历史轨迹》，中国政法大学出版社 2007 年版，第 264 页。

法官面临必须顺从总统的压力。因此，大法官都拥有独立的司法理念，并且大都会坚持自己的司法立场。有些大法官甚至会与提名他们的总统唱反调。但是，一般来说，总统与其提名的大法官都存在相近的政治理念。最起码就罗斯福总统来说是如此。由他提名的9名大法官，基本上都赞同新政纲领，支持国家权力适当地介入社会和经济事务，其中的多数派还对底层民众抱有深切的同情，赞同以司法之力保障少数族裔的宪法权利。

雨果·拉斐特·布莱克（Hugo LaFayette Black）是罗斯福总统提名的第一位大法官。他出生于美国南部，担任过治安法院兼职法官以及县检察官，由于积极支持新政，被提名进入最高法院。进入最高法院之后，布莱克将对待《圣经》的感情移植到了对待美国宪法上："宪法是我的法律圣经，它对我们政府的设计，就是我的设计；它的命运，就是我的命运。我珍视它从头到尾的每一个字，甚至是稍许偏离它最细末的要求，我也会有切肤之痛。"① 布莱克将宪法视为公民权利的"保护神"，"经常反复地申述他从宪法第十四条修正案中体会到的宪法主旨"②。

罗斯福总统任命的其他大法官，有斯坦利·F. 里德（Stanley F. Reed）、费利克斯·法兰克福特（Felix Frankfurter）、威廉·O. 道格拉斯（William O. Douglas）、弗兰克·墨菲（Frank Murphy）、詹姆斯·F. 伯恩斯（James F. Byrnes）、罗伯特·H. 杰克逊（Robert H. Jackson）和威利·B. 拉特利奇（Wiley B. Rutledge）。杜鲁门总统任命的大法官有哈罗德·H. 伯顿（Harold H. Burton）、弗雷德·M. 文森（Fred M. Vinson）、汤姆·C. 克拉克（Tom C. Clark）和谢尔曼·明顿（Sherman Minton）。这些人构成了第二次世界大战前后美国最高法院的大法官主体。

以上大法官基本分为两派，法兰克福特、文森、杰克逊和里德等大法官组成了保守派，布莱克、道格拉斯、墨菲和拉特利奇等大法官组成

---

① ［美］莫顿·J. 霍维茨：《沃伦法院对正义的追求》，信春鹰、张志铭译，中国政法大学出版社2003年版，第5页。

② ［美］亨利·J. 亚伯拉罕：《法官与总统——一部任命最高法院法官的政治史》，刘泰星译，商务印书馆1990年版，第199页。

了自由派，两派在司法理念上存在着很大分歧。前者认为司法克制是宪法审查的唯一标准，坚持不介入政治敏感领域；后者则认为司法克制并不是宪法审查的要义，在涉及公民权利的案件中，尤其不能以司法克制为由，拒绝进行审理。[①] 不过，两派大法官在公民权利保护方面的立场，并不是完全对立的：“他们对民权思想的认识程度可能不尽相同，对如何实现民权目标也有着不同的考虑，但他们却都有这样的愿望。”[②] 换言之，无论保守派大法官还是自由派大法官，都将保护公民权利视为最高法院的天职。

1938 年的盖恩斯诉卡纳达案（*Missouri ex rel. Gaines v. Canada*）是最高法院转向严格审查民权诉讼的重要标志。原告盖恩斯是密苏里州的一位黑人，在成绩合格的条件下申请密苏里大学，结果遭到拒绝，理由是根据密苏里州法律，黑人学生不能与白人学生共处于同一空间。密苏里州政府解释说，他们准备在黑人学生达到一定数量后，为其建立专门的法学院。盖恩斯遂在 NAACP 民权律师查尔斯·休斯顿帮助下，将密苏里州大学告上了法庭。原告认为，密苏里州大学没有为其提供平等受教育的机会，违反了宪法第十四条修正案规定的平等保护条款。在此之前，休斯顿曾推动黑人以同样理由状告马里兰大学并取得胜诉，但是州法院的判决无法改变其他州的种族隔离。因此，他试图通过盖恩斯诉卡纳达案，从根本上推翻高等教育领域中的种族隔离。

此时，最高法院刚刚经历剧烈的人事变动。保守派大法官威利斯·V. 德凡特（Willis V. Deventer）和乔治·萨瑟兰（George Sutherland）先后退休，剩下的两位保守派大法官詹姆斯·C. 麦克雷诺兹（James Clark McReynolds）和皮尔斯·巴特勒（Pierce Butler）曲高和寡，难以在法院内部发挥主导作用；自由派大法官布莱克进入了最高法院，原来持中间立场的查尔斯·E. 休斯（Charles Evans Hughes）首席大法官和欧文·罗伯茨（Owen Roberts）大法官，也逐渐转向了自由派阵营。在这种背景下，最高法院内部保护公民平等权的声音，压倒了反

---

① 参见［美］伯纳德·施瓦茨《美国最高法院史》，毕洪海等译，中国政法大学出版社 2005 年版，第 279 页。

② ［美］麦克罗斯基：《美国最高法院》第 3 版，任东来、孙雯、胡晓进译，中国政法大学出版社 2005 年版，第 164 页。

对派的声音。最高法院受理了盖恩斯的诉讼，并且以 6 票同意、2 票反对，判决盖恩斯获得有条件胜诉。

最高法院多数派判决书认为，既然密苏里州立大学校方代表着密苏里州政府，其拒绝录取黑人进入法学院的行为，就应该属于州行为；州政府在境内为白人提供法律教育，却不能为黑人提供同样机会，违背了宪法第十四条修正案的规定；即使根据密苏里州立大学校方所说，州政府准备在必要、可行时为黑人建立一所专门的法学院，也不能改变其违背宪法的事实。[①] 因此，最高法院要求密苏里州立大学法学院允许盖恩斯入学。这一判决仅对“平等”概念进行了重新阐释，并没有改变普莱西案的种族主义判决原则。但是，任何人都可以感受到，最高法院的立场已经有所改变，从支持种族隔离开始转向公民权利保护。这一动向大大鼓舞了黑人民权组织。

第二次世界大战结束前后，社会主义阵营对美国种族隔离的猛烈抨击，给联邦政府带来了沉重的政治压力。美国总统为了化解国际压力，争取黑人选民支持，倾向提名具有民权关怀的律师进入最高法院。第二次世界大战结束前夕，这些新任大法官陆续到位，完全更新了最高法院内部的司法空气。他们中的大多数耳闻目睹了德国法西斯的种族屠杀之后，开始深入反思种族主义观念的潜在危害，支持总统废除种族隔离。

1944 年，NAACP 民权律师协助黑人选民史密斯，将奥尔赖特上诉到了联邦最高法院。原告表示，负责选民登记的官员奥尔赖特拒绝分发选票，不允许自己参加民主党候选人初选，侵犯了自己的公民选举权。最高法院判决书认为，民主党初选是在州法定当局管理之下进行的，州法院对于竞选（contested elections）和训令诉讼（mandamus proceedings）拥有唯一的初审权，可以强制党务管理人员履行法定责任，因此民主党选举具有政治性质，是一种州行为；奥尔赖特作为选民登记官，却拒绝向史密斯分发选票，其行为违反了宪法规定。[②] 根据这一判决，不仅政党初选应受宪法约束，而且所有源于州政府的行为都将受到宪法

① *Missouri ex rel. Gaines v. Canada*, 305 U. S. 337 (1938)，美国联邦最高法院中心（http://supreme. justia. com/cases/federal/us/305/337/case. html#343）.

② *Smith v. Allwright*, 321 U. S. 649 (1944)，美国联邦最高法院中心（http://supreme. justia. com/cases/federal/us/321/649/case. html#661）.

规范。

1946 年，最高法院审理了 NAACP 推动提起的“摩根诉弗吉尼亚州案”（*Morgan v. Virginia*）诉讼。艾琳·摩根是一名黑人妇女，拟从弗吉尼亚州乘坐长途汽车去马里兰州。她上车后，没有根据弗吉尼亚州法令，坐在专门为黑人预留的后排座位上。司机要求摩根移动位置，遭到摩根拒绝后，随即打电话报警，由警察逮捕了摩根。NAACP 帮助其向最高法院提起诉讼，认为弗吉尼亚州在州际交通中实行种族隔离违反了宪法。最高法院支持了他们的要求，判决弗吉尼亚州在州际公共交通中实行种族隔离，增加州际贸易负担，违背了宪法州际贸易条款，必须予以撤销。①

从 1948 年到 1950 年，最高法院又作出多项有利于黑人民权的判决。它在赛普尔诉俄克拉荷马大学董事案（*Sipucl v. Board of Regents of University of Oklahoma*）中，允许黑人赛普尔就近入学；在谢利诉克瑞默案（*Shelley v. Kraemer*）中，判定州法院和法官在执行公务过程中的行为都属于州行为，不能存在种族歧视；在斯威特诉佩因特案（*Sweatt v. Painter*）中，判决得克萨斯州立大学黑人法学院与白人法学院条件相差悬殊，违反了宪法平等保护条款；在麦克洛林诉俄克拉荷马州立大学校董会案（*McLaurin v. Oklahoma State Regents*）中判决，俄克拉荷马州立大学不允许黑人学生与白人学生共享教育设施，违反了宪法平等保护条款；必须予以禁止。

在盖恩斯诉卡纳达案之前，最高法院或者以避免介入政治为由拒绝受理民权诉讼，或者将公民权归属于州治安权而拒绝施以援手。实在避之不及，就干脆承认种族隔离制度的合法性。但是，自盖恩斯判决以后，最高法院不仅屡屡受理有关黑人民权的诉讼，而且改变了长期以来的判决立场，体现出保护少数族裔权利的明确倾向。尽管这些判决仍然小心翼翼、就事论事，没有触及种族隔离制度的违宪性质，但是已经从理论上将种族隔离推向法律绝境，令其逐渐失去了合法的存在空间。

---

① *Morgan v. Virginia*, 328 U.S. 373 (1946)，美国联邦最高法院中心（http://supreme.justia.com/cases/federal/us/328/373/case.html#374）.

第二节　最高法院的反种族隔离判决

进入20世纪50年代后，更多具有底层社会背景的大法官进入了最高法院。据美国学者霍维茨统计，“在1953年至1969年任职于联邦最高法院的7名自由派大法官中，有6人是在极端贫困的家庭中长大的。只有布伦南好像有一个中产阶级的背景，至少从他的父亲从产煤工升为杰出的劳工领袖和市政官员后是如此”[①]。这些大法官以厄尔·沃伦为首，以布莱克、道格拉斯、威廉·J. 布伦南、阿瑟·J. 古德伯格等为主要成员，形成了一个更为坚定的民权自由派。关于布莱克和道格拉斯大法官，前文已经介绍，不再赘述。这些需要补充沃伦、布伦南、古德伯格以及马歇尔大法官的社会背景。

首席大法官厄尔·沃伦（Earl Warren）出身于洛杉矶的一个贫困家庭，早年饱尝世间冷暖，曾短暂从事律师职业，后进入司法和行政机构任职。他先后担任过阿拉米达县的区检察官办公室代表、检察官、加利福尼亚州司法部长和州长等职务。1953年，沃伦接受艾森豪威尔总统提名，并获得国会批准，担任最高法院首席大法官。[②] 进入最高法院之前，沃伦给人的印象是相对保守和谨慎的，这也是艾森豪威尔看中他的一个重要原因。但现在看来，在沃伦小心翼翼的工作风格背后，实际上隐藏着一种强烈的自由主义立场。而且，沃伦还拥有出色的政治动员能力：“他懂得而且善于利用一切能够利用的领导工具，他知道如何把人们拢在一起，知道如何调整音调并形成一种基调。他是一位聪明而又热情、仁爱的人物。他是最高法院的化身。”[③]

布伦南大法官出生于新泽西州，先后担任过新泽西州初审法院和州最高法院法官。艾森豪威尔总统与其并无私交，之所以提名他进入最高法院，是想寻求天主教民主党人的选票支持。然而，布伦南是一个将先

---

① ［美］莫顿·J. 霍维茨：《沃伦法院对正义的追求》，信春鹰、张志铭译，中国政法大学出版社2003年版，第19—20页。

② 同上书，第8—9页。

③ ［美］亨利·J. 亚伯拉罕：《法官与总统——一部任命最高法院法官的政治史》，刘泰星译，商务印书馆1990年版，第237页。

法和民权看得比宗教更重要的人。他曾在参议院的听证会上表示："作为一个天主教徒，我会做教徒作为公民个人所可能做的事，尽管如此，当那样做与我认为的宪法含义和要求发生冲突时，我的宗教信仰就不得不让步了。"① 布伦南大法官进入最高法院后，毫不掩饰自己的民权立场，成为自由派的核心成员。

古德伯格大法官是俄国移民的后代，进入最高法院前曾经从事律师工作，为劳工提供法律援助。这种经历让他对弱势群体抱有深切的同情。1967 年，NAACP 法律部民权领袖兼律师瑟古德·马歇尔又进入了最高法院。马歇尔是一个黑人奴隶的后代，父辈深受种族歧视之苦。他在老师查尔斯·休斯顿引导下，加入 NAACP 法律部，成为民权律师，多次参与发起民权诉讼。布朗诉托皮卡教育委员会一案就是由他率领律师团队共同操作完成的。马歇尔大法官的加盟，进一步巩固了自由派在最高法院内部的多数地位。从 20 世纪 50 年代到 60 年代，最高法院以布朗案判决为突破口，最终否定了种族隔离制度的合法性，确立了公民权利保护的司法根基。

最高法院在 1950 年的斯蒂威特案和麦克洛林案中，已经承认黑人享有平等的受教育权，宣布了公立大学种族隔离的违宪性。判决下达后，少数南方州立大学开始接纳黑人学生，多数学校则以"愿意提供平等教育资源"为托词，继续将黑人学生拒之门外。黑人民权组织感觉暂时打不破僵局，便转而挑战中小学中的种族隔离。NAACP 法律部的马歇尔与罗伯茨律师精心挑选了 5 个中小学案件，代表受害者向当地联邦法院提起诉讼，要求判定中小学中的种族隔离违宪，其中 4 个遭到地区法院驳回。1952 年，他们又将案件上诉至联邦最高法院。最高法院将这 4 个案件合并审理，统称"布朗诉托皮卡教育委员会案"（*Brown v. Board of Education of Topeka*）。

该案中的奥利弗·布朗是美国堪萨斯州中西部托皮卡小镇的一名黑人牧师。他的女儿到了入学年龄，却因肤色问题不能就近入学，必须到很远的黑人小学就读。布朗在 NAACP 支持下，和其他几名遭遇相似的

① ［美］莫顿·J. 霍维茨：《沃伦法院对正义的追求》，信春鹰、张志铭译，中国政法大学出版社 2003 年版，第 13 页。

家长，共同将托皮卡镇教育委员会告上了堪萨斯州联邦地区法院，要求托皮卡公立学校废除种族隔离。败诉后，又将托皮卡教育委员会告上联邦最高法院。虽然此时最高法院已经呈现出明显的民权审查倾向，但是要他们根本否定“隔离但平等”原则，仍然不是易事。种族主义观念在南方依旧根深蒂固，最高法院不敢轻举妄动。因此，初次开庭时，首席大法官文森认为，在国会没有采取任何行动的情况下，最高法院很难禁止中小学中的种族隔离。里德、克拉克、杰克逊大法官与文森法官意见相近，布莱克、道格拉斯、谢尔曼·米顿与哈罗德·H. 伯顿（Harold H. Burton）大法官则主张推翻“隔离但平等”原则。法兰克福特大法官左右摇摆，态度有些犹豫。由于内部难以达成共识，最高法院决定延期审理。

1953 年 9 月，首席大法官文森的突然去世，打破了法院内两种不同意见的平衡。艾森豪威尔总统提名厄尔·沃伦继任首席大法官，并顺利获得参议院通过。本来，艾森豪威尔提名沃伦是为了加强最高法院内部的保守派力量，但是没想到，沃伦上任后却成了坚定的自由派。如此一来，最高法院内部的争论胜负立分。

同时，司法部、军队的建议和社会舆论，也影响着最高法院的司法走向。司法部提交的文件声称：“种族歧视的问题……贯穿于当今世界自由与暴政的斗争中”，种族隔离对美国赢得冷战有着“负面的影响”[①]；“种族歧视为共产主义宣传的磨坊送去了待磨的谷物。它亦让友好国家对我们在多大程度上坚信民主产生疑问”。该报告还援引国务卿艾奇逊的话：“种族歧视让这个政府在日常的外交事务中陷入了不可摆脱的窘境，它也使我们在世界自由民主国家中的道德领导地位变得岌岌可危。”[②] 军队待遇和机会平等委员会（Committee on Equality of Treatment and Opportunity in the Armed Services）向最高法院递交有了有关取消军中种族隔离效果的相关信息。新闻记者李·尼克尔斯（Lee Nichols）

① 参见［美］罗伯特·麦克罗斯基著，桑福德·列文森增订《美国最高法院》，任东来等译，中国政法大学出版社 2005 年版，第 174 页。

② Gerald N. Rosenberg, *The Hollow Hope: Can Courts Bring About Social Change*? Chicago: University of Chicago Press, 1991, pp. 110 – 111，转引自［美］保罗·布莱斯特等编《宪法决策的过程：案例与材料》，张千帆译，中国政法大学出版社 2002 年版，第 707 页。

撰写的《肤色前线的突破》（*Breakthrough on the Color Front*）新闻手稿，则向最高法院描绘了军队中种族融合的进展。[①] 这些行政文件和记者调查为最高法院判决案件提供了重要参考。

1954年，最高法院毅然作出判决，宣布公立学校中的种族隔离教育违宪。判决书认为，判断种族隔离教育是否合法，不能仅从历史中寻找依据，还要着眼于公共教育的社会意义：“公立学校中实施白人与黑人子弟之种族隔离政策，对黑人子弟产生一些恶劣的影响。在获得法律认可时，其影响更大，因为种族隔离政策通常意味着黑色人种的卑劣。这种卑劣感影响孩子学习的上进精神。因此，在法律支持种族隔离的情况下，形成一种（阻滞）黑人孩子文化和智力发展的倾向，剥夺了他们在种族混合学校体制中可获得的某些好处。”[②] 最高法院宣布，种族隔离教育剥夺了宪法赋予黑人的平等保护权利，应予以废止。当然，最高法院非常清楚，种族隔离教育存在了一百多年，不可能在南方各州一夜之间废除。一年后，它在一项新的判决中表示，南方可采取“审慎的速度”执行布朗案判决。

布朗案判决是美国法律和政治史上的一个转折点。在此之前，最高法院已经介入民权诉讼，作出了多个有利于黑人民权的司法判决，但是它没有从宪法角度对种族隔离提出根本质疑。这一次，最高法院以鲜明的姿态和立场，对上百年来的种族隔离教育宣判死刑，扫清了横亘在美国少数族裔权利保护之路上的法律障碍。在某种意义上，它为即将到来的民权运动提供了宪法根基。[③] 对于黑人群体来说，更为重要的意义是，平等而非种族观念一跃成为判断社会变革的最高标准，而且辨别是

---

① Richard M. Dalfiume, *Desegregation of the U.S. Armed Forces: Fighting on Two Fronts, 1939-1953*, University of Missouri Press, 1969, p. 4.

② 《最高法院对“布朗控教育局案”的意见》，载［美］乔安妮·格兰特《美国黑人斗争史——1619年至今的历史、文献与分析》，郭瀛等译，中国社会科学出版社1987年版，第289—290页。

③ 当然，布朗案判决在事实层面上效果甚微。政治学家杰拉德·罗森伯格（Gerald Rosenberg）回顾了南方有关学校种族隔离的统计数字后认为，“从1954年到1964年的10年中，实际上一切依然如故”。真正的变化，起始于1964年部分政治党派卷入了消除种族隔离的斗争，以及国会通过了民权法案。国会试图以此取消种族隔离学校从联邦政府拨款中受益的可能性。参见［美］保罗·布莱斯特等编《宪法决策的过程：案例与材料》，张千帆译，中国政法大学出版社2002年版，第733页。

非的主动权，从白人手中转到了黑人手中，因为根据布朗案判决，“黑人已不再担负提供法律依据的重担，而白人却要担负起这个重担了”。[①]

当然，一般来说，法院是最脆弱的国家权力机关，其司法判决能否得到忠实执行，端赖其他权力分支的配合以及民众的服从。从现实来看，布朗案判决并没有立即解决美国中小学中的种族隔离问题。1964 年国会通过《民权法案》之前，只有不到 1% 的黑人学生得以进入混合学校。[②]

与布朗案几乎同时，最高法院作出的哥伦比亚特区学校隔离案判决，重申了种族隔离教育的非法性质：“虽然法院不曾设想给予‘自由’（liberty）一个十分精确的定义，这个用语并不仅仅局限于摆脱肉体禁锢的自由。在法律的界限内，自由可以延伸到个人不受限制所从事的一切活动的范围。它不应该受到限制，除非有碍于正当的政府目标。没有理由将公共学校中的种族隔离与任何正当的政府目标相联系。因此，种族隔离是被强加在哥伦比亚特区黑人儿童身上的义务。后者是对正当程序的违背，它构成了对黑人儿童的自由的粗暴剥夺。……我们认为，哥伦比亚特区公立学校中的种族隔离是对正当程序的拒绝，后者是第五修正案对宪法作的保证。”[③]

最高法院判定，哥伦比亚特区公立学校中的种族隔离，构成了对黑人儿童自由的粗暴剥夺，是对宪法“正当程序”原则的背离。与布朗案相比，这一判决的意义在于，它拓展了宪法“自由”的内涵，将平等受教育之外的其他公民权利，纳入了宪法保护范围。

这些反种族主义判决给非裔群体带来了希望，但是却引起南方白人的激烈抵抗。南方白人无论如何也想不通，自己的子女竟然要与黑人儿童共同学习。南方各州议会和政府想尽一切办法，阻止学校中的种族融合，对于执行最高法院判决的学校，则以停止财政援助相威胁。[④] 于

① ［美］丹尼尔·贝尔：《资本主义文化矛盾》，赵一凡、蒲隆、任晓晋译，生活·读书·新知三联书店 1989 年版，第 230—231 页。

② Davison M. Douglas, “The Limits of Law in Accomplishing Racial Change: School Segregation in the Pre-Brown North”, *Faculty Publications*, 1997, p. 118.

③ ［美］保罗·布莱斯特等编：《宪法决策的过程：案例与材料》，张千帆译，中国政法大学出版社 2002 年版，第 727 页。

④ 同上书，第 738 页。

是，如何落实布朗案判决，确保黑人学生接受平等教育，就成了民权组织积极争取的新目标。以 NAACP 法律部为代表的民权律师积极寻找案例，试图继续借助司法诉讼瓦解各州的保守营垒。最高法院既然否定了“隔离但平等”原则，自然也不能再漠视黑人学生被学校拒之门外。在接下来的 10 余年中，它不但受理了多起相关诉讼，而且大都倾向于支持黑人的民权诉求。

1957 年，阿肯色州小石城爆发了阻止黑人入学的暴力事件。小石城教委以此为由，向联邦地区法院申请延迟黑人、白人合校，并得到了法院认可。黑人民权组织不满，向联邦上诉法院提起诉讼，改变了地区法院的判决。小石城教委不服从改判，又将案件提交到了最高法院。允许各州因地制宜，还是要求他们立即取消种族隔离，成了最高法院必须表明立场的一个重要问题。值得肯定的是，大法官们态度依然坚决，一致同意布朗案判决必须予以无条件执行。判决书指出，不能因为暴力和骚乱而停止取消公立学校中的种族隔离，消除种族隔离所面临的困难多由“州行为”造成，因而应该再由“州行为”予以解决。[①] 这一判决鲜明体现了沃伦法院的民权司法立场，同时也基本取消了各地拖延、抵制布朗案判决的合法基础。

当拖延取消种族隔离行不通以后，南方各州又纷纷采用其他方式维持种族隔离。对此，最高法院一概予以否定。1962 年，最高法院判决密西西比大学不能无故拒绝接受黑人青年梅雷迪斯入学；1964 年，最高法院在“格里芬案”（*Griffin v. County School Board of Prince Edward County*）中判定，弗吉尼亚州爱德华王子县教委关闭公立学校，转而将教育资金投入白人私立学校，违犯了宪法平等法律保护条款；1968 年，最高法院在“格林案”（*Green v. County School Board of New Kent County*）中判定，弗吉尼亚州新肯特县的“自由择校”制度貌似公正，实际上

---

① *Cooper v. Aaron*, 358 U. S. 1 (1958). 参见北京大学法学院司法研究中心编《宪法的精神：美国联邦最高法院 200 年经典判例选读》，中国方正出版社 2003 年版，第 338 页；任东来、胡晓进等《在宪政舞台上：美国最高法院的历史轨迹》，中国法制出版社 2007 年版，第 327 页。

却无法避免种族隔离现象的出现，同样侵犯了黑人学生的平等受教育权利。[1] 以上判决彻底堵上了布朗案等判决的漏洞，使各地学校基本失去了投机取巧的法律空间。当然，以上司法判决是否奏效，是否能够被忠实执行，还要依赖行政机构的决心和手段。

第三节 最高法院与公民保护法令的完善

如果将种族隔离制度比作囚禁黑人的洞穴，那么布朗案判决就是火种。它不仅引导黑人走出洞穴，而且还让他们看到了生活的希望，鼓起了争取平等权利的勇气。事实上，布朗案宣判后不久，NAACP 等民权组织就开始挑战其他公共场合中的隔离。此时，经过罗斯福、杜鲁门和艾森豪威尔总统的持续“调整”，最高法院的人事构成也发生了根本性变化，变得对黑人民权运动越来越有利。

1956 年，威廉·J. 布伦南进入最高法院，与沃伦、布莱克、道格拉斯结成了坚定的自由派联盟。他们在保护公民权利问题上强调司法能动，支持废除种族隔离制度，甚至不惜闯入“政治棘丛”。同一时期进入最高法院的查尔斯·E. 惠特克（Charles E. Whittake）、约翰·M. 哈兰（John M. Harlan）和波特·斯图尔特（Potter Stewart）大法官，都是持保守司法立场的共和党人，但是对于废除种族隔离和保护公民权利，却抱有同情之心。[2] 可以说，当艾森豪威尔继任总统之时，最高法院内部的自由与保守之争，已经不再是是否应维持种族隔离，而是应该如何保护公民平等权利。大多数法官都支持取消种族隔离，尊重公民自由权利。及至 1962 年古德伯格进入最高法院，这种倾向体现得更加鲜明。因此，从 1955 年开始，最高法院频繁受理黑人民权诉讼，几乎完全推翻了《吉姆·克劳法》。

---

① 参见任东来、胡晓进等《在宪政舞台上：美国最高法院的历史轨迹》，中国法制出版社 2007 年版，第 328 页。

② 斯图尔特在参议院司法委员会召开的任命听证会上，明确对密西西比联邦参议院伊斯特兰表示：“我不喜欢你在这种假定上投我的票……认为我会致力于推翻那项裁决。因为我不会这样做。”［美］亨利·J. 亚伯拉罕：《法官与总统——一部任命最高法院法官的政治史》，刘泰星译，商务印书馆 1990 年版，第 247 页。

1955 年，最高法院支持联邦第四巡回上诉法院的判决，禁止在公共沙滩和浴场实行种族隔离。同年，最高法院否定了佐治亚上诉法院的一项判决，认为亚特兰大市公共高尔夫球场根据肤色组织比赛违背了宪法平等保护条款。1956 年，最高法院支持联邦地区法院的一项判决，要求蒙哥马利市取消公共汽车上的种族隔离。1958 年，最高法院支持联邦巡回第五上诉法院的一项判决，禁止新奥尔良市公园实施种族隔离。[①] 1960 年，最高法院在博因顿诉弗吉尼亚案（*Boynton v. Virginia*）中，宣布禁止车站及车站餐馆施行种族隔离。[②] 1963 年，最高法院在约翰逊诉弗吉尼亚案（*Johnson v. Virginia*）中，判定州政府不能在公共建筑内设置种族隔离区[③]；同年，又在沃顿诉孟菲斯市案（*Watson v. City of Memphis*）中，宣布政府不得在公共娱乐、休闲场所实施种族隔离。[④]

不仅如此，这一时期，最高法院还将审查目光扩展到了私人行为。

根据制宪精英的设计，美国宪法旨在监督政府而非人民。因此，作为宪法的阐释者，最高法院只能审查政府行为，无权干预私人行为。它在 1883 年民权组案（*Civil Rights Cases*）判决中就曾明确表示，私营旅馆、剧院和运输行业拒绝为黑人提供服务，并不在宪法禁止的范围之内，私人行为只能接受普通法律的规范。从理论上来说，这种司法立场无疑是合理的，最高法院确实无权规范私人歧视行为。但是，在现实生活中，大量种族歧视行为都是由私人作出的，如果最高法院仅审查政府行为，就意味着种族歧视不可能消失，宪法对黑人民权的保护也就成了一纸空文。长期以来，美国种族隔离与种族歧视如此盛行，与最高法院"漠视"私人行为有很大的关系。

---

① 上述最高法院确认或否决的判决分别为 *Mayor and City Council of Baltimore City v. Dawson*, 350 U. S. 877 (1955); *Holmes v. Atlanta*, 350 U. S. 879 (1955; *Gayle v. Browder*, 352 U. S. 903 (1956); *New Orleans* City *Park Improvement Association v. Detiege*, 358 *U. S.* 54 (1958)。转引自任东来、胡晓进等《在宪政舞台上：美国最高法院的历史轨迹》，中国法制出版社 2007 年版，第 329 页。

② *Boynton v. Virginia*, 364 U. S. 454 (1960) (https: //supreme. justia. com/cases/federal/us/364/454), February 28, 2015.

③ *Johnson v. Virginia*, 373 U. S. 61 (1963) (https: //supreme. justia. com/cases/federal/us/373/61), February 28, 2015.

④ *Watson v. City of Memphis*, 373 U. S. 526 (1963) (https: //supreme. justia. com/cases/federal/us/373/526), February 28, 2015.

但是，当公共场合中的种族歧视被否定以后，最高法院觉得有必要重新反思私人行为了。他们似乎逐渐意识到，很多私人歧视不是无源之水、无本之木，而是受到了政府的支持和鼓励。为了彻底消除种族歧视，有必要从严审查支持或鼓励私人种族歧视的政府行为。

1961 年，最高法院在迦诺诉路易斯安那州案（*Garner v. Louisiana*）中否决了州法院的一项有罪判决。州法院的判决认为，黑人学生进入私人场合中的白人位置，并且拒绝离开，犯了扰乱安宁罪。最高法院受理后认为，自己无权干预私人行为，但是州法律属于宪法审查的对象；根据宪法第十四条修正案，该项州法律支持私人场合中的种族歧视与种族隔离，违宪无效。① 这意味着，州和地方政府即使支持和鼓励私人歧视，也是违宪行为。同年，最高法院又在伯顿诉威明顿停车管理处案（*Burton v. Wilmington Parking Authority*）中，通过拓展“政府行为”理论找到了约束私人场合的新办法。该判决书认为，涉事餐馆租用的经营场所位于政府建筑之内，因而不属于“纯粹私人行为”，必须接受宪法第十四条修正案的规范。② 据此，凡是与政府存在着“共生关系”的私人场所，都不得实施种族隔离。

“共生关系”是一个非常模糊的概念。如果不予以清晰界定，可能会完全混淆“政府行为”与“私人行为”之间的界限，无限制扩大宪法的审查范围，造成意想不到的负面后果。1972 年，最高法院在穆斯会馆诉艾尔维斯案（*Moose Lodge No. 107 v. Irvis*）中，对“共生关系”概念进行了详细阐释。该判决书认为，拒绝为黑人艾尔维斯提供服务的穆斯会馆，是一所在私人建筑里经营的私人俱乐部，并不向公众开放，因此不存在伯顿案中的“政府行为”。不过，该判决书同时认为，由于该俱乐部受政府章程和其他政府内部规定管理，它的歧视行为具有政府

---

① *Garner v. Louisiana*, 368 U. S. 157 (1961) (https://supreme.justia.com/cases/federal/us/368/157), February 28, 2015. 另参见胡建淼主编《外国宪法：案例及评述（上册）》，北京大学出版社 2004 年版，第 222—224 页。

② *Burton v. Wilmington Parking Authority*, 365 U. S. 715 (1961) (https://supreme.justia.com/cases/federal/us/365/715), February 28, 2015. 最高法院同时强调，不能根据此案推论最高法院可以审查州政府的每一项租约。详见［美］阿瑟·林克、威廉·卡顿《1900 年以来的美国史》下册，刘绪贻、李世洞等译，中国社会科学出版社 1983 年版，第 173 页。

行为的性质，因而违反了宪法第十条修正案规定的平等条款。[①] 从该判决中可以看出，最高法院并不想让伯顿案的判决泛滥化，以避免司法权力无限扩张。它试图让民众知道，自己对"政府行为"的认定是明确、有限的。

无论如何，在大规模民权抗争运动到来之前，沃伦法院实际上已经完成"宪法革命"，从理论上赋予了黑人平等生活的权利。客观地说，如果考虑到南方各州根深蒂固的种族主义观念，以及仍然层出不穷的种族暴力事件，这种宪法革命是缺乏整体性民意基础的。即使艾森豪威尔总统，也认为布朗案判决有点儿急于求成。所以，在某种程度上，上述民权判决可以说是法律精英对普通民众的一次司法规训。他们希望借助司法审查，引导美国社会走出种族主义的泥潭。

沃伦法院开启的宪法革命并不止于此。轰轰烈烈的民权运动，已经逼得最高法院不可能轻易收兵。20 世纪 60 年代初，由于南方各州拒绝执行民权判决，SCLC、SNCC 等民权组织各显神通，组织了大规模的社会抗争。在抗争过程中，这些民权领袖与当地政府频发冲突，有的被判处罚款或拘押，有的则被判刑入狱。他们不服州法院或地方法院的判决，遂向最高法院申请司法救济。于是，如何重新界定个体自由，如何规范州政府对民权分子的监控、压制、逮捕与审讯，便成了亟须解决的司法难题。总体来说，沃伦主持下的最高法院是倾向于尊重和维护公民自由的。

全国有色人种协进会诉帕特森案（*NAACP v. Patterson*）是关于结社自由的一个案件。NAACP 长期在南方从事民权诉讼，南方州政府自然对其充满敌视。1956 年，亚拉巴马州要求 NAACP 提交所有会员的相关材料，以待登记审批。NAACP 提交领导人名单及相关材料后，拒绝提交当地普通成员名单，结果被州法院判处 10 万美元罚金。NAACP 一怒之下将亚拉巴马州告到了最高法院。1958 年，最高法院多数派判决书认为，自由结社是宪法第十四条修正案正当程序条款中"自由"权利不可分割的一部分，亚拉巴马州法院要求 NAACP 公开其当地成员名

① *Moose Lodge No.* 107 *v. Irvis*, 407 U. S. 163, 172 (1972). 转引自彭亚楠《谁才有资格违宪？——美国宪法的"政府行为"理论》，载赵晓力编《宪法与公民》，上海人民出版社 2004 年版，第 246 页。

单，可能会威胁其成员的结社自由，因而是违宪无效的。[①] 对于民权组织来说，这一判决至关重要。民权组织是黑人民权运动的骨架，是保障民权运动顺利运转的动力，如果民权组织无法避免各州政府的蚕食或打击，那么黑人社会抗争的力量必将大打折扣。

阿肯色州政府同样排斥 NAACP，其法律要求州政府及其下属机构不得雇佣 NAACP 成员。1958 年，它规定公立学校教师必须每年填写表格，解释过去 5 年间所参加的社会组织，凡虚假填写者，将会受到严厉惩罚。对于参加 NAACP、共产党等组织的教师来说，这样的法律规定显然是致命性的。无论填写与否，他们都很难再继续担任公立学校的教职。NAACP 成员谢尔顿遂以阿肯色州法律违宪为由，向最高法院提起了民权诉讼。1960 年年初，最高法院的判决书宣布，强制教师公布结社信息，会给他们带来沉重的职业压力，并侵犯宪法赋予他们的自由权利。判决书还强调，无论政府出于什么目的，都不能侵犯宪法赋予公民的自由权利。“假使存在一种较少牺牲个人自由就可以实现政府目的的方式，即便处于危急之中的政府利益高于政府干预个人自由带来的副产品，政府仍将败走麦城。”[②]

几个月后，最高法院又审理了一起民权组织诉讼案。在该案中，阿肯色州司法部长贝内特以评估商业许可税为由，要求民间组织提交成员及捐助者名单。戴西·贝茨与伯代·威廉斯因为拒绝提交名单，而被法院裁定有罪。NAACP 以贝茨之名，将阿肯色州告上了最高法院。1960 年，斯图尔特大法官主持撰写的多数意见书认为，“为了提升思想与公开冤情”，不仅要保护结社自由“不受出手很重的正面攻击，也要保护它不受更为诡秘的政府干预之压制”；组织成员身份与缴纳商业许可税并无直接关联，因而阿肯色州司法部的命令违宪无效。[③] 这一判决再次

---

① *NAACP v. Patterson*, 357 U. S. 449 (1958) (https://supreme. justia. com/cases/federal/us/357/449/#), February 28, 2015. 另参见［美］莫顿·J. 霍维茨《沃伦法院对正义的追求》，信春鹰、张志铭译，中国政法大学出版社 2003 年版，第 57—58 页。

② ［美］小哈里·卡尔文：《美国的言论自由》，李忠、韩君译，生活·读书·新知三联书店 2009 年版，第 584—586 页。

③ *Bates v. Little Rock*, 361 U. S. 516 (1960) (https://supreme. justia. com/cases/federal/us/361/516/), February 28, 2015；［美］小卢卡斯·A. 鲍威：《沃伦法院与美国政治》，欧树军译，中国政法大学出版社 2005 年版，第 135 页。

确认了公民自由结社的权利，修正了此前巴伦布拉特判决的缺憾，在那次判决中，最高法院以微弱多数支持国会调查委员会获取公民的共产党身份。[①]

在这一时期，最高法院对公民的自由结社权利作出了最大限度的保护。他们不仅允许公民参加一般民间组织，而且认为即使参加共产党组织，也应该受到法律保护。1961 年，它在美国共产党诉颠覆活动控制委员会案（*Communist Party v. SACB*）中，尚支持实施《1950 年麦卡伦法》(《国内安全法》)。根据该法令，“颠覆活动控制委员会”有权登记危险组织和人员，被登记在册者不能申请护照，也不能被国防工厂雇佣。美国共产党认为《1950 年麦卡伦法》违反了宪法第五条修正案，要求予以撤销，结果遭到败诉。[②] 不过，当 1965 年审理艾伯登诉“颠覆活动控制委员会”时，最高法院转变立场支持了美国共产党的诉讼要求。判决书认为，根据宪法第五条修正案，公民不能被迫自证其罪，所以“颠覆活动控制委员会”的强制登记行为违反宪法。[③] 此后，这个委员会再也无法强迫任何共产党人进行登记，也无法强制取消民权组织。

最高法院在黑人民权运动中，不仅确立了公民自由结社原则，还厘清了言论自由概念。本来，宪法第一条修正案已经规定，国会不得制定剥夺公民言论或出版自由的法律。但是，在很长时间里，最高法院迫于国家构建压力，尽量避免刺激州政府。即使各州存在限制公民言论自由的法律，最高法院也大都漠然视之。因此，在现实生活中，宪法规定的公民言论自由并没有得到有效保障。直到第二次世界大战结束以后，宪法应该保护什么样的个人言论，以及如何保护个人言论，依旧是一个模

---

① *Barenblatt v. United States*, 360 U. S. 109 (1959) (https://supreme. justia. com/cases/federal/us/360/109/), February 28, 2015.

② 1956 年，佛罗里达州议会对 NAACP 进行共产党身份调查。当地 NAACP 档案保管员西奥多·吉布森愿意回答个人问题，但是拒绝交出组织成员名单，并否认 14 个被假定为共产主义分子的成员。州法院裁定吉布森藐视议会，判处监禁 6 个月，罚款 1200 美元。州最高法院维持了有罪裁定。NAACP 将案件上诉到了最高法院。由于惠特克大法官辞职，最高法院拖到 1963 年才宣判。详见［美］小卢卡斯·A. 鲍威《沃伦法院与美国政治》，欧树军译，中国政法大学出版社 2005 年版，第 136 页。

③ 参见黄爱武《论美国国家安全法律监督体制的发展》，《东方法学》2009 年第 2 期。

糊不清的问题。1951 年，最高法院在丹尼斯诉美国一案（*Dennis v. United States*）判决中，仍然将国家安全置于言论自由之上。① 同年，它对美国白人联盟主席博哈莱斯言论自由的维护，也没有给出明确的判定标准。②

10 余年后，《纽约时报》诉沙利文案迫使最高法院最终厘清了言论自由概念。1960 年年初，马丁·路德·金被蒙哥马利市政府以伪证罪逮捕，民权组织为解救他，成立了“为马丁·路德·金辩护和争取南方自由委员会”。3 月，委员会在《纽约时报》刊登广告募集资金，呼吁社会各界支持马丁·路德·金和南方民权运动，并抨击蒙哥马利警察局镇压民权运动的行为。蒙哥马利市政府为阻止民权行动，以警察局局长沙利文（Sullivan）的名义向州地区法院提起诉讼，指控该广告侵犯了沙利文的名誉权。法院调查后认为，广告部分内容与事实不符，判决《纽约时报》向沙利文支付 50 万美元赔偿金。《纽约时报》不服，诉讼至州法院失败，复又提交至最高法院。

1964 年，最高法院经过讨论，以 9∶0 的比例推翻了州法院判决，认定《纽约时报》无罪。判决书指出，新闻媒体拥有批评官员的权利：“对公共问题的讨论应该不受限制、富有活力和范围广泛，甚至可能包括对政府和政府官员激烈、刻薄、有时还会令人难受刺耳的抨击。”判决书特别强调，除非公民对官员的批评能够被证明抱有“事实上的恶意”，或对事实真相“漠然视之”，否则公民言论皆受宪法第一条修正案保护。③ 布莱克、道格拉斯和古德伯格大法官的附议更为犀利，他们都强调，公民和新闻机构拥有批评政府官员的绝对和无条件豁免权，即

---

① *Dennis v. United States*, 341 U. S. 494 (1951) (https: //supreme. justia. com/cases/federal/us/341/494/), February 28, 2015.

② 1951 年，美国白人联盟主席博哈莱斯命人散发传单，公开污蔑黑人是“强奸犯、吸毒犯、抢劫犯、持刀带枪犯和白人生下来的杂种”。芝加哥黑人将博哈莱斯和白人联盟告上了法庭。伊利诺伊州法院根据《刑事犯罪法》第 224 条，判定博哈莱斯有罪。博哈莱斯不服，将伊利诺伊州告到了最高法院。最高法院多数派认为，州政府确实有权禁止诽谤性言论，但是在联邦范围内并不存在反诽谤法律；博哈莱斯既没有破坏和平，也没有可能破坏社会安宁，因此无罪。转引自李世安《美国的言论自由与种族诽谤》，《史学月刊》2001 年第 3 期。

③ 参见［美］莫顿·J. 霍维茨《沃伦法院对正义的追求》，信春鹰、张志铭译，中国政法大学出版社 2003 年版，第 60—62 页。

使政府官员能够证明批评者怀有“事实上的恶意”，也无权向法院提起名誉权诉讼。布莱克大法官还反问：“当人民因为批评政府和政府官员，而不得不面临罚款坐牢时，这个国家（的人民）是否还能生活在自由之中？”①

沙利文案判决确立了言论自由的三项原则：第一，必须容忍失实的言论，仅有不实言论未必构成诽谤；第二，只有被证明具有“事实上的恶意”的言论，才构成诽谤罪；第三，必须由原告证明被告的言论存在“事实上的恶意”。② 这三项原则不仅将官员与民众权利进行了区分，而且将举证责任转移到了官员一方。它驱走了《煽动暴乱法》的幽灵，推翻了恶意打击公民言论自由的州法律，同时从法律层面解放了新闻界，赋予新闻媒体“无冕之王”的特权，使其成为公民争取言论自由的坚强后盾。

沙利文案原则最初仅适用于批评官员，后来又延伸至批评公众人物。

根据这些判决，公民批评官员和公众人物，只要没有“事实上的恶意”，就不必担心被扣上“诽谤罪”的帽子。1969 年，最高法院在布兰登堡诉俄亥俄州案中，又将言论自由的范围提到了一个新高度。在该案中，三 K 党头目布兰登堡鼓吹反对“黑人和犹太人”，号召白人“报复”政府，被州法院判定有罪。布兰登堡向最高法院提起了诉讼，要求判定伊利诺伊州工团主义法令违宪无效。最高法院支持了布兰登堡的要求，宣布具有威胁性的言论同样受宪法第一条修正案保护，除非政府能够证明它将“导致即刻的不法行动”，并且“很可能产生这种行动”。③ 这一判决虽然支持了三 K 党的言论，但是对每个公民无疑都具有莫大的意义。它让言论自由达到了社会所能容忍的最大限度，也给所

---

① 参见张千帆《西方宪政体系》上册，中国政法大学出版社 2004 年版，第 564—565 页。

② 本处分析参考了刘东亮《论批评政府的权利——〈纽约时报〉诉沙利文案与“实际恶意原则”的启示》，《上海政法学院学报》2012 年第 2 期。

③ 参见［美］斯坦利·I. 库特勒编《最高法院与宪法——美国宪法史上重要判例选读》，朱曾汶、林铮译，商务印书馆 2006 年版，第 417—418 页；高鸿钧等《法治：理念与制度》，中国政法大学出版社 2002 年版，第 243 页。

有民权组织吃了一颗定心丸。只要民权组织能够遵守法律底线，其行动就会受到宪法保护。

最高法院确立的结社和言论自由原则，是面向所有美国公民的。不过在日常生活中，真正需要宪法保护的，往往并不是普通百姓，而是少数投身于社会抗争的“异见分子”。普通百姓按部就班地生活，很少会发表出格的言论，也很少与国家法令相对抗。只有权利受到伤害且奋起抗争者，才有可能做出与众不同，甚至令政府不能容忍的过激举动，比如 NAACP 的民权诉讼、SCLC 的非暴力抗争以及 SNCC 的直接行动。如果没有结社和言论自由作为保障，他们就会动辄得咎，沦为政府弹压的对象。从这个角度来说，最高法院确立的结社和言论自由原则，为民权领袖和民权组织提供了可靠的司法保障。反过来，这些司法保障又为民权领袖指明了斗争方向，引导他们进行合法合理的抗争，而不是盲目激进地以暴制暴。

小　结

第二次世界大战期间，美国最高法院转向了对民权诉讼的严格审查。它通过布朗案等系列判决，重新界定了“自由”“平等”“正当程序”和“州政府行为”等概念，赋予了宪法第十四条修正案以新的生命力，从根本上否决了种族隔离制度的合法性。进入 20 世纪 60 年代后，最高法院不仅否决了所有公共场合及多数私营场合中的种族隔离，而且还澄清了公民结社自由和言论自由的具体原则，为黑人争取平等公民权利提供了司法保障。可以说，在内战以来美国最为严重的社会危机面前，最高法院不仅尽心尽力地完成了宪法赋予它的重任，而且在民权领域扮演了开路先锋的角色。

美国学者米歇尔·J. 卡拉曼（Michael J. Klarman）曾经指出，布朗案判决实际上“反向”推动了联邦行政当局的介入：“布朗案使得南方政治在种族问题上急剧地转向了右翼，从而造成了对民权示威进行残酷镇压的一触即发的政治势头。当这些暴力事件发生并通过电视新闻媒介生动地展现在全国观众面前的时候，先前无动于衷的北方白人不可能再视而不见了。由此出现了要求全国范围内的民权立法的呼声。这也使得肯尼迪—约翰逊行政当局不再相信不予理睬在政治上是有利可图的了。”[①] 就此而言，最高法院在构建美国民权保护机制方面所发挥的积极作用，其实不在于民权判决本身，而是在于它“迫使”联邦行政不得不介入民权领域，落实最高法院判决。如果它不介入，一方面会激起社会舆论的严厉指责，另一方面也会背上蔑视宪法的重大罪名。

---

① Michael J. Klarman, *Brown, Racial Change, and the Civil Rights Movement*, 80. Va. L. Rev. 7, 10, 13（1994），转引自［美］布莱斯特等《宪法决策的过程：案例与材料》下册，张千帆等译，中国政法大学出版社 2002 年版，第 733—734 页。不过，罗森伯格（Gerald Rosenberg）意见不同。他认为从当时媒体上的报道来看，布朗案以及黑人民权运动并没有引起什么关注，也没有明显的证据显示政治部门曾受到布朗案的影响。20 世纪 60 年代民权立法乃受制于黑人经济势力崛起、黑人选票影响选举和冷战，而非布朗案判决推动的结果。参见 Gerald N. Rosenberg, *The Hollow Hope: Can Courts Bring About Social Change*? Chicago: University of Chicago Press, 1991, pp. 111 - 134，转引自杨智杰《违宪审查实际效益评估》，（台湾）《宪政时代》2006 年第 4 期，第 6 页。

第五章

行政贯彻：美国总统的民权行动

在第二次世界大战之前，无论联邦行政分支是否支持取消种族隔离、赋予黑人平等公民权利，都很难真正贯彻自己的政治意图。一方面，长期以来的二元主权体制限定了联邦行政分支的权力界限，使得它在最高法院明确判定种族隔离违反宪法之前，没有施展拳脚的空间；另一方面，即使联邦行政分支有权介入公民权利保护领域，也难以确保各州和地方政府必定配合。各州在主权范围内，完全可以合理合法地抵制联邦行政的"不当"法令。

然而，从第二次世界大战前夕开始，美国政治发生了重大变化。经济危机推动联邦政府权力不断扩展，最终成为公民权利保障的主要提供者。联邦政府可以借助财政援助，变相地要求各州和地方政府贯彻联邦民权法令。同时，最高法院的系列民权判决，明确了种族隔离的违宪性质，为联邦政府落实黑人平等公民权利提供了充足的宪法依据。因此，当第二次世界大战之后黑人群体奋起抗争时，联邦行政逐渐改变了冷漠态度，转而积极呼应民权诉求和最高法院判决，探求解决少数人权利保护的途径。

第一节　杜鲁门总统对黑人民权的关注

内战结束以后，联邦政府在黑人民权问题上谨小慎微，长期裹足不前。直至 20 世纪初期，西奥多·罗斯福总统还试图以牺牲黑人民权为代价，换取南方议员对其施政纲领的支持。此后，华伦·哈定、卡尔文·柯立芝等总统沿袭这一传统，没有也很难将改善黑人民权提上政治日程。[①] 不仅如此，联邦调查局还着手监控黑人民权活动积极分子，防范他们参加共产主义活动。调查局建立了一个由“可靠黑人”构成的线人网络，随时汇报相关情况。全体黑人状况改进协会（the Universal Negro Improvement Association）的创建者马尔克斯·加维（Marcus Garvey），就是联邦调查局重点关注的对象。[②]

第二次世界大战前夕，鉴于国会中南方议员的影响力，富兰克林·罗斯福总统仍然不愿接受NAACP的建议，向国会提出落实黑人民权的议案。他担心这样做会引起国会对白宫的抵触：“我没法选择我必须动用的手段。……我要让国会通过立法来拯救美国。南方的议员由于在国会中具有资深地位，他们在大多数参众两院委员会中担任主席或是占据了战略要职。如果我现在提出反私刑的法案，那么他们就会阻止我提出的每一个法案，这些法案我要请求国会通过以避免美国崩溃。我就是不能冒这个险。”[③] 而且，罗斯福总统认为，联邦政府目前尚缺乏介入民权保护的合法性：“联邦政府介入私刑问题（lynching situation）明显违背宪法。联邦政府仅有权介入劫持之类的州际事务（interstate aspect）。”“私刑是各州的一个教育问题，（只要）重塑（rallying）良好公民，创造公共舆论，各地就会自动消灭它。”[④] 缺乏授权当然是一个现实问题，但是总统迟迟不愿意介入黑人民权保护，恐怕主要还是缺乏根本性的动力。

第二次世界大战爆发后，黑人大量从南方迁往北方工业地区，对于总统竞选的影响愈来愈明显。1940年，17%的南部之外的非裔美国人居住在纽约，30%的北方和西部非裔美国人集中在底特律、克利夫兰、芝加哥、

---

① Steven A. Shull, *American Civil Rights Policy from Truman to Clinton*, New York: M. E. Sharpe, 2000, p. 35.

② Michael J. Klarman, *From Jim Crow to Civil Rights: The Supreme Court and the Struggle for Racial Equality*, Oxford University Press, 2004, pp. 108 – 109.

③ Walter White, *A Man Called White* (New York: Viking, 1948), pp. 169 – 170, 转引自［美］基斯·威廷顿《司法至上的政治基础：美国历史上的总统、最高法院及宪政领导权》，牛悦译，北京大学出版社2010年版，第140页。

④ Letter, Eleanor Roosevelt to Walter White Detailing the First Lady's Lobbing Efforts for Federal Action against Lynchings, March 19, 1936. (National Association for the Advancement of Colored People Records)，美国国会自由图书馆档案（http://memory.loc.gov/mss/mcc/015/0001.jpg），August 18, 2012.

费城和匹兹堡等城市，他们都忠实地支持民主党候选人。1944 年，罗斯福总统史无前例地赢得第四次连任，在很大程度上就归功于黑人等少数族裔的联合支持。同年，在黑人选民支持下，纽约的亚当·克莱顿·鲍威尔（Adam Clayton Powell）成功当选北方第二位黑人国会议员。[①] 这些变化让两大政党都不得不调整政治策略，拿出部分精力关注黑人选民。

为争取黑人选民的支持，民主党在 1940 年总统选举中，放弃了带有种族歧视色彩的“Negro”用语。1944 年总统选举时，民主党与共和党都许诺给予黑人投票权[②]，与少数族裔关系更为亲近的民主党再度获胜。1945 年上台的杜鲁门总统，尽管私下里对黑人抱有一定成见，但是也不得不尽可能地消除种族歧视。1946 年 12 月，他颁布第 9808 号行政命令，成立了总统民权委员会，授权其调查民权事宜。该委员会由企业董事长、著名律师、大学校长、民权领袖等组成，主要负责调查政府执法和公民权利保护问题，并提出改善民权保护的建议。[③]

经过 9 个多月的取证和讨论，民权委员会向杜鲁门总统提交了调查报告。报告第一部分强调个人权利应受宪法保护；第二部分列举了个人尤其是少数族裔所遭受的侵害，谴责了“隔离但平等”原则；第三部分强调宪法已经赋予联邦政府保护公民权利的权力，联邦政府应该在民权领域采取积极行动；第四部分提出了保护公民权利的若干建议，包括在联邦政府和各州设立永久性民权委员会，在联邦调查局设立民权调查机构，将司法部民权司升格为民权局等。它还建议国会通过新的法令，授权司法部更加有效地处理各州侵犯公民权利的行为。[④] 这份报告并没

---

① William T. Martin Riches, *The Civil Rights Movement: Struggle and Resistance*, Palgrave Macmillan, 2004, Second Edition, p. 14.

② Ronald E. Brown, "Moving with the Grain of History: An Examination of Presidential Action in the Civil Rights Domain from 1892 to 1968", *Presidential Leadership and Civil Rights Policy*, edited by James W. Riddlesperger and Donald Wilson Jackson, Westport, Conn.: Greenwood Press, 1995, pp. 33 – 40.

③ Steven A. Shull, *American Civil Rights Policy from Truman to Clinton*, New York: M. E. Sharpe, 2000, p. 36.

④ 以上关于杜鲁门总统民权委员会及其报告，皆参考谢国荣《民权运动的前奏：杜鲁门当政时期美国黑人民权问题研究》第 3 章，人民出版社 2010 年版，第 147—152 页。关于民权委员会的建议，亦可参见［美］哈里·杜鲁门《杜鲁门回忆录：考验和希望的年代（1946—1953）》，李石译，生活·读书·新知三联书店 1974 年版，第 212 页。

有论及制约黑人民权的体制性问题，但是它体现了联邦行政立场的细微变化，预示着联邦民权保护行动的到来。

1948 年 2 月，杜鲁门总统以民权委员会报告为基础，向国会提交了民权提案。该提案强调：“联邦政府有一个明确的责任，以确保在美国任何地方，宪法对个人自由及法律下的平等保护的保障不被否定和剥夺。”① 这项民权提案几乎涵盖了非裔群体的大部分民权要求。不过，由于反对赋予黑人平等民权的南方资深议员在国会中占据主导地位，杜鲁门总统的民权提案没有获得国会通过。在这种情况下，总统唯一能够做的，就是充分利用联邦人事管理权，消除联邦雇佣中的种族歧视。

杜鲁门总统连续颁布了两项行政命令，要求取消联邦雇佣中的歧视行为。第 9980 号命令禁止联邦行政部门中的人事歧视：“联邦政府在人事安排中，应以品德和健康为唯一标准。他们有权直接采取合适的手段，确保在所有人事安排中避免种族、肤色、宗教信仰或族源（national origin）歧视。”② 第 9981 号命令禁止联邦军队中的任职歧视：“无论拥有何种种族、肤色、宗教信仰或族源（national origin），军中士兵都应获得平等的待遇与机会。”③ 杜鲁门总统试图借助行政权力，消除联邦行政和军队中的种族歧视。

行政命令只能消除联邦行政和军队中的雇佣歧视，对各州尤其南方种族隔离完全无能为力。杜鲁门总统很清楚，仅靠行政分支改变不了大局，只有敦促国会通过民权法案，将反歧视行动转化为联邦法律，才能从根本上解决各州内部的种族歧视。因此，他继任总统后，向国会递交了内容广泛的民权提案。此时，南方议员仍然掌握着国会中的关键位置，在没有出现大规模的社会变革之前，国会不会轻易通过民权议案。1950 年朝鲜战争爆发后，国会对于民权法案的重视更不及以前。杜鲁

① 谢国荣：《民权运动的前奏：杜鲁门当政时期美国黑人民权问题研究》，人民出版社 2010 年版，第 175 页。

② Harry S. Truman, *Executive Order* 9980: *Regulations Governing Fair Employment Practices within the Federal Establishiment*, 杜鲁门总统图书馆与博物馆（http: //www. trumanlibrary. org/executiveorders/index. php? pid = 29&st = 9980）, July 11, 2012.

③ Harry S. Truman, *Executive Order* 9981: *Established the President's committee on Equality of Treatment and Opportunity in the Armed Services*, 杜鲁门总统图书馆与博物馆（http: //www. trumanlibrary. org/executiveorders/index. php? pid = 869&st = 9981）, July 11, 2012.

门总统的民权提案，最终不了了之。

推动立法失败后，杜鲁门总统又回到了行政领域寻找化解之道。1951 年，他颁布了两项反歧视命令，试图借助行政分支的影响力，削减企业雇佣中的歧视行为。第 10210 号行政命令规定，在涉及国防工业生产的合同中，承包商不能因种族、信仰、肤色和族源等因素而实行歧视。第 10308 号行政命令宣布成立政府合同遵守委员会（Government Contract Compliance Committee，GCCC），负责监督联邦合同承包中的平等就业。[①] 不过，由于担心国会议员抨击，杜鲁门总统没有赋予委员会强制废除歧视的权力。该委员会行事也极为谨慎，仅局限于研究合同履行及反歧视条款执行。[②]

杜鲁门总统不仅致力于行政推动，还私下里寻求改善。杜鲁门总统曾多次接见民权领导人，倾听他们关于种族歧视状况的调查和建议，引导他们向国会两院施加压力。1947 年 6 月，他在全国有色人种协进会年度大会上表示："今天，扩大民权意味着不仅是保护公民免于政府的侵害，而且是依靠政府来保护民权"，"所有美国人的权利和他们所享有的平等权利，联邦政府都应该予以保护，联邦政府应该成为这方面的保护者。"[③] 1948 年 10 月，他又深入哈莱姆黑人社区向黑人民众发表演讲，承诺将为少数族裔获得平等权利而努力。

杜鲁门总统在任期间，种族关系并非国内最关键的问题。虽然全国有色人种协进会已经在最高法院屡获胜诉，但是绝大多数南方黑人仍然默默忍受，尚未积聚起抗争的社会能量。而北方激进的民权主义者，早已对南方主动放弃种族隔离不抱幻想。在这种情况下，杜鲁门政府采取的一系列反歧视行动，注定像掠过湖面的石块，虽然激起了一圈一圈的波纹，终究不能改变整个湖面的平静。直到艾森豪威尔上台，这种情形才有所改观。

---

① 参见谢国荣《民权运动的前奏：杜鲁门当政时期美国黑人民权问题研究》，人民出版社 2010 年版，第 248 页。

② 参见华涛《约翰逊总统与美国"肯定性行动"的确立》，《世界历史》1999 年第 4 期。

③ 转引自谢国荣《民权运动的前奏：杜鲁门当政时期美国黑人民权问题研究》，人民出版社 2010 年版，第 124 页。

第二节 艾森豪威尔政府的“保守”战略

艾森豪威尔总统不是一位种族主义者。他曾回忆说，自己从童年时代起，就觉得全体公民，无论其民族、肤色和信仰存在何种差异，都应该在法律面前一律平等。就任总统第一年，艾森豪威尔聘请了诸多黑人到联邦行政部门任职，其中包括第一位在总统办公厅任职的 E. 弗雷德里克·莫罗，第一位在白宫办公厅担任秘书的洛伊斯·李普曼，第一位出席总统内阁会议的劳工部助理部长 J. E. 威尔金斯。① 同时，他还致力于继续执行并扩展杜鲁门开启的民权行动，结束联邦行政和军队中的种族隔离。

1953 年 8 月 20 日，海军部长下令，要求彻底取消政府所辖沿海军事基地设施中的种族隔离行为。次年 3 月 1 日，海军部颁布指令，允许黑人新兵经过测试和训练之后选择服役部门。4 月 23 日，陆军部颁布指令，宣布取消军事指挥官选拔中的种族歧视行为。他们计划在 1954 年 6 月 30 日之前，取消陆军中的种族隔离。1954 年 1 月 12 日，国防部秘书处发出指示，要求“位于军事基地之内的所有学校设施，都不得依据种族或肤色隔离原则进行管理”，所有隔离制度都必须在 1955 年 9 月 1 日之前废止。② 由于黑人和白人士兵在第二次世界大战中已经学会了共处，取消军中种族隔离的工作进展十分顺利，基本没有遇到激烈的抵制。

艾森豪威尔要求各行政部门制订明确计划，逐步取消种族隔离。联邦司法部建议州际贸易委员会取消州际铁路中的种族隔离；退伍军人管理署要求下属的 47 所医院尽快取消种族隔离；卫生、教育和福利部规定，所有病人与职工都可享受南方公共卫生服务医院的医疗设施和服

① 参见［美］德怀特·D. 艾森豪威尔《艾森豪威尔回忆录》（三），樊迪、静海译，东方出版社 2007 年版，第 365 页。

② Report by the Attorney General on the Administration's Efforts in the Field of Racial Segregation and Discrimination, January 26, 1955, 艾森豪威尔总统图书馆档案（http://www.eisenhower.archives.gov/research/online_documents/civil_rights_eisenhower_administration.html）, April 16, 2012.

务，不能因肤色或种族而区别对待；1953 年成立的联邦政府合同委员会，负责监督联邦合同承包中的反种族歧视，接受和审查有关种族歧视的投诉，向合同承包单位提供合理的执行建议。相对于军队，这些行政部门及其合作企业中的关系较为松散。面对他们的暗中抵制甚至拒不执行，总统并没有特别有效的惩治办法。因此，以上各个部门的反种族隔离计划，大多徒有虚名，无法得到真正贯彻。

其实，这个结果恐怕也是总统能够接受的。艾森豪威尔不赞成种族隔离，但是他不支持激进的政治变革，尤其不赞成以联邦政府之力，强制南方废止种族隔离制度。相反，他试图扭转罗斯福、杜鲁门以来的积极施政立场，给予各州政府更多的自由空间，协助他们主动放弃隔离。

1953 年 7 月，布朗案宣判前夕，艾森豪威尔与南卡罗来纳州州长詹姆斯·F. 伯恩斯（James F. Byrnes）共进午餐时，讨论起了种族隔离问题。伯恩斯郑重表示，自己不同意取消南方公立学校中的种族隔离，如果强制推行，会促使各州停止对公立学校的支持，从而破坏整个教育系统的稳定。艾森豪威尔不但未有异议，还表示了同样的担心："我不想提前表明我对最高法院裁决的态度……我不相信强迫会消除偏见，甚至是明显错误偏见。因此我认为，如果由于对各州施用联邦法律而在各州和全国引起警察力量的冲突，那么增进种族关系的事业将在很长时间内受到挫折。"① 艾森豪威尔熟悉军事，了解当年内战之残酷与损失，所以非常担心联邦与各州为了取消种族隔离再起冲突。在他看来，只要社会进化到一定程度，种族隔离和种族歧视自然会逐渐消退，现在没有必要"触犯众怒"，强行废止。

首席大法官文森去世后，艾森豪威尔提名厄尔·沃伦担任首席大法官，以强化最高法院中的保守立场。他邀请沃伦参加白宫宴会，了解种族主义者的真实想法。艾森豪威尔告诉沃伦，南方人其实并不坏，他们只是不希望女儿与人高马大的黑人男孩们并肩听课。② 在担任大法官之前，沃伦的政治立场温和、工作作风稳健，非常接近艾森豪威尔的施政

① ［美］罗伯特·H. 费雷尔：《艾森豪威尔日记》，陈子思等译，新华出版社 1987 年版，第 327 页。

② William T. Martin Riches, *The Civil Rights Movement: Struggle and Resistance*, Palgrave Macmillan, 2004, Second Edition, p. 24.

思路。艾森豪威尔提名其担任首席大法官的意图之一，就是希望最高法院谨慎处理布朗案，不要轻易作出反种族隔离的判决，骤然打破南方的社会平衡。

然而，沃伦大法官上任以后的表现，却让艾森豪威尔总统“大跌眼镜”。他不仅违背总统意愿，偏向自由派法官阵营，而且还率领最高法院，毅然作出了否定种族隔离的布朗案判决。艾森豪威尔知晓判决结果后懊恼万分，认为提名沃伦为首席大法官，乃是自己一生所犯的最大错误。

不过，在事关法律权威的关键时刻，艾森豪威尔总统表现出了高度的政治素养。他非常清楚，自己作为美国总统，必须抛弃个人之间的成见，将法律权威放在最重要的位置：“最高法院的裁决就是法律，我要服从。这是一个原则性的决定，因为我相信，如果我对最高法院就某一案件所作的判决公开表示赞成或不赞成，将来就要对许多（如果不是全部）案件作同样的表示。这样做，总有一天会不可避免地陷于公开表示不同意某一判决，那时人们就会怀疑我是否能在这种情况下尽力付诸实施。况且，任意赞同或批评法院的判决，可能降低政府的威信，长此以往，会造成危害。因此在这一案件上我坚决同意一致通过的裁决。”① 从这一考虑出发，艾森豪威尔没有对布朗案判决“指手画脚”，更没有带头抵制布朗案判决。他要求联邦各部门，最大限度地落实法院判决，消除公共场合中的种族歧视。

布朗案判决下发后，联邦司法部明确表示，最高法院有权根据宪法，要求公立学校逐步废除种族隔离；各学校管理层应在三个月之内，提交取消种族隔离的工作计划，如果不提交就必须立即取消隔离；地方法院负责审核各学校提交的工作计划，并且监督其执行；最高法院有权保留必要时予以司法介入的权力。1954 年 12 月，哥伦比亚特区则下发命令，禁止旅馆、理发店、浴室和娱乐场所实行种族歧视。②

---

① ［美］德怀特·D. 艾森豪威尔：《艾森豪威尔回忆录》（三），樊迪、静海译，东方出版社 2007 年版，第 367 页。

② Report by the Attorney General on the Administration’s Efforts in the Field of Racial Segregation and Discrimination, January 26, 1955，艾森豪威尔总统图书馆档案（http://www.eisenhower.archives.gov/research/online_documents/civil_rights_eisenhower_administration.html），April 16, 2012.

1955 年 1 月，艾森豪威尔总统颁布了第 10590 号行政命令，宣布成立联邦就业政策委员会，确保联邦各行政机构执行平等雇佣原则，取消种族、肤色、宗教或族源歧视。该委员会有权审核相关问题，提供指导性意见，并进行必要的质询和调查。[①] 几个月后，共和党全国委员会少数族裔负责人 V. J. 华盛顿（Val J. Washington）表示："共和党已经兑现了 1952 年竞选期间所作出的每一项民权许诺。"[②] 不过，从现实情况来看，V. J. 华盛顿的说法显然有点夸大其词，因为布朗案判决并没有得到真正贯彻，黑人对于种族歧视制度的不满，也变得越来越强烈。

1956 年年初，随着黑人抗争运动的兴起，艾森豪威尔总统面临的压力越来越大。联邦调查局局长埃德加·胡佛向总统汇报，南方种族间的紧张局势不断在加剧，美国共产党正试图打入 NAACP 内部，策划一项有计划的行动。[③] 司法部部长布劳内尔（Herbert Brownell）向总统建议，黑人对南方民主党人抵制布朗案判决越来越不满，如果总统趁机向国会提交一份公民权提案，既可以化解种族冲突，又可以争取非裔公民支持，有利于在大选中再度获胜。[④]

不久，艾森豪威尔总统向国会提交了一项民权计划书，内容包括设立两党承认的民权委员会，负责调查民权领域尤其涉及公民选举的违法行为，并作出评估；在司法部设立一个民权分支机构，由总统任命的助理司法部长负责；建议国会制定新的法律，保障公民的平等选举权；修改现行法律，允许联邦政府在民权案件中，向民事法庭寻求预防性救助

---

① Report by the Attorney General on the Administration's Efforts in the Field of Racial Segregation and Discrimination, January 26, 1955, 艾森豪威尔总统图书馆档案（http://www.eisenhower.archives.gov/research/online_documents/civil_rights_eisenhower_administration.html), April 16, 2012.

② Press Release, August 1, 1955, 艾森豪威尔总统图书馆档案（http://www.eisenhower.archives.gov/research/online_documents/civil_rights_eisenhower_administration.html), April 16, 2012.

③ 参见［美］德怀特·D. 艾森豪威尔《艾森豪威尔回忆录——白宫岁月》下册，静海译，生活·读书·新知三联书店 1977 年版，第 171 页。

④ 参见刘军《美国公民权利观念的发展》，中国社会科学出版社 2012 年版，第 263—264 页。

(preventive relief)[①]。这一提案在众议院获得了通过，但是提交参议院司法委员会讨论时，却遭到了南方议员的阻击。

艾森豪威尔没有就此放手。他向黑人议员承诺，自己将在国情咨文中为民权法案进行呼吁，并建议司法部优先考虑民权法案；共和党在国会中的议员领袖，也会争取早日通过民权法案。[②] 1957 年 1 月 19 日，艾森豪威尔确实又向国会提出了直截了当的民权要求。2 月，联邦司法部长在参议院司法委员会宪法权利小组会上，反复陈述维护平等选举权的意义，强调通过民权法案的必要性：“投票权是我们政府代表制度的基石（cornerstone）。它或许比任何一种权利都能更有效地保护宪法规定的其他权利。我们必须竭力捍卫它。过去，联邦政府在捍卫这一基本权利方面发挥了重要作用，将来必须继续努力。”[③]

在艾森豪威尔政府的积极争取下，这份民权法案被“裁剪”后获得了通过。这是内战后近百年内，美国国会通过的第一个现代民权法案。它虽然被删除了若干“关键环节”，但是对于公民权利保护来说，仍然具有极为重要的意义：第一，授权总统成立民权委员会；第二，授权总统成立司法部民权司；第三，允许司法部保护在选举中受到损害的公民。从长远角度来看，民权委员会和民权司的成立，具有非常明显的制度意义。在此之前，联邦行政无权干预各州的公民选举活动；在此之后，联邦行政不但有权调查各州的民权保护状况，还可以通过民权司为受到损害的公民提供保护。

1957 年 12 月，联邦司法部民权司宣布成立。民权司主要通过司法诉讼，帮助各州公民维护正当的选举权。其中，他们推动的“美国诉瑞恩斯案”（*United States v. Raines*）最具代表性。在该案中，特雷尔县

---

① E. Frederic Morrow Records, Box 9, Civil Rights Bill, March 27, 1957, 艾森豪威尔总统图书馆档案（http: //www. eisenhower. archives. gov/research/online_ documents/civil_ rights_ eisenhower_ administration. html), April 16, 2012.

② Press Release by Congressman Adam Clayton Powell, August 30, 1957, E. Frederic Morrow Records, Box 9, Civil Rights Bill, 艾森豪威尔总统图书馆档案（http: //www. eisenhower. archives. gov/research/online_ documents/civil_ rights_ eisenhower_ administration. html), April 16, 2012.

③ Statement of the Attorney General, E. Frederic Morrow Records, Box 9, Civil Rights Bill, 艾森豪威尔总统图书馆档案（http: //www. eisenhower. archives. gov/research/online_ documents/civil_ rights_ eisenhower_ administration. html), April 16, 2012.

选民登记官瑞恩斯，故意为黑人设置较高难度的问题，以阻止黑人选民参加投票。民权司代表黑人提起了诉讼，指称瑞恩斯的选民登记工作存在种族歧视行为。联邦地区法院没有支持民权司的要求。民权司随后又将诉讼提交至联邦最高法院。1960 年 1 月，最高法院推翻了地区法院判决，认为瑞恩斯违反了宪法第十四条修正案，并且认定 1957 年民权法案合法有效。① 这是联邦行政和司法两大权力分支相互配合，共同推动反种族歧视的一个典型案例。随后，民权司又在路易斯安那和亚拉巴马提起多起诉讼，要求取消选民登记中的种族歧视行为。这些诉讼大都得到法院支持，恢复了黑人的登记资格。

1958 年 5 月，艾森豪威尔任命的民权委员会宣布成立，其成员大都是来自中部的学者和政治精英。② 民权委员会在各州设立了分支委员会，调查与民权相关的各种情况，如涉及种族、肤色或族源的歧视，法院判决中违反宪法平等保护条款的行为，选举、住房和教育等领域中的不平等现象等。民权委员会没有执法权，只能向总统和国会汇报调查情况，并提出有针对性的改善建议。③ 这个具有中立性质的民权委员会，是美国总统和国会获取民权信息的可靠渠道之一，在联邦政府调查公民权利状况、制定保护政策过程中，发挥了必不可少的辅助作用。

不过，民权司和民权委员会毕竟权力有限，无法更深层次地介入民权保护领域，更无法从根本上化解种族冲突。而且，伴随着去职临近，艾森豪威尔总统也丧失了寻求解决的热情。在他去职前的一两年，白宫没有再出台引人注目的民权政策。黑人民权保护工作一时陷

---

① *United States v. Raines*, 362 U. S. 17, 21, 25, 26 (1960); United States v. Raines, 172 F. Supp. 552 (1959). Neil Foley etc., *Civil Rights in America: Racial Voting Rights A National Historic Landmarks Theme Study*, produced by National Historic Landmarks Program, Cultural Resources, National Park Service etc., p. 35. (http://www.crmvet.org/info/nps_ voting_ rights.pdf).

② 关于民权委员会的成员构成以及总统任命时的考虑，可参见 Mary Frances Berry, *And Justice for All: The United States Commission on Civil Rights and the Continuing Struggle for Freedom in America*, New York: Alfred A. Knopf, 2009.

③ *The Commision on Civil Rights*, E. Frederic Morrow Records, Box 9, Civil Rights Bill, 艾森豪威尔总统图书馆档案 (http://www.eisenhower.archives.gov/research/online_ documents/civil_ rights_ eisenhower_ administration.html), April 16, 2012.

入了困境。

第三节　肯尼迪政府的“积极”行动

1960年，随着总统大选临近，“民权保护不力”成为民主党抨击艾森豪威尔的重要借口。民主党候选人约翰·肯尼迪强调：“如果共和党政府真正热衷于保护民权，它就应该立即采取行政措施，消除民权委员会近一年前提出的联邦住房项目中的不平等问题。总统不费吹灰之力就能解决这些问题，但是却没有任何表示。他还应该采取行政手段，提高政府合同委员会的工作效率。七年来，合同委员会在尼克松主持下，除解决困扰哥伦比亚特区的个别问题外，没有采取任有效保护民权的措施。”[①] 在肯尼迪看来，艾森豪威尔根本不关心民权，更没有将民权保护置于首要的位置；如果自己当选，将会充分挖掘行政分支的潜力，消除种族歧视和种族隔离。最终，肯尼迪凭借着高调的民权保护纲领，登上了美国总统宝座。

上台前，肯尼迪就认为在保护公民平等权利方面，行政手段比推动国会立法更为有效。[②] 上台后，其智囊团亦不断劝说他挖掘行政潜力，解决各地的种族冲突。1961年2月，特别助理向他提出建议，联邦政府可以选择民风淳朴且高度依赖联邦合同的南方城市进行试验，要求拥有联邦合同的企业与当地政府签订协议，废除种族隔离；联邦调查局可以参与研究城市中有关种族融合的法律执行问题，为地方治安官或警察局长提供特殊帮助；教育委员会可以派遣专家，帮助地方学校委员会和教育总监制订种族融合计划；商务部可以参与研究南方抵制联邦法律和命令的经济后果；卫生、教育和福利部可以选派福利专家，到种族冲突较频繁的地区对低收入阶层进行评估；联邦就业服务办公室可尝试解决种族主义泛滥地区的就业问题，消除当地民

① Civil Rights Legislation, September 1, 1960, 肯尼迪总统图书馆档案（http://www.jfklibrary.org/Asset-Viewer/Archives/JFKCAMP1960 - 1015 - 005.aspx), July 20, 2012.

② 同上。

众的烦躁情绪等。①

肯尼迪总统确实在一定程度上兑现了他的竞选诺言，借助行政权力开展了诸多民权保护工作。总体言之，这些工作包括以下几个方面。

第一，成立专门委员会，落实“联邦平等雇佣”原则。1961 年 3 月，肯尼迪总统签署第 10925 号行政命令，宣布所有基于种族、信仰、肤色和族源（national origin）的歧视行为，皆与宪法规定的平等精神相悖，联邦政府有必要建立一个独立的“平等就业机会委员会”（the Equal Employment Opportunity Commission，EEOC），详细调查和研究联邦政府的雇佣情况，并研究和提出辅助性的改进意见。②

根据该行政命令，联邦各行政部门开始招聘少数族裔公民，而且优先照顾非裔公民。其中，积极支持总统工作的司法部执行最力，雇佣非裔公民人数最为突出。短短一年内，司法部聘请的黑人律师数量，就从 10 名增加到了 50 名，而且多人担任高级职务，如塞西尔·普勒（Cecil Poole）和莫勒·M. 麦克迪（Merle M. McCurdy）担任联邦检察官，麦克·胡巴德（Maceo Hubbard）担任就业政策办公室主任，查理斯·邓肯（Charles Duncan）担任哥伦比亚特区首席助理检察官，韦德·麦克利（Wade McCree）担任密歇根地方法官，詹姆斯·帕森斯（James Parsons）担任伊利诺伊地方法官，安德鲁·哈沃德担任哥伦比亚特区城市法院（Municipal Court）法官，瑟古德·马歇尔担任联邦巡回法院法官等。③ 在此之前，黑人很少担任如此高级的

① *Memorandum For the President: Possible Use of Federal Departments in Civil Rights Work*，肯尼迪总统图书馆（http：//www.jfklibrary.org/Asset-Viewer/Archives/JFKWHCSF - 0359 - 001.aspx），July 20，2012. 文中引文末尾省略部分为档案缺页。

② Executive Order 10925：Establishing the President's Committee on Equal Employment Opportunity，美国平等就业机会委员会（http：//www.eeoc.gov/eeoc/history/35th/thelaw/eo-10925.html），July 30，2012.

③ *Report of the Attorney General to the President on the Department of the Justice's Activities in the Fields of Civil Rights*，肯尼迪总统图书馆（http：//www.jfklibrary.org/Asset-Viewer/Archives/JFKPOF-096-019.aspx），July 21，2012.

司法职务。[①]

第二，授权联邦司法部，调查和保护各州民权受害者。肯尼迪总统委任弟弟罗伯特·肯尼迪（Robert F. Kennedy）担任部长，以便更为忠实地执行民权保护工作。在总统支持下，联邦司法部异常活跃，化解了无数次种族冲突。比如，它在亚拉巴马民权运动中，派遣法警赶赴当地维护秩序；对密西西比州克拉克县（Clarke）和福利斯特县（Forest）、亚拉巴马州达拉斯县（Dallas）、路易斯安那州圣·海伦娜县（St. Helena）等提起公诉，指控他们剥夺了当地黑人的合法选举权。[②]

其实，提起诉讼是司法部迫不得已之时才采取的手段。在大多数情况下，它更倾向于以“协商”的方式，劝导各州主动取消种族隔离。比如，它与民用航空委员会、联邦航空署共同采取行动，取消了航空机场中的种族隔离；与州际贸易委员会共同采取行动，取消了公共汽车站中的种族隔离。[③] 1961年，它和南方主要铁路代表进行非正式沟通，推动铁路公司同意取消了南方12个州火车站的种族隔离，同时推动哥伦布（Columbus）、佐治亚和罗利达勒姆（Raleigh-Durham）、北卡罗来纳（North Carolina）取消了飞机场中的种族隔离。它还以非正式手段协助亚特兰大、新奥尔良、小石城、孟菲斯和达拉斯等地，取消了学校中的种族隔离。[④]

第三，命令联邦行政部门，废止各领域中的种族歧视。总统无权向

---

① 令人意想不到的是，肯尼迪政府开启的“平等就业机会行动”，不仅没有消解黑人民权运动，反而为民权积极分子提供了就业机会，促成了黑人民权运动的高涨，甚至加剧了政治骚乱。激进黑人组织黑豹党的两个创始人，都曾受惠于政府的平等就业计划，他们在撰写党的宣言和进行早期活动时，甚至还享受着政府发给的薪金。因此，美国社会学家丹尼尔·贝尔曾指出，肯尼迪以及约翰逊政府进行的“消除贫困的战争”，最为惊人的战绩之一，就是促进了一场运动的蓬勃高涨，这场蓬勃高涨的运动反过来又对政府造成了政治压力。参见［美］丹尼尔·贝尔《资本主义文化矛盾》，赵一凡、蒲隆、任晓晋译，生活·读书·新知三联书店1989年版，第230—231页。

② *Summary of Present Civil Rights Programs Within Executive Branch*，肯尼迪总统图书馆（http://www.jfklibrary.org/Asset-Viewer/Archives/JFKPOF-096-019.aspx），July 21，2012.

③ 同上。

④ *Report of the Attorney General to the President on the Department of the Justice's Activities in the Fields of Civil Rights*，肯尼迪总统图书馆（http://www.jfklibrary.org/Asset-Viewer/Archives/JFKPOF-096-019.aspx），July 21，2012.

各州下达命令，但是却可以要求下属各部门，在所辖范围内避免种族歧视，或对非裔公民提供民权保护。肯尼迪总统上台后，向各联邦行政部门发出命令，禁止在政府场所内实行种族隔离或种族歧视。各部门负责人尽管不甚情愿，但是出于服从命令的职业习惯，还是采取了一系列反种族隔离和种族歧视的措施。

国务卿与东部、南部各州代表进行会晤，商讨禁止歧视非洲国家外交官的规定，并要求避免故意毁坏非洲国家外交官的合法财产；内政部发布命令，要求停止全国公园中的一切种族歧视行为；农业部为田纳西州两地的黑人农民提供了粮食补贴；国防部下令调查少数族裔在部队中的晋升和受教育情况，禁止调用警察力量维护种族隔离；内战百年纪念委员会（Civil War Centennial Commission）明确表示，嗣后不再租用存在种族隔离行为的场所或住所。①

第四，利用财政补贴杠杆，曲线贯彻联邦民权政策。从法律角度来说，各州在内政事务中拥有自主权，无须服从总统的民权指示。但是，肯尼迪总统团队发现，自己实际上拥有支配各州政治走向的“隐性筹码”——财政补贴。由于各州高度依赖联邦财政补贴，总统完全可以围绕财政补贴作点文章，迫使各州主动落实反种族歧视指令。1963 年 6 月，肯尼迪总统签署第 11114 号行政命令，宣布受联邦政府财政资助的所有施工合同（contracts of construction）单位，必须杜绝种族、信仰、肤色和族源歧视，对于违反以上命令者，管理部门可以整体或部分地撤销、终止、推迟协定（agreement）或合同（contract），也可以向司法部申请法律援助。② 如此一来，总统就可以巧妙地“绕过”宪法规定，在各州贯彻反种族歧视政策。

应该说，肯尼迪总统在反对种族隔离和种族歧视问题上，确实最大限度挖掘了行政分支的潜力。无论是直接的行政命令，还是间接的经济调节，都曾一一尝试。但是，种族隔离和种族歧视具有深厚的民意基

---

① *Summary of Present Civil Rights Programs Within Executive Branch*，肯尼迪总统图书馆（http：//www. jfklibrary. org/Asset-Viewer/Archives/JFKPOF-096-019. aspx），July 21，2012.

② Executive Order 11114：*Extending the Authority of the President's Committee on Equal Employment Opportunity*，美国总统项目（http：//www. presidency. ucsb. edu/ws/index. php？pid = 59053），July 31，2012.

础，是一项复杂的社会系统工程，在没有获得国会更大范围授权的情况下，仅靠总统发号施令是无法解决的。或者说，其效果是注定会大打折扣的。联邦行政部门和政府合作企业，拥有足够的伎俩抵制总统命令。几个月甚至一两年下来，绝不雇佣黑人员工的部门或企业大量存在。即使积极配合民权行动的司法部也无奈表示，司法部从国会获得的授权有限，不能确保民权组织成员免受伤害。① 总之，像其他官僚体制一样，肯尼迪政府也陷入了行政贯彻不力的瓶颈。

1963 年春，民权委员会曾向肯尼迪总统建议，如果政府合同企业不遵守反种族歧视的协定，就撤销这些合同项目，以示惩戒。总统回信说，白宫目前尚没有能力这样做：“这超出了我们的能力范围。……行政分支在实施联邦项目时并没有完全的自由处理权力。……很多重要的项目，尤其水资源项目，一旦启动就不能停顿。……大型联邦项目选址的标准，比如你报告中提到的 NASA 项目，反映的是国家需求而非各州的利益。另一个困难是，在很多情况下，撤销联邦补贴将会进一步损害你们委员会想要达到的目的，比如密西西比州数万黑人的社会保障、退伍军人的福利、学校午餐以及其他项目，都来自联邦补贴，任何取消或减少项目的举动，都会影响州内的其他问题。”② 肯尼迪总统所述确属实情，多数联邦项目都是一体性的，牵一发而动全身，不可能随意取消。

当行政调控陷入困境时，黑人民权运动却愈演愈烈，有的民权组织甚至出现了暴力化倾向。在南方各州，SNCC 频频与白人发生冲突，给社会秩序带来了严重威胁。1963 年 5 月爆发的伯明翰种族冲突，更是将黑人民权问题推向了风口浪尖。肯尼迪总统团队意识到，仅仅依靠行政手段，已经不能化解种族冲突，只有促使国会通过民权法案，才能有

---

① Mary Frances Berry, *And Justice for All: The United States Commission on Civil Rights and the Continuing Struggle for Freedom in America*, New York: Alfred A. Knopf, 2009, p. 49.

② *Text of Letter from the President to the Chairman*, *United States Commission on Civil Rights*, Dr. John A. Hannah, April 19, 1963，肯尼迪总统图书馆（http://www.jfklibrary.org/Asset-Viewer/Archives/JFKPOF-097-001.aspx）, July 24, 2012。有关民权委员会与肯尼迪总统之间的详细互动，可以参见 Steven A. Shull, *American Civil Rights Policy from Truman to Clinton*, New York: M. E. Sharpe, 2000。

望渡过这场政治危机。

1963年6月，肯尼迪总统发表演说，强烈要求国会通过新的民权法案："在最近几个月内，国会显然有必要进一步颁布法律（除了已经计划颁布的），纠正侵犯某些个人权利的行为。在没有相关法律的情况下，州和地方官员以及企业家根本无法或者不愿将这些权利赋予公民……黑人公民会通过有组织的直接行动或其他具有潜在暴力的手段捍卫这些权利，就像我们在伯明翰和其他地方所看到的。……总而言之，如果联邦立法机构继续不作为，种族冲突双方的领导权就会从理智之人，转到拥有仇恨和暴力的商人（merchants）之手，进而威胁国家安宁，阻碍国家进步，削弱其他国家对美国的尊重。"[①] 当年10月15日，司法部部长又向参议院司法委员会作报告，强调民权立法的重要性以及拒绝立法的极端后果。

然而，谁也不曾料到，在这关乎黑人民权命运的历史时刻，肯尼迪总统不幸遇刺身亡。

在前现代社会中，人亡政息、人走茶凉是一种常规政治现象。肯尼迪总统去世后，很多人恐怕都抱有疑虑，担心民权法案半途而废。不过，这个时候，美国政治的稳定性优势体现了出来。按照宪法递补成为总统的林登·约翰逊，虽然与肯尼迪总统久存嫌隙，但是仍然沿袭了后者的民权施政纲领，并利用自己丰富的政治经验和人脉，成功促使国会通过了民权法案。

1964年民权法案的内容，其实并无新奇之处。该法案第一和第八部分禁止公民投票中的歧视行为，第二部分禁止公共设施中（包括受州行为支持或影响州际贸易的私人设施）的种族歧视和隔离行为，第三和第四部分规定取消学校和其他公共场合中的种族隔离，第五部分规定了民权委员会的听证程序、人员薪酬和主要职责，第六部分禁止联邦资助项目中的种族歧视，第七部分禁止联邦雇佣中的种族歧视，并授权创建平等就业机会委员会。[②] 根据前述可知，这些条款实际上已经或多或少地被

① *Supplemental Message on Civil Rights*, June 1, 1963, 肯尼迪总统图书馆（http://www.jfklibrary.org/Asset-Viewer/Archives/JFKPOF-097-001.aspx), July 24, 2012.

② 《1964年美国民权法案》，参见张千帆《西方宪政体系》上册，中国政法大学出版社2004年版，第391页。

贯彻，1964 年通过的《民权法案》，不过是赋予其一个合法的名分而已。[①]

但是，无论对黑人还是总统，这个合法名分至关重要。对于黑人来说，1964 年《民权法案》意味着，他们的民权抗争是合法行为，应该受到国家保护；对于总统来说，1964 年民权法案意味着，联邦行政分支从国会获得了反种族隔离和歧视行动的明确授权，反种族隔离和歧视行动将被纳入国家政治议程，成为一项有资金支持的系统工程。约翰逊总统及其继任者，就是以该民权法案为基础，逐步探索出了一套照顾少数族裔、消除种族歧视的肯定性行动。

第四节　约翰逊总统开启“肯定性行动”

“肯定性行动”（affirmative action）是联邦行政分支借助财政补贴与援助项目，消除各个领域中种族、肤色、信仰和族源等歧视行为的系列行政手段。[②] 早在罗斯福总统时期，这种行政手段已经初现端倪，其第 8802 号行政命令宣布，禁止国防项目承包商实行基于种族、肤色、信仰和族源的歧视行为，并成立了公平就业委员会予以调查和监督。[③] 杜鲁门、艾森豪威尔和肯尼迪总统都曾颁布命令，要求联邦行政部门及联邦合同承包商停止雇佣工作中的种族歧视。不过，限于客观条件，联邦政府没有全心投入反就业歧视，也没有找到有效的保障手段。

约翰逊总统上台时，废止种族隔离的工作已经接近尾声，如何保障

① 1875 年《民权法案》曾明确禁止私人设施中的歧视行为，但是最高法院在民权组案判决中，以联邦政府无权限制私人经营为由，判决该条款超越了宪法所授予的权限，从而否定了联邦政府对私人行为的监控。1964 年《民权法案》再次提出禁止私人场合中的歧视行为，仍然面临着当年的合宪性问题。不过，此时最高法院的司法立场已经将维护公民权利放在了优先位置。《民权法案》通过后不久，最高法院就借助亚特兰大中心旅社案和奥利烧烤店案，通过重新阐释州际贸易条款，认为，只要私人行为对州际贸易产生影响，亦必须接受联邦法律的约束。关于亚特兰大中心旅社案和奥利烧烤店案判决，参见 *Heart of Atlanta Motel, Inc. V. United States*, 379 U. S. 241, *Ollie's Barbeque Case*, *Katzenbach v. McClung*, 379 U. S. 294。转引自张千帆《西方宪政体系》上册，中国政法大学出版社 2004 年版，第 169—170 页。

② 国内学界多将“affirmative action”直译为“肯定性行动”，亦有学者意译为“纠偏行动”，美国华人学界多译为“平权法案”。

③ 参见张立平《论肯定性行动》，《太平洋学报》2001 年第 3 期。

走出隔离的黑人群体，获得平等的选举和就业权利，成为联邦政府重点关注的施政问题之一。1964 年《民权法案》通过后不久，约翰逊总统就指示司法部部长起草新的民权法案，用以保障少数族裔获得投票权。1965 年3 月，法案起草完成后，约翰逊总统与民权组织达成共识，由自己出面游说国会中的关键议员，民权组织则负责游行示威，向国会施加外围压力。当民权游行遭到警察粗暴干涉、引起全国范围内的同情和支持之时，约翰逊总统趁机指示司法部部长提交民权议案，最终推动国会顺利通过了 1965 年《选举权法案》。该法案禁止州政府采取任何文化测验阻止黑人参加选举，并授权司法部派人监督选民登记比例低于 50% 的州和县。根据这一法案，黑人公民无条件获得了选举权；南方大部分州县的选民登记工作，受到了联邦司法部的监控。

相对于落实黑人投票权，确保少数族裔平等就业是一项更为艰难的政治任务。联邦政府与各州不是上下级关系，没有权力直接管束各州及其境内的私人行为。因此，联邦政府在贯彻少数族裔平等就业原则时，所能够使用的手段是十分有限的。肯尼迪总统曾充分发挥司法部的作用，借助司法诉讼推动各州和地方消除种族歧视，但是司法诉讼只能解决个案问题，无法取得整体上的推进。经过衡量比较之后，约翰逊总统选择了前任们曾经使用，但是又没有完全发挥效力的调控手段，即以联邦财政补贴或援助项目为资本，迫使接受补贴或援助者实行平等雇佣原则。这一调控手段被称为“肯定性行动”。

1965 年，约翰逊总统签署第 11246 号行政命令，宣布了“肯定性行动”的目的、内容和实施范围。该命令宣布，联邦政府将为符合条件者提供平等的联邦就业机会，禁止基于种族、肤色、信仰和族源的歧视行为；其次，每个联邦行政部门都必须制订肯定性计划，为各族裔求职者提供平等就业机会；再次，联邦文官委员会（the Civil Service Commission）负责指导和监督各部门的计划实施，并接受相关投诉；最后，劳工部负责执行联邦工程项目承包商、分包商以及联邦资助工程合同中的反歧视行动。[①] 据此，不但政府雇佣必须避免歧视行为，承接联邦工

① Executive Order 11246: *Equal Employment Opportunity*，美国总统项目（http://www.presidency.ucsb.edu/ws/index.php?pid=59153），July 31，2012.

程项目的私人主体，也必须放弃基于种族、肤色、信仰和族源的歧视。这实际上是以联邦经济援助为条件，换取州、县政府及其相关主体平等地对待少数族裔的求职者。

随后，劳工部专门成立了联邦合同履行办公室（Office of Federal Contract Compliance Programs，OFCCP），负责肯定性计划的具体实施。在实施过程中，肯定性行动覆盖的范围，逐渐由就业领域扩展至教育、联邦贷款和住房领域；肯定性计划照顾的群体，也由非裔扩展至西班牙裔、印第安人、亚裔以及女性求职者。至于实施的效果，则参差不齐。由于总统拥有人事任免权和预算建议权，联邦各部门大都选择配合，肯定性行动执行效果较好。仅仅 10 年时间，联邦机构雇佣少数族裔的数量便出现了明显提高。1975 年 3 月，福特总统在备忘录中宣布：“在联邦政府各部门中，超过 1/15 的工作已经由非裔、西班牙裔、印第安人和亚裔负责，同时近 1/3 的联邦职位由女性担任。”①

肯定性行动在私人企业中的实施，则经历了一个艰难探索过程。在美国，私人雇佣长期被视为个人行为，不受联邦宪法规范或监督。联邦法律骤然介入其中，要求私人业主一视同仁，甚至优先雇佣少数族裔，自然会激起白人的反感。同时，允许少数族裔竞争就业岗位，就意味着削减白人的就业机会，势必会激起白人工会的不满。因此，劳工部最初在圣路易斯、旧金山、克利夫兰、费城等地推行的肯定性行动，都没有取得预计效果。少数族裔在向白人企业求职时，仍然时常被拒之门外。

1969 年 10 月，尼克松就任总统。他与肯尼迪、约翰逊总统不同，不赞成积极干预社会经济。他认为，自罗斯福新政以来，联邦政府集中了太多权力，限制了各州和人民的活力，因而必须尽可能地“恢复”州权，避免联邦政府过度介入社会经济活动。但是，在反对种族歧视方面，尼克松总统并不保守，他不但扩大了肯定性行动的涵盖范围和照顾对象，还极大丰富了肯定性行动的实施手段。

尼克松上任第一年，就签署了两项肯定性行动命令。第 11458 号行

---

① Gerald Ford: *On Equal Opportunity in Federal Employment*, March 6, 1975, 美国总统项目（http: //www. presidency. ucsb. edu/ws/index. php? pid =4766）, August 1, 2012.

政命令授予商务部长在法律允许范围之内，实施有助于支持少数族裔公司的联邦计划、项目和行动；推动各州和地方政府、商贸协会、大学、基金会、专业组织、志愿者以及其他团体，对少数族裔公司予以经营和资源支持；任命少数族裔团体或少数族裔商业公司的代表，组成少数族裔企业咨询委员会（the Advisory Council for Minority Enterprise），定期向商务部部长提供不同地区、部门中影响少数族裔企业发展的资料和信息。[①] 第 11478 号行政命令在联邦原有反歧视条款的基础上，增加了禁止性别、残疾和年龄歧视的规定，并且明确了平等就业机会委员会的职责范围。[②]

尼克松总统任职期间，劳工部还重启了“费城计划”。“费城计划”是约翰逊时期的一个平等就业项目，要求联邦项目承包商必须雇佣最低数额的少数族裔。由于规定僵硬、缺少弹性，这个项目没有能够执行下去。劳工部按照尼克松的指示，修改了“费城计划”的规定，要求联邦项目承包商在一定时期内，按照既定计划逐步接近雇佣少数族裔和女性的目标。[③] 如此一改，联邦项目承包商拥有了弹性空间，兑现承诺的比例大幅度提高。随后，联邦合同履行办公室又发布命令，扩大了“费城计划”的涵盖范围。该命令要求雇佣 50 名以上工作人员的联邦项目承包商、承担 5 万美元（含 5 万）以上联邦合同的机构、政府资金存放机构、美国储蓄公债和储蓄券代理金融机构，都必须执行肯定性计划。[④]

福特和卡特总统任职期间，继续推行和完善“肯定性行动”。福特总统还将照顾范围扩展到了残疾人和越战退伍军人。卡特继任总统后，

---

① Executive Order 11458: *Prescribing Arrangements for Development and Coordinating a National Program for Minority Business Enterprise*, 美国总统项目（http://www.presidency.ucsb.edu/ws/index.php?pid=60475&st=11458），July 31, 2012。另外可参见张立平《论肯定性行动》，《太平洋学报》2001 年第 3 期。

② Executive Order 11478: *Equal Employment Opportunity in the Federal Government*, August 8, 1969, 美国联邦劳工部（http://www.dol.gov/oasam/regs/statutes/EO11478.htm），August 1, 2012.

③ 参见于金辉《尼克松政府的公平就业政策研究——以费城计划为例》，硕士学位论文，厦门大学，2007 年，第 36—37 页。

④ 参见王凡妹《美国“肯定性行动”的历史沿革——从法律性文件的角度进行回顾与分析》，《西北民族研究》2010 年第 2 期。

直接安排总统办公室开展联邦非专业职位招聘中的反歧视行动。[①] 而且，为了提高肯定性行动的执行效率，卡特总统还精简了最高管理机构，将相关权力集中到了平等就业机会委员会、司法部和联邦文官委员会手中。[②] 在上述总统的持续推进下，肯定性计划最终得到了逐步贯彻，成为联邦保障平等就业的主要手段。

小　结

第二次世界大战结束后，为何美国总统开始逐渐关注黑人民权问题？其中的原因当然纷繁复杂。简言之，多与以下几个因素有关：第一，随着大量黑人迁居北方获得选举权，黑人选民已成左右总统选举的重要因素，谁获得黑人选民支持，谁当选的概率就更大。因此，总统竞选人及其背后的政党，无论原来秉持何种政治理念，都不得不开始正视黑人的民权诉求。第二，随着黑人中产阶级队伍日益壮大，黑人争取平等权利的形式不断升级。从民权诉讼到非暴力不合作，再到街头静坐、示威甚至暴力抗争，这些活动对美国社会秩序构成了严重威胁，迫使总统必须想出解决之道。第三，战争为各族裔士兵提供了患难与共的机会，使得白人与黑人士兵之间的隔阂有所消融，军队内部的种族主义观念渐趋模糊，司法精英鉴于法西斯种族屠杀，亦开始反思种族主义观念的危害。与战前相比，美国上层对于种族融合的容忍度有了大幅度提高。

在以上因素推动下，杜鲁门、艾森豪威尔、肯尼迪、约翰逊等总统开始“掉转”目光，不同程度地介入黑人民权政治，并将其变成了国家政治的一个核心议题。

对于黑人争取民权来说，总统的积极介入可谓意义重大。在联邦各

---

① Jimmy Carter: *Affirmative Action in the Executive Branch Memorandum for the Heads of Departments and Agencies*, July 26, 1977, 美国总统项目（http://www.presidency.ucsb.edu/ws/index.php? pid = 7883), August 1, 2012.

② *Equal Employment Opportunity Enforcement Message to the Congress Transmitting Reorganization Plan*, No. 1 of 1978, February 23, 1978, 美国总统项目（http://www.presidency.ucsb.edu/ws/index.php? pid = 30404), August 2, 2012.

权力分支中，国会和最高法院分别拥有立法权和违宪审查权，直接主导着美国公民的权利空间。如果国会和最高法院齐心协力，共同致力于废止种族隔离和歧视，黑人获得平等公民权自然会比较顺利一些。但是，国会是各州、各阶层公民代表的集合体，其内部利益多元、意见歧异，要想从默许种族隔离和歧视的立场，转到禁止种族隔离与歧视的立场，不是短期之内能够实现的。最高法院大法官具有相对超越性，能够较为及时地意识到种族歧视的恶果，并且毅然决然地作出了一系列反歧视判决，但是最高法院不具备执法能力，如果没有行政分支配合，他们的司法判决将没有任何意义。在这种情况下，联邦行政分支的反隔离和反歧视立场无疑影响巨大。

艾森豪威尔、肯尼迪、约翰逊等总统不仅从维护法律角度出发，在联邦机构内部推行反歧视政策，还最大限度地发挥行政分支的影响力，要求各州落实最高法院判决。1963 年，当这种行政推动陷入瓶颈之后，肯尼迪总统又转而推动国会民权立法。肯尼迪总统去世后，继任的约翰逊总统使出浑身解数，最终推动国会通过了民权法案。可以说，无论落实民权判决，还是通过民权法案，联邦权力分支都扮演了至为关键的推动角色。当然，作为公民个体，黑人毕竟是生活在各州空间之内的。联邦政府的反隔离和反歧视行动能否奏效，还要依赖各州政府的接受程度。

第六章 南方各州政府与黑人民权的落实

美国联邦政府是建立在州权自主基础之上的。19 世纪前后，各州的自主性体现得尤为明显。各州议会掌握着州内财产税、所得税和营业税等税种，不必依赖联邦援助即可维持正常运转。事实上，在相当长的时间里，联邦财政收入也非常有限，很难为各州提供经济援助。[①] 这种财政独立保障了各州在政治和司法上的自主性。即使内战结束后，南方各州依然“我行我素”，拒绝赋予黑人平等公民权。然而，进入 20 世纪以后，联邦与各州之间的关系发生了重大变化。州政府对联邦权力和联邦财政的依赖度越来越高，当他们与联邦发生意见分歧时，已经难以再坚持己见，按照自身的政治逻辑行事。相反，为了获得财政补贴，它们不得不逐步向联邦靠拢，接受联邦政府的政治意志。

第一节 早期州政治与黑人奴隶制之存废

进入 20 世纪以前，美国民众大都视州政府为政治依靠，着重防范联邦政府的权力扩张。当时，联邦政府的存在意义，主要在于协助各州处理州际贸易纠纷和外交冲突。保护公民权利乃是各州政府的分内之事，无须也不允许联邦政府插手干预。事实上，各州拥有悠久的公民权利保护传统，也颇得境内公民的认同与支持。远在联邦宪法诞生之前，众多英属殖民地就已经各自制定了保护公民权利的《权利法案》，其中 13 个殖民地宣布保护宗教自由，11 个殖民地宣布保护公民陪审权利，

① 关于美国联邦与各州的财政关系，可参见蒋劲松《美国合作联邦制下国会与州议会的财政关系》，《人大研究》1992 年第 7 期。

10 个殖民地宣布保护出版自由，9 个殖民地规定了正当程序条款，少数殖民地宪法还宣布保障言论自由和政教分离，禁止一事多罚。[①]

独立战争期间，各殖民地进一步完善了保护公民权利的有关法律。1776 年弗吉尼亚宪法明确宣布："人人生来同样自由和独立，且具有某些内在权利；当他们进入社会状态时，他们不可能通过任何契约，剥夺其后代的这些权利。这些权利就是享受生命和自由，并具备能力去获得并占有财产、追求与获得幸福和安全。""所有权力来自人民；政府官员是他们的受托人和公仆，并时刻向他们负责。""政府应该为人民、国家或社团的公共利益、保护及安全而形成……且当任何政府被发现不合适或不符合这些目的时，社团的多数具有无可置疑、不可剥夺与不可战胜的权利，根据被认为对公共福利最有利的方式，去改革、变更或取消之。"[②]

1780 年马萨诸塞宪法宣布："政府机构的形成、维持及管理的目的，乃是保证政体的存在并保护之，并为组成它的个人提供权力，以安全与和平享受其自然权利以及生活的祝福；且每当这些伟大目标不再获得实现时，人民就有权改变政府，并为他们的安全、繁荣与幸福采取必要措施。政体由个人的自愿结社形成。它是一项社会契约；通过它，人民全体和每个公民之间形成契约，从而使所有人受到基于公共利益的某些法律所统治。"[③] 与联邦宪法相比，这些州的宪法更注重保护公民权利、抑制母国政治侵犯。

当然，各殖民地法律保护的都是特定对象，并不适用于境内所有民众。只有按照法律享有公民资格者，才有权利享受殖民地法律的保护。比如，普利茅斯殖民地规定，拥有 20 英镑以上不动产财产者才能享有选举权；康涅狄格在 1658 年规定，拥有 30 英镑以上者才能获得选举权，1689 年又改为 40 先令；新泽西、马里兰、特拉华、北卡罗来纳等殖民地规定，至少拥有 50 英亩以上土地才能享有选举权。马里兰允许所有自由人参加选举，但同时限定，只有对土地和财产拥有绝对和完全

---

① 参见张千帆《自由的魂魄所在：美国宪法与政府体制》，中国社会科学出版社 2000 年版，第 147—148 页。

② 同上书，第 149 页。

③ 同上书，第 151—152 页。

的自由处置权者，才能参选议员。弗吉尼亚最初允许所有自由人参加政治选举，1676 年培根起义后，剥夺了无不动产自由人的选举权。1690 年后，大部分殖民地取消了关于公民选举的宗教限制，但是仍然保留了财产资格限制。①

联邦政府成立后，各州在选民资格的限定方面仍然握有主动权。根据联邦宪法规定，公民的选举权受联邦政府保护，但各州议会有权自行确定公民获得选举权的资格。这意味着，各州议会有权将他们不喜欢的人排除在选举之外。这种情况下，各州黑人是否能够获得选举权，只能“唯州议会立法是瞻”。可惜，当时主导州议会政治的议员，尤其白人议员，还无法超越深入骨髓的种族歧视，更不必说赋予黑人平等的公民权。

在南方白人群体中，并非没有废奴主义者。但是，在一个封闭的“多数决”政治中，少数意见常常受大众意志裹挟，很难影响议会立法。只要没有强大的外力干预，这种情况就难以改变。从理论上来说，唯一能够影响州议会的是联邦政府。然而，联邦行政受制于宪法规定，无权干涉各州民权事务；最高法院为避免刺激南方各州的政治神经，也常常对宪法作出最为保守的解释，甚至拒绝审理黑人的民权诉讼。

南北战争结束后，联邦政府携军事胜利之余威，暂时取得了对南方各州政治的主导权。联邦政府要求，南方在重建过程中，必须废除奴隶制度。

1865 年 8 月 15 日，约翰逊总统致电密西西比州临时州长 W. L. 夏基，要求密西西比州在即将颁布的州宪法中，废除奴隶制度，承认宪法第十三条修正案：“如果你能将选举权扩至所有的能读懂英文版美国宪法、会写他们名字的有色人，扩至所有的拥有不低于 250 美元不动产价值、并为此纳税的有色人，你将能完全分化对手，并为其他州树立一个可效法的样板。”② 当密西西比州召开制宪会议时，约翰逊总统强硬表

① 参见王希《原则与妥协：美国宪法的精神与实践》，北京大学出版社 2000 年版，第 42—43 页。

② 参见高春常《文化的断裂：美国黑人问题与南方重建》，中国社会科学出版社 2000 年版，第 170—171 页。

示，废除奴隶制是南方必须接受的绝对条件。[①] 在联邦强大压力之下，南方各州被迫在新宪法中取消了奴隶制。

相对于约翰逊总统，联邦国会在共和党人主导下，主张更为积极地介入南方重建。它先后通过了《公民权法案》和新的宪法修正案，宣布授予黑人平等公民权，禁止各州任意剥夺合格选民的选举权。次年，国会又通过《重建法案》，宣布联邦政府有权授予公民选举权，必要时甚至可以强制各州予以贯彻。在《重建法案》指导下，联邦政府将南方分为五个军事辖区，辖区驻军司令部有权保证南方各州的法律和安全，监督其重建过程。黑人在联邦政府介入下，终于获得了选民登记、组织集会和担任议员的机会，有的甚至担任了州政府高级职员。[②] 当然，能够占据要职者微乎其微。

据相关统计，南方重建期间，超过 1400 个黑人担任了公职，其中 600 多人在各州议会工作，多数集中在路易斯安那州、密西西比州和南卡罗来纳州，少数集中在亚拉巴马州、佛罗里达州和佐治亚州。不过，来自北方的白人共和党人和新当选的南方白人议员，在数量上远远超过黑人议员代表，令其根本无法影响议会立法。[③] 白人议员主导下的议会，承认黑人拥有合法的结婚和生育权利，拥有继承或买卖财产的权利以及起诉和被起诉的权利，但是也想尽一切办法，限制黑人行使政治权利。比如，多项南方州法律禁止黑人参加陪审团，禁止黑人随意离开种植园、接待客人，禁止黑人脱离农业、组织集会；在劳工与雇主之间产生纠纷时，必须由雇主确定解决办法等。[④]

内战以前，黑人奴隶作为私人财产，一般不会受到奴隶主的恶意对待。奴隶主们非常清楚，奴隶属于自己的私人财产，伤害奴隶就是损坏财产，所以必须给予他们基本的保障。但是，奴隶制度废除后，黑人与

---

① 参见高春常《文化的断裂：美国黑人问题与南方重建》，中国社会科学出版社 2000 年版，第 173 页。

② Randall Kennedy, *Race*, *Crime*, *and the Law*, New York: Vintage Books, 1997, p. 169.

③ Neil Foley etc., *Civil Rights in America: Racial Voting Rights-A National Historic Landmarks Theme Study*, produced by National Historic Landmarks Program, Cultural Resources, National Park Service etc., p. 6 (http://www.crmvet.org/info/nps_voting_rights.pdf, Feb. 5, 2014).

④ 关于黑人法典的详细情况，参见高春常《文化的断裂：美国黑人问题与南方重建》第 3 章第 3 节，中国社会科学出版社 2000 年版。

白人之间的关系出现了根本性转变。对于白人来说，黑人不再是可以传承的私人财产，不再是甘心服务的奴仆，而是变成了陌生的竞争对象。他们不可能再像以前那样，给予黑人奴隶基本的生活保障。相反，战争失败所带来的伤痛和耻辱感，常常令其心中升起无名之火，并将怨气撒向黑人群体。就这样，刚刚摆脱奴隶制度的黑人群体，境况不但没有明显改善，反而成为了南方白人沮丧情绪的发泄对象。更为重要的是，州议会作为民选机构，常常会顺从这种“主流民意”，制定不利于黑人的立法。

联邦军事管制结束后，南方各州重新获得了自主权力。这些州的议会在白人议员主导下，顺从各自州内的“主流民意”，先后制定了全面、系统的种族隔离法令。1865 年 11 月，密西西比州法律规定，除与主人同行的黑人佣仆以外，任何“自由人、黑人或混血儿，乘坐任何为白人单独准备或使用的一级旅客车厢”皆属违法。[①] 1875 年，田纳西州议会制定法令，规定在火车和公共交通中实施种族隔离，几年后又规定铁路必须为黑人设立单独车厢，指定他们在固定的位置就坐。[②] 1885 年后，南方各州议会大都通过隔离法令，将黑人群体排除在了主流社会生活之外。

重建之后的南方各州，不仅将黑人群体排除在主流社会空间之外，而且还通过种种手段阻止黑人进行选举登记，剥夺他们的选举权和被选举权。19 世纪末 20 世纪初，参加过南方邦联的各州大都颁布法令，规定缴纳人头税者才有资格获得选举权利。1890 年，密西西比州建立了识字能力测验制度，以便阻止黑人参加选举登记。随后，南卡罗来纳、亚拉巴马、弗吉尼亚、佐治亚也设置了类似门槛。不过，在实施过程中，很多底层白人文化程度低，往往也通不过测试。有鉴于此，密西西比、南卡罗来纳、弗吉尼亚和佐治亚州又制定了附加条款，专门为底层白人开通“绿灯”。这些条款规定，既不识字也无财产的白人，只要能够听懂州宪法条文，就能进行选举登记。路易斯安那、北卡罗来纳、亚

---

① 关于黑人法典的详细情况，参见高春常《文化的断裂：美国黑人问题与南方重建》第 3 章第 3 节，中国社会科学出版社 2000 年版，第 188 页。

② 参见刘绪贻、杨生茂主编《美国通史》第 3 卷，人民出版社 2005 年版，第 71 页。

拉巴马和佐治亚还制定了“祖父条款”，规定白人如果能证明自己或祖父在 1867 年前曾参加过投票，就可获得选举资格。[①] 如此一来，被排除在选民登记之外的，基本上全部变成了黑人。

第二节　南方各州对布朗案判决的抵制

1954—1955 年，最高法院在布朗案中宣布“隔离但平等”原则违宪，彻底否决了种族隔离的立法根基。这一判决在南方引发了激烈抗议。根据 1956 年的一项民意调查，80% 的南方白人都对布朗案判决持反对态度。[②] 在南方人看来，布朗案判决是联邦政府对州权的严重侵犯。他们以维护“州权自主”为名，发起了集体抵制运动，激进者甚至不惜以暴力手段，表达自己对布朗案判决的怨恨。布朗案判决之后的 5 年内，种族主义者策划了多次种族暴力事件，记录在案者即达 210 件，其中包括 6 件谋杀案、29 次持枪袭击、44 次暴力攻击以及 60 件爆炸案件。[③]

最高法院似乎也意识到了布朗案判决的“激进性”。1955 年，它拒绝了全国有色人种协进会立即取消隔离的要求，允许南方各州根据具体情况逐步、审慎推行。最高法院还将制定取消隔离日程的重任，交给了联邦南方巡回法官。这些住在南方的法官，同样坚持白人至上的观念，同样偏向维持种族隔离。第十四巡回区的联邦法官约翰·帕克（John J. Parker），就为取消学校隔离设置了极为严格的限制。他在一次诉讼判决中表示，最高法院只要求各州取消带有种族歧视色彩的教育法律，并没有规定学校必须采取积极行动，确保黑人学生与白

---

① 参见［美］詹姆斯·麦克弗森《火的考验：美国南北战争及重建南部》下册，刘世龙等译，商务印书馆 1994 年版，第 397—398 页。

② Michal R. Belknap, *Federal Law and Southern Order: Racial Violence and Constituional Conflict in the Post-Brown South*, the University of Georgia Press, 1995, p. 28.

③ Michael J. Klarman, *From Jim Crow to Civil Rights: The Supreme Court and the Struggle for Racial Equality*, New York: Oxford University Press, 2004, p. 63.

人学生同校上课。①

1955 年 1 月，南方 11 个州的代表在密西西比州的杰克逊市集会，酝酿成立一个名为“宪政联盟”（the Federation of Constitutional Government）的协调组织，抗议联邦强制取消种族隔离。1955 年 12 月，他们又在田纳西州孟菲斯市集会，讨论如何进一步完善“宪政联盟”，并从 100 多人中确定了咨询委员会成员，其中包括密西西比州参议员伊斯特兰德、南卡罗来纳州参议员斯道姆·瑟蒙德、佐治亚州州长玛温·格里夫以及其他 6 名众议院代表和 4 名前南方州的州长。他们的政治目标，是联合各种支持种族隔离的组织，共同反对种族融合与“破坏宪法”的行为。②

在“宪政联盟”领导人看来，联邦政府粗暴地侵犯了州权，所以必须坚决进行抵制。1955 年 10 月，密西西比州市民联合议会执行秘书罗伯特·帕特森（Robert Patterson）表示：“面对有组织的侵犯，（我们）必须还以有组织的抵抗。我们必须联合起来，让警察了解我们的想法。”11 月，南卡罗来纳州国会议员孟德尔·利沃斯（L. Mendel Rivers）强调，布朗案判决将导致种族混乱，如果目前的状况得不到改善，就会发生流血事件。12 月，密西西比州州长胡佛·怀特（Hugh White）抨击联邦司法部说：“司法部不过是一帮无事生非的蠢驴”，“市民议会对他们没有什么值得隐瞒的”。1956 年 2 月，佐治亚州司法部部长尤金·库克（Eugene Cook）在蒙哥马利市民议会大会上宣称：“现在是时候了……我们应该抵制、拒绝执行和遵守最高法院的判决”，“我们要不惜一切代价，避免佐治亚州种族自相残杀。”③

---

① Neil Foley etc. , *Civil Rights in America: Racial Voting Rights - A National Historic Landmarks Theme Study*, produced by National Historic Landmarks Program, Cultural Resources, National Park Service etc. , pp. 30 – 31（http://www.crmvet.org/info/nps_ voting_ rights.pdf）, Feb. 5, 2014.

② Statement by J. Edgar Hocver: *Racial Tension and Civil Rights*, March 1, 1956. 艾森豪威尔总统图书馆档案（http://www.eisenhower.archives.gov/research/online_ documents/civil_ rights_ eisenhower_ administration/1956_ 03_ 01_ Hoover_ Statement.pdf）, August 2, 2012.

③ 同上。需要补充的是，密西西比州州长胡佛·怀特并不是一个顽固的种族主义者。14 岁黑人埃米特·蒂尔被白人殴打致死后，他公开谴责了赤裸裸的暴力谋杀罪行。

1956 年 3 月，100 多名南方国会议员发表“政治宣言”，指责最高法院滥用职权：“我们认为最高法院对公立学校案件的裁决，显然是对司法权的滥用。它使联邦司法机构执行立法职能趋势达到了顶点。贬低了国会威信，侵犯国家和人民所拥有的权利。原来的宪法并未涉及教育问题。‘第十四条修正案’以及任何其他修正案均未涉及此一问题。提出‘第十四条修正案’之前的历次辩论均清楚表明无意干预各州所有之教育体制。……最高法院不负责任的行使权力，与宪法精神背道而驰。它在受到重要影响的各州中制造了动荡不安和混乱。它正在破坏九十年来由两个种族的善良人民耐心努力建立的白人和黑人间的亲密关系。它在两个种族间长期保持的友谊和了解中，培植起仇恨和猜疑。”[①] 在南方多数议员看来，布朗案判决不是维护宪法规定的公民权利，而是企图曲解“第十四条修正案”，侵犯美国南部人民的宪法权利；不是改善，而是在破坏白人与黑人之间的关系。因此，他们号召各州人民采用“一切合法手段”进行抗争。

此后，南方各州采取各种各样的形式，抵制最高法院的布朗案判决。佐治亚州规定，任何主管教育的政府工作人员，如果为种族混合公立学校拨款，都属于严重违法行为；密西西比州规定，无论何种组织，凡向州法院提出废除种族隔离诉讼者，皆属违法；北卡罗来纳州规定，凡推行种族混合的学校，都将被扣发教育经费。数月之内，5 个南方州采取了 42 项维持种族隔离的措施。[②]

其他南方各州，同样想方设法抵制布朗案判决。比如，有的以保持“公共卫生、德行风华和优良秩序”为名，继续维持种族隔离；有的以学生“学习能力”差异太大为名，继续坚持种族隔离；有的故意将取消隔离的重任推卸给个人，挑起纷繁复杂的诉讼；有的名为实行种族混合，实则继续支持隔离。弗吉尼亚州干脆关闭了公立学

---

① 《抵制：南方宣言——关于宪法原则的声明》，引自［美］乔安妮·格兰特《美国黑人斗争史——1619 年至今的历史、文献与分析》，郭瀛等译，中国社会科学出版社 1987 年版，第 292—293 页。

② 参见［美］塞缪尔·埃利奥特·莫里森、亨利·斯蒂尔·康马杰、威廉·爱德华·洛伊希腾堡《美利坚共和国的成长》，南开大学历史系美国史研究室译，天津人民出版社 1991 年版，第 882 页。

校，将白人儿童转入有权继续实行隔离的私人学校，以避开最高法院的判决。①

南方各州之所以强烈抵制种族混合，是因为它们拥有深厚的民意基础。内战结束后，南方白人仍然生活在封闭、沉静的环境中，种族主义观念没有发生根本性的变化。最高法院下发布朗案判决后，他们异常愤怒，感觉个人权利受到了严重侵犯。1956 年 2 月 10 日，在蒙哥马利市民集会上，伊斯特兰德议员号召白人联合起来，坚决抵制最高法院的判决：“盎格鲁 - 撒克逊民族一直坚信抵制暴政就是服从上帝。”罗伊 · V. 哈里斯（Roy V. Harris），一位律师兼州立大学董事会的成员表示，如果联邦政府强制南方推行种族融合，“将会带来痛苦、仇恨和流血”。他还将全国有色人种协进会斥为“政治骗子”。1956 年 3 月，南方白人的暴力倾向已经非常明显。一些种族主义者在讨论种族冲突时，不断使用“必将有一场血战”“血光之灾即将到来”“有组织地抵抗”等含有暴戾之气的语词。②

联邦调查局向总统提交的报告，也反映了南方白人对于取消种族隔离的抵触心理。该报告写道：“最近几个星期，在一场几乎公开的前所未有的骚乱中，激情已经完全取代了理性。部分天主教教会的教徒，激烈抵制当地政府在路易斯安那推行种族融合。在耶稣本德社区（Jesuit Bend），一位黑人牧师被禁止参加弥撒；在贝尔查斯社区（Belle Chasse），一个黑人慕道班遭到了破坏……根据报道，一名地方政治领导人甚至将一个黑人女孩扔出了教堂，并且诅咒牧师。……即使部分有教养和受过教育的南方政府人员，在讨论问题时，仍然使用‘黑人’‘骗子’‘无赖’等语词。”③

在这种情况下，联邦政府不必说取消种族隔离，即使深入南方进

---

① 参见［美］塞缪尔 · 埃利奥特 · 莫里森、亨利 · 斯蒂尔 · 康马杰、威廉 · 爱德华 · 洛伊希腾堡《美利坚共和国的成长》，南开大学历史系美国史研究室译，天津人民出版社 1991 年版，第 882 页。

② Statement by J. Edgar Hoover: *Racial Tension and Civil Rights*, March 1, 1956，艾森豪威尔总统图书馆（http://www.eisenhower.archives.gov/research/online_documents/civil_rights_eisenhower_administration/1956_03_01_Hoover_Statement.pdf）, August 2, 2012.

③ 同上。

行调查都困难重重。在南卡罗来纳、佐治亚和佛罗里达州，如果没有警察在场，联邦调查局工作人员根本无法接近那些权利受害者。他们的行动经常遭到当地司法机构的抨击。1956 年 2 月 6 日，亚拉巴马州尤宁斯普林斯（Union Springs）地区的巡回法官乔治·沃勒斯（George Wallace）公开表示，如果联邦调查局胆敢侵犯州主权，他就会以蔑视法庭罪逮捕调查局的工作人员，包括其他任何参与调查的联邦工作人员。①

南方各州对布朗案判决的怨气，终于在阿肯色州小石城镇集中爆发。小石城镇校董委员会本来已经启动了取消种族隔离计划，且得到小石城联邦地区法院的支持。然而，1957 年 9 月 2 日，9 名黑人学生试图入读小石城中心高中时，遭到了州长奥瓦巴尔·福巴斯（Orval Faubus）所派国民警卫队的阻拦。其实，福巴斯本人并不是一个激进的种族隔离主义者。对于他而言，抵制黑人入学与其说是出于对黑人的仇视，不如说是为了争取白人选票，积累政治资本。当时，已有很多政治家意识到，挺身而出攻击布朗案判决和最高法院，是争取选民支持的一种有效手段。② 当然，福巴斯之所以敢于公开抵制，也与艾森豪威尔总统的温和政治有关。总统尊重州主权，反对强制取消种族隔离，迟迟不愿就此向南方各州施加压力。

联邦地区法院判定福巴斯州长的行为违反宪法，要求他调走国民警卫队。国民警卫队撤离后，黑人学生又遭到一群白人种族主义者的阻挠。关键时刻，艾森豪威尔总统出于对法律的尊重，以维护法院判决为

① Statement by J. Edgar Hoover: *Racial Tension and Civil Rights*, March 1, 1956, 艾森豪威尔总统图书馆（http: //www. eisenhower. archives. gov/research/online_ documents/civil_ rights_ eisenhower_ administration/1956_03_01_ Hoover_ Statement. pdf), August 2, 2012.

② 根据相关研究，福巴斯当时正在竞选连任，而且形势对他极为不利。因为，他的竞选对手发现，福巴斯的父亲曾是狂热的社会主义活动分子，并且负责创建了一个社会主义地方组织。福巴斯为了遮盖这段家族历史，才积极攻击布朗案判决及最高法院，故意将自己塑造为南方反种族融合的政治领袖。参见 William T. Martin Riches, *The Civil Rights Movement: Struggle and Resistance*, Palgrave Macmillan, 2004, Second Edition, p. 25; James R. Gree, *Grass Roots Socialism: Radical Movements in the Southwest*, 1895 – 1943, Louisiana State University Press, Baton Rouge, 1978。

名，派第101空降师进入小石城维持秩序，并迫使福巴斯撤销了行动。[①] 福巴斯州长主要是装装样子，并非真的要与联邦政府顽固对抗。1959年9月，小石城镇公立学校在联邦地区法院干预下，最终取消了种族隔离。[②]

除了阻止学校中的种族混合，南方各州还想出各种各样的办法，继续阻止黑人进行选民登记。

1957年《民权法案》通过后，佐治亚州成立了“选举法研究会”，专门负责研究新的文化测试标准，变相阻止黑人投票。新标准包括30道试题，受测试者必须答对20道，才能登记成为选民。研究会成员彼特·Z. 格尔（Peter Z. Geer）声称：“佐治亚州白人选民愿意腾出时间，欣赏那些没有文化的黑人如何狼狈地接受测试。”媒体将新测试方案与格尔的言论报道以后，立即引来一片批评。州司法部部长、选举法研究会副主席库克（Eugene Cook）辩解说，既然全国有色人种协进会可以要求提高黑人选民的影响力，选举法研究会“以其人之道还治其人之身”，并不为过。1958年，佐治亚议会批准了新的文化测试方案。[③]

路易斯安那州的抵制行动独具一格。根据州法律，只有经过两名合格选民的测试，申请者才可以参加选民登记。州议会建议，测试者碰到黑人时，必须“严格”审查他们的证明文件，以防不合格者过关。结果，在测试过程中，测试者经常围绕黑人文件中微不足道的错误大作文章，使得几千黑人无法参加登记。在沃希托县，75%的黑人因此而丧失了登记资格。[④] 其实，在白人申请书中，这样的错误比比皆是，但是他们很少受到刁难。

---

① 美国学者玛丽·F. 白瑞（Mary Frances Berry）认为，艾森豪威尔总统此举并非为了黑人民权，而是为了执行他作为首席军事指挥官的命令。详见 Mary Frances Berry, *Black Resistance, White Law: A History of Constitutional Racism in America*, New York: Penguin, 1994, pp. 12–43; Mary Frances Berry, *And Justice for ALL: The United States Commission on Civil Rights and the Continuing Struggle for Freedom in America*, New York: Alfred A. Knopf, 2009, p. 22.

② 参见［美］拉尔夫·德·贝茨《美国史：杜鲁门·尼克松当政时期（1945—1973）》，吴世民、沈宗英译，人民出版社1984年版，第210—211页。

③ Neil Foley etc., *Civil Rights in America: Racial Voting Rights - A National Historic Landmarks Theme Study*, produced by National Historic Landmarks Program, Cultural Resources, National Park Service etc., p. 36 (http://www.crmvet.org/info/nps_voting_rights.pdf).

④ 同上。

亚拉巴马州塔斯基吉市拥有很多中产阶级黑人。担任公职的白人害怕黑人参加投票会削弱他们的影响力，因而极力阻挠黑人参加选民登记。登记委员会往往表面上接受黑人申请，却迟迟不通知他们审查结果，尽量拖延时间。登记委员会还要求黑人填写担保人，并且将担保人的条件规定得比较高，故意让黑人找不到，只能被迫放弃登记。1958年，麦肯县（Macon County）黑人占全县总人口的84%，但是能够参加选举的少之又少，白人选民超过黑人选民2.5倍。①

当然，南方各州也并非铁板一块，有些地方的种族主义观念，已经出现了缓和趋势。布朗案判决下达后，在12个南部和边疆州中，接受州财政资助的36个学院、10个南部医学院和30个南部的护士学校，都表示可以接受黑人入学。至1956年3月，除了密西西比州、亚拉巴马州、佐治亚州和南卡罗来纳州外，500多名黑人在州立学院或大学注册。在此之前，这些学校仅招收白人学生。在路易斯安那州，350多名黑人学生进入了大学就读。在得克萨斯州，100多名黑人学生获得了学校注册。②

从全国来看，有利于取消种族隔离和禁止种族歧视的因素，也在不断增长和蔓延。

首先，部分州领导人的种族主义观念渐趋弱化。1954年，有17个州要求维持公立学校中的种族隔离，4个州任由地方选择，剩余的州基本废除种族隔离。③ 即使在南方，北卡罗来纳州和南卡罗来纳州也表现出“进步”迹象。从1954年至1965年，北卡罗来纳两任州长都警告三K党不要采取暴力行动。他们命令州调查局渗入三K党，对三K党和白人公民委员会进行秘密监控，有效地遏制了州内种族主义暴力的升级。1958年上台的南卡罗来纳州州长欧内斯特·F. 霍林斯

① Neil Foley etc., *Civil Rights in America: Racial Voting Rights - A National Historic Landmarks Theme Study*, produced by National Historic Landmarks Program, Cultural Resources, National Park Service etc., p. 36 (http://www.crmvet.org/info/nps_voting_rights.pdf).

② Statement by J. Edgar Hoover: *Racial Tension and Civil Rights*, March 1, 1956, 艾森豪威尔总统图书馆档案 (http://www.eisenhower.archives.gov/research/online_documents/civil_rights_eisenhower_administration/1956_03_01_Hoover_Statement.pdf), August 2, 2012.

③ Michael J. Klarman, *From Jim Crow to Civil Rights: The Supreme Court and the Struggle for Racial Equality*, New York: Oxford University Press, 2004, pp. 344-345.

(Ernest. F. Hollings)，更是明确表示反对种族隔离主义、坚决维护公共秩序。虽然他们经常逮捕示威者，但是没有出现一例由于警察暴力而导致的伤亡。当然，在路易斯安那和密西西比州仍然较为“顽固”，拒绝谴责白人种族暴力，甚至鼓励种族主义活动。①

其次，各州对联邦财政的依赖度越来越高。1955 年，联邦财政补助占州和地方支出的 10.2%，1960 年已经上升到 14.5%。② 如果没有联邦财政补助，各州和地方政府恐怕难以运转。在这种情况下，联邦政府对他们的潜在影响力大幅度上升。这种潜在影响力有利于联邦政府贯彻反种族隔离法令。

最后，部分南方执法机构对联邦调查局的信任逐渐增强，开始主动报告当地发生的民权案件。比如，当有人控告得克萨斯州达拉斯（Dallas）警察局侵犯民权时，该警察局长首先向联邦调查局汇报了事情的进展，请求联邦调查局予以帮助。③ 对于联邦政府来说，这是一个令人鼓舞的新动向，它意味着联邦与各地政府共同合作取消种族隔离的机会来临了。

然而，在冷战正酣的情况下，艾森豪威尔总统不想以财政援助“胁迫”南方各州，以免激化联邦与南方各州之间的紧张关系。即使克林顿（Clinton）、田纳西（Tennessee）、曼斯菲尔德（Mansfield）等地爆发种族骚乱后，他仍然坚持认为联邦政府无权干预，也不想干预。④ 更为重要的是，艾森豪威尔总统从内心里认定，种族歧视和种族隔离是一个历史问题，不能仅靠行政权力强制解决，而是需要社会自己慢慢消化。司法部也认为，解决种族冲突的关键，在于白人与黑人相互理解，

---

① 参见［美］约瑟夫·勒德斯《美国南方的逆向运动、州政府及种族斗争的强度》，载［美］杰克·A. 戈德斯通主编《国家、政党与社会运动》，章延杰译，上海世纪出版集团 2009 年版，第 6—13 页。

② Advisory Commission on Intergovernmental Relations, *Significant Features of Fiscal Federalism* (*Volume* 2), *Revenues and Expenditures*, 1992 年，第 60 页，转引自魏后凯《美国联邦政府对地区经济的干预与调节》，《中国工业经济》1996 年第 7 期。

③ Statement by J. Edgar Hoover: *Racial Tension and Civil Rights*, March 1, 1956, 艾森豪威尔总统图书馆档案（http://www.eisenhower.archives.gov/research/online_documents/civil_rights_eisenhower_administration/1956_03_01_Hoover_Statement.pdf), August 2, 2012.

④ William T. Martin Riches, *The Civil Rights Movement: Struggle and Resistance*, Palgrave Macmillan, 2004, p. 24.

而非联邦政府介入。在这种情况下，艾森豪威尔总统没有强制各州落实布朗案判决。

第三节　南方各州赋予黑人平等公民权

长期以来，南方各州拥有两个抵制联邦干预的护身符。一个是根据州权自主理论，联邦政府无权干涉州内“治安权”事务；另一个是根据私有财产神圣不可侵犯的原则，联邦政府无权干涉私人商业行为。20世纪以前，这两个理论确实为各州抵制联邦政府权力介入提供了有效武器。19世纪中叶，南方各州之所以能够联合起来，与以北方各州为主体的联邦政府开战，就与其州权自主的信念密不可分。然而，经过半个多世纪的联邦化过程后，这两个护身符在现实中已经变得越来越脆弱。

作为理论上的立国基石之一，联邦政府当然不能否定州权自主。但是，这并不意味着联邦政府对州行为无能为力。实际上，自从最高法院确立了违宪审查制度后，“州权自主”就被打开了一道缝隙。最高法院可以借助违宪审查，向州和地方政府注入联邦意志。如果州和地方政府拒不执行最高法院判决，联邦行政分支可以借助捍卫宪法之名，强制各州和地方政府予以贯彻。必要时，总统还可以征调州国民警卫队，消解州政府的“负隅顽抗”。20世纪60年代初，各州国民警卫队96%的年度支出来自联邦财政拨款，只有4%来自各州和地方财政。南方各州国民警卫队对联邦财政的依赖度更为突出。[①] 这确保了国民警卫队听命于总统，而不是州长。

在这种权力格局下，各州逐渐丧失了“负隅顽抗”的资本。1964年，马丁·路德·金在佛罗里达州遭遇暴徒袭击，被迫给总统发电报，要求联邦政府派人进行保护。联邦政府没有立即介入。总统助理顾问怀特（Lee White）联系了佛罗里达州州长布莱恩特（C. Farris Bryant），希望州政府出面维护秩序，布莱恩特当即应允，并表示佛罗里达州警察

---

① *Statement to President Kennedy by American Veterans Committee on Racial Discrimination in the National Guard. June* 21, 1962 (http: //www. jfklibrary. org/Asset-Viewer/Archives/JFKPOF-096-020. aspx), July 2, 2012.

和国民警卫队足以控制局面。随后，他向圣奥古斯丁市派遣 200 名骑警，替换了当地的执法工作人员。[①] 尽管事实发展并没有像州长保证的那样，将暴力冲突消灭于萌芽之中，但是州政府与联邦政府合作反对种族歧视的局面，已成不可逆转之势。

当然，在 20 世纪 60 年代，南方各州抵制联邦民权法令的现象仍然偶有发生。但是，多数抵制行为都没有坚持下去。1962 年，黑人青年詹姆斯·梅雷迪斯（James Meredith）状告密西西比州立大学，称该校在招生方面存在种族歧视行为，侵犯了其平等受教育权。梅雷迪斯的诉讼先后得到联邦上诉法庭和最高法院支持，但是密西西比州州长罗斯·本内特（Ross Barnett）却公开表示反对。他在电视讲话中宣布，州政府工作人员宁可坐牢，也不会执行法院判决。[②] 当梅雷迪斯报到时，副州长鲍尔·约翰挡在学校门口，阻止其进入学校注册。本内特州长还签署命令，授权警察制止任何企图逮捕州官员或对州官员罚款的联邦行为。即使密西西比州立大学表示愿意接受梅雷迪斯，本内特州长仍然毫不妥协，拒绝出席梅雷迪斯的入学仪式。

肯尼迪总统最初委托司法部处理梅雷迪斯事件，但是迟迟没有得到本内特州长的明确回应。他遂亲自打电话给本内特，交换解决问题的意见。3 次交换意见仍然无果后，肯尼迪总统颁布了第 11503 号行政命令，要求国防部部长采取所有适当措施，强制密西西比州执行法庭命令，同时命令密西西比州国民警卫队配合联邦行动。随后，司法部部长调集了国民警卫队赶赴当地保持警戒，同时派遣 550 名执法警察到密西西比州立大学负责维持秩序。当白人暴徒袭击准备入学的梅雷迪斯时，总统又调集了部队予以保护。[③] 在联邦政府强硬介入下，本内特州长最终选择了妥协。

亚拉巴马州阻止黑人入学的冲突，也以联邦政府的胜利收场。其州长乔治·沃利斯（George Wallace）出身社会下层，对极端种族主义本

---

① Michal R. Belknap, *Federal Law and Southern Order: Racial Violence and Constituional Conflict in the Post-Brown South*, the University of Georgia Press, 1995, pp. 132 – 134.

② 关于罗斯·本内特的详细情况，可以参见 Johnston Erle, *I Rolled with Ross: A Political Portrait*, Baton Rouge: Moran Publishing, 1980.

③ 参见王波《肯尼迪总统的黑人民权政策》，上海人民出版社 2002 年版，第 90—94 页。

无好感。他第一次参选州长时，没有刻意奉迎当地选民的种族主义情绪，结果竞选失败。第二次，他选择了“服从民意”，公开主张种族隔离，最终顺利当选了州长。这种竞选经历让沃利斯意识到，必须顺应多数选民的种族情绪，维持种族隔离。因此，当两名黑人学生要求进入亚拉巴马州立大学时，乔治·沃利斯表示坚决反对。为了避免冲突流血，联邦司法部部长亲自到亚拉巴马，与沃利斯州长进行谈判，希望他执行布朗案判决。沃利斯则以种族融合会导致地方混乱为由明确拒绝，并称这是州政府的自主权，联邦政府无权干涉。他还表示，他绝不会屈服于联邦政府的强制行为。①

针对沃利斯的举动，肯尼迪总统发表声明：“亚拉巴马州州长与某些其他的州政府官员和民众，私下里以非法集会、联合和密谋的形式，积极反对和破坏美国法律……扰乱司法进程。这种非法的集会、联合与密谋……剥夺了部分或某些州内民众受法律保护的宪法权利、特权、豁免权以及保障，而州当局却拒绝保护民众的权利、特权或豁免权，或者拒绝提供相关保护。因此，我约翰·肯尼迪作为美国总统，根据和凭借联邦宪法、法律赋予我的权威，其中包括美国法典第 10 部第 15 章，尤其第 332 款、第 333 款和第 334 款，命令所有参与破坏司法、非法集会、非法联合与密谋的人停止违法行动，克制自己的行为，立即和平地解散和撤退。”②

这份声明没有获得明显成效。肯尼迪总统无奈之下，授权国防部可以采取一切适当手段，取缔“反对、破坏、阻碍法律执行或妨碍州合法司法进程的非法集会、联合、密谋以及国内暴力”。③ 他与司法部商

---

① 20 世纪 70 年代沃利斯执政时，提高黑人的雇佣比例，改善黑人的工作和教育条件，完全改变了此前的种族主义立场，在 1982 年州长竞选中获得了黑人 30% 的支持率。由此可见，沃利斯的种族主义立场是随着政治环境变化而变化的。参见姬虹《民权运动与美国南方黑人政治力量的兴起》，《美国研究》2000 年第 2 期。

② *A Proclamation by the President of the United States of America*: *Obstructions of Justice in the State of Alabama*, September 10, 1963 (http://www.jfklibrary.org/Asset-Viewer/Archives/JFK-POF-097-007.aspx), July 26, 2012.

③ *Providing Assistance for Removal Obstructions of Justice in the State of Alabama*, September 10, 1963 (http://www.jfklibrary.org/Asset-Viewer/Archives/JFKPOF-097-007.aspx), July 26, 2012.

定，如果沃利斯州长继续冥顽不化，拒不执行最高法院判决，就以蔑视法庭罪向法院提起公诉。按照联邦法律，如果法院判处州领导人蔑视法庭罪，联邦司法部有权决定其被关押的具体位置。这对州领导人来说，似乎是一个有效的震慑。沃利斯州长了解对抗联邦法令的风险，也清楚自己无力阻挡。因此，当黑人学生进入州立大学那天，他仅象征性地站在新生注册大楼门口表示了“关注”，而没有如此前所宣称的，坚决阻止黑人入学。

就这样，联邦政府在没有触动州权的前提下，巧妙借助执行最高法院民权判决之名，介入了州内公立学校隔离问题之中，并且利用自身的军事和经济资源，迫使多数州当局选择了配合。

但是，州当局并不会完全“俯首就范”。它们拥有很多巧妙手段，变相地维持种族隔离。比如，在教育领域，城市当局通过关闭公立学校、资助私立学校，就可以避开布朗案判决。因此，布朗案判决下达后十年间，黑人进入公立学校的比例始终有限。在弗吉尼亚、北卡罗来纳、田纳西、阿肯色、得克萨斯和佛罗里达等州，黑人学生录取率为1/45；在亚拉巴马、密西西比、路易斯安那、南卡罗来纳和佐治亚等州，黑人学生录取率仅为1/750。[①] 在选举领域，各地最常采用的手段是提高文化测试难度，降低黑人登记比例。文化测试被取消以后，各地又围绕投票时间和地点大作文章。比如，选民登记官故意选择在黑人上班期间进行投票，或临时通知黑人选民，令其没有时间准备；或将投票地点选在离黑人较远的地方，故意使黑人选民赶不到投票现场。

不过，进入20世纪60年代后，伴随着联邦“肯定性行动”的开展，情况逐渐出现了明显改善。“肯定性行动”将平等对待非裔公民，作为下放财政补贴和确定联邦项目的附加条件，在一定程度上对各地当局和私人行为形成了约束。肯尼迪政府规定，禁止联邦所属或未来所修建的房屋，或由住房管理局、退伍军人管理局和农户住房管理局（Farmers Home Administration）项目担保的房屋，在销售、签订合同或

① Thomas Lyons, *The Supreme Court and Individual Rights in Contemporary Society*, pp. 89 – 95, 转引自邱小平《法律的平等保护——美国宪法第十四修正案第一款研究》，北京大学出版社2005年版，第207页。

居住过程中，存在种族歧视行为。[①] 第 11114 号行政命令规定，联邦工程项目承包商和次承包商在雇佣、施工过程中，不得存在种族歧视行为，并且必须对非裔公民予以特殊照顾。到了尼克松时期，劳工部更是要求联邦项目承包商提交明确计划，确定雇佣少数族裔的目标数量和具体计划。

最初，各州当局以及私人企业并不积极，甚至想尽一切办法，规避联邦“肯定性行动”的要求。但是，随着联邦执行力度愈来愈大，各州当局以及私人企业为了获得联邦项目或联邦合同，只能配合落实“肯定性行动”，在雇佣过程中做到平等对待，甚至优待非裔公民。

如果州和地方当局、私人企业仍不放弃种族歧视，联邦政府还有一道“杀手锏”，即由联邦司法部有选择性地提起公诉。从 1960 年开始，司法部在选举、就业、交通和教育等领域，多次代表非裔受害者向法院提起公诉，要求停止种族歧视行为。据司法部统计，它在 1961 年共提起了 14 起选举歧视诉讼，6 起交通歧视诉讼，同时还作为“法庭之友”出席了多起教育歧视案件审判。[②] 在联邦司法部推动下，1961 年夏天，亚特兰大、新奥尔良、小石城、孟菲斯和达拉斯等城市的多数学校，基本取消了种族隔离。[③] 在其他南方地区，伴随着司法制度的不断完善，联邦反隔离和反歧视法律也逐渐得到贯彻。进入 20 世纪 70 年代后，无论北方还是南方，教育机构中的种族隔离制度已经消失匿迹，进入著名大学就读的少数族裔学生越来越多。

相对于教育和就业领域，南方各州在选举领域中落实反种族歧视的行动较为迟缓。联邦政府可以借助经济调控和司法诉讼，强制公立学校和大型企业放弃种族歧视，但是在选举领域，联邦政府既无法进行经济调控，也不可能对阳奉阴违者提起诉讼。无奈之下，白宫只能转换策略，一方面引导民权组织的成员亲自参与选民登记，另一方面要求司法

---

① *Civil Right Achievements Since January* 1961, December 13, 1962 (http: //www.jfklibrary.org/Asset-Viewer/Archives/JFKPOF-096-020.aspx), July 23, 2012.

② *Report of the Attorney General to the President on the Department of the Justice's Activities in the Fields of Civil Rights* (http: //www.jfklibrary.org/Asset-Viewer/Archives/JFKPOF-096-019.aspx), July 23, 2012.

③ 同上。

部派人监督各地的选民登记。从肯尼迪到尼克松执政的十几年间，参加选民登记和担任公职的黑人数量明显增加。1960 年，参加登记的非裔选民占其总数的28%，到 1973 年已经上升到 59%；1960 年，南部仅有 50 位左右非裔民选官员，1974 年已经增加到了 1314 人。[①] 自 20 世纪 70 年代以来，从法律层面来说，以黑人为代表的美国少数族裔，已经可以与白人进行平等的就业竞争。当然，由于个人能力、受教育程度和机遇的不同，各个族裔事实上所获得的就业机会和就业层次，仍然有好有坏、相差悬殊。

第四节　南方各州与联邦的选区变更博弈

选举权是公民权利的核心体现，是其他公民权利的可靠保障。二三百年来，黑人在美国之所以当奴隶、被隔离，从制度角度来说，就是因为他们长久被排斥于民主选举之外，不能利用手中的选票“震慑”各级政治家，不能迫使立法机构修改律法。1965 年通过的《选举权法案》，彻底改变了黑人族裔的命运。按照该法案规定，各州必须取消限制黑人参加选民登记的文化测试，以后凡制定新的选举法，还需要接受联邦政府审核。这意味着，只要联邦政府不放弃反种族歧视行动，黑人族裔就能拥有参加投票选举的合法性。曾经横亘在黑人选举之路上的歧视条款，终于被彻底扫进了历史的垃圾箱，拥有美国公民资格的黑人，终于可以高举选票来捍卫自身权益了。

面对跃跃欲试的黑人选民，南方白人政治家既厌恶又恐惧。以黑人数量之众，如果齐心协力、集中投票，白人政治家就会失去政治主导权，沦为“多数决”的牺牲品。但是，作为法治国家的一分子，又不能公然抵制联邦法令，剥夺黑人选举权。无奈之下，他们只好围绕选举设置大做文章，以期将黑人选票的影响力消解于无形。

概言之，南方各州削弱黑人选票影响力的政治手段，主要包括分解（crack）、归踪（stacking）、集结（packing）和通选（at large voting）

① 参见胡锦山《20 世纪六七十年代美国城市黑人参政原因初探》，《东北师范大学学报》2000 年第 1 期。

四种。所谓分解，即将一个少数族裔占优势的选区，划分为两个或多个白人种族占优势的选区，以降低少数族裔选票的影响力；所谓归踩，即将一个少数族裔聚居地区与人数更多的白人选区合并，以避免少数族裔在该区选举中占据优势；所谓集结，即将少数族裔集中在某一个特定选区，从而消除他们在其他选区的选举影响力；所谓通选，即以市或县作为单一选区，并设置多名代表名额，以最大限度地稀释少数族裔选票的影响力。①

1965 年《选举权法案》通过后，美国南方甚至少数中部州，都出现了稀释黑人选票的现象。比如，密西西比州此前共有 82 个选区，选举权法案通过后，被缩减为 72 个。减少选区的主要目的，就是稀释或分散黑人选民，将他们的投票影响力化为乌有。其中，黑人人数本来占优势的密西西比河三角洲地区，被分解成了 3 部分，分别并入其他 3 个国会选区，黑人只在其中一个选区占据微弱多数。而且，即使黑人占据微弱多数的选区，也由于黑人投票积极性不如白人，而难以成功选出黑人议员。② 弗吉尼亚州采用的是归踩策略。该州议会将 5 个黑人占据多数的县，分别与其他 5 个白人占优势的地区合并，从而使得黑人在每个选区都无法占据优势。路易斯安那州的新奥尔良则采用了集结策略。1970—1980 年，新奥尔良市的黑人比例从 45% 增至 55%，黑人占多数的选区却从 11 个降至 7 个，以白人为主的选区从 7 个增加到了 8 个。

城市兼并是类似于归踩的一种选票稀释手段。众所周知，第二次世界大战以后，随着富裕白人远离市区，很多美国城市成了贫穷黑人的聚集区。州议会将郊区并入城市中心选区，可以让本由黑人占据主导地位的城市选区，迅速变成白人选民占据多数的选区。1969 年，弗吉尼亚州的里士满市合并了 23 英亩郊区土地后，增加了 43000 名白人和 4000

---

① 参见李世安主编《美国州宪法改革与州和地方政治体制发展》，人民出版社 2009 年版，第 281 页。田雷将以上策略归结为两种，一种是填塞，即将竞争对手的选民划在一个选区，以“浪费”竞争对手所可能获得的选票；另一种是分割，即打碎原本聚集在一起的反对力量，将对手选民分散到很多选区，以稀释对手选民的影响力。参见田雷《选区的故事——政治切割的理念与现实》，《书城》2007 年第 4 期。姬虹也对美国选区划分中的种族限制进行了详细分析，参见姬虹《民权运动与美国南方黑人政治力量的兴起》，《美国研究》2000 年第 2 期。

② 参见姬虹《民权运动与美国南方黑人政治力量的兴起》，《美国研究》2000 年第2 期。

名黑人，使得当地种族构成随即出现了剧烈变化，黑人族裔比例从52%降到了42%。[①] 如此一来，黑人选出自己代表的概率大大降低，立法权仍然掌握在主流族裔手中。

如果不便采用以上手段，有些城市就通过修改选举方法或者选举规则，阻止黑人成为参选人。1966 年，密西西比州议会通过州宪法修正案，提高了参加选举的条件，比如将独立参选人的选民提名人数增加了10 倍，每个选民必须亲自书写提名书，不得连署，有效签名书的认证需要由县法院人员完成（基本为白人），等等。这些选举规则的改变显然是为了降低黑人选票的影响力，限定黑人当选各级议员。除此之外，有些州还通过临时更换投票地点、延长黑人工作时间等策略，故意为黑人选民制造麻烦，以减少其投票比率。[②]

这些稀释少数族裔选票的手段，反映了白人对既得利益的坚持和维护，也表明了种族主义观念依旧坚固。不过，将其与之前南方的抵制相比，这些手段无疑温和了许多。它实际上隐含着白人对联邦法令和黑人选举权的承认。他们只不过试图利用联邦法令的漏洞，尽量降低黑人选票的影响力而已。只要联邦政府弥补漏洞，种种稀释手段就会变得“无用武之地”。事实上，联邦政府也很快注意到了这个问题。

根据 1965 年《选举权法案》，联邦政府司法部有权审查南方 9 州的选区变更方案，13 个实行文化测试的州，1964 年 11 月选举时适龄选民注册或投票比例低于 50% 的州，也都在联邦政府审查范围之内。[③] 从20 世纪 70 年代开始，联邦司法部根据选举权法令，以存在种族歧视为由否决了多个州的议席分配方案。1982 年，它还制定亚利桑那、佐治亚、南卡罗来纳、得克萨斯、弗吉尼亚等州的选区划分方案存在种族歧

---

① 参见姬虹《民权运动与美国南方黑人政治力量的兴起》，《美国研究》2000 年第2 期。

② 同上。

③ 参见［法］让·弗朗斯瓦·米格诺著《美国基于种族区分的选区重划：最高法院判例法引介》，李存娜译，《国际社会科学杂志》（中文版）2006 年第 1 期。按照 1965 年选举权法案，选区变更方案须接受联邦政府审查的 9 个州分别为亚拉巴马、阿拉斯加、亚利桑那、佐治亚、路易斯安那、密西西比、北卡罗来纳、得克萨斯和弗吉尼亚。

视，要求其推倒重来。[①]

1982 年，国会通过议案，进一步完善了选举权法。新的法律规定，各州提出的选区划分方案，无论是否含有种族歧视目的，只要导致了种族歧视结果，就违反了选举权法。这意味着，各州在划分选区时，不仅要能证明自己不存在种族歧视的意图，还要保证不会出现种族歧视的结果。联邦政府对各州选区划分审查的力度，显然大幅度提高了。各州围绕选区划分“大做文章”，以稀释黑人选票影响力的做法，也越来越行不通了。

最高法院是联邦政府纠正选区划分不公的又一道关卡。1960 年，它在“戈米利恩诉莱特富特案”中，判定亚拉巴马州塔斯克基市的选区划分方案违宪无效。1962 年，它又在贝克诉卡尔案中裁定，各州的选区重划涉及宪法第十四条修正案，属于司法审查范围，必须接受法院审查。1969 年，最高法院在艾伦诉州选举事务所案中确立了一个新原则，即所有可能稀释非裔选票的新设选举程序（即使没有否认或削减非裔公民的选举权），皆可由联邦当局事先审查或废除。在 1976 年比尔诉合众国案中，最高法院又增加了一条规定，禁止实行任何导致少数选票稀释的选区变更方案。[②]

进入 20 世纪 80 年代后，联邦法院根据新修订的选举权法案，判决北卡罗来纳州 1982 年选区划分无效，并确立了选区划分的三项基本原则，即在以下三种情况下，少数族裔或少数语言群体必须拥有独立选区：第一，少数族裔人口足够多并且居住足够紧凑，足以在一个选区中形成多数；第二，少数族裔在政治上具有凝聚力；第三，少数族裔周围的多数白人选民经常作为一个集团投票，挫败少数族裔推出的候选人。[③] 此后，最高法院又作出了多项州选区重划方案违宪无效的判决。

---

① Richard D. Bingham and David Hedge, *State and Local Government in a Changing Society*, Mcgraw-Hill, 1990, p. 113，转引自李世安主编《美国州宪法改革与州和地方政治体制发展》，人民出版社 2009 年版，第 132 页。

② 参见［法］让·弗朗斯瓦·米格诺著《美国基于种族区分的选区重划：最高法院判例法引介》，李存娜译，《国际社会科学杂志》2006 年第 1 期。

③ 参见李世安主编《美国州宪法改革与州和地方政治体制发展》，人民出版社 2009 年版，第 135 页。

随着联邦监督机制逐步完善，南方各州失去了公开抵制的能力，走上制度层面的种族平等之路。选区划分对少数族裔更加公平，少数族裔当选议员和行政长官的数量也迅速增加。1966 年，各州议会中的非洲裔议员仅有 168 名（一说 172 名），原属南方邦联的州仅有 32 名；至 1985 年，非洲裔议员增至 384 名（一说 392 名），其中佐治亚州 27 名、亚拉巴马州 25 名、密西西比州 20 名、北卡罗来纳州 20 名。到了 1993 年，非洲裔议员增至 511 名，其中南部诸州达到 260 名。[①] 同时，黑人民选官员的数量也在不断增加。1965 年仅有黑人民选官员 300 人，1975 年增至 3000 人，1980 年又增至 4700 人。[②] 进入 20 世纪 90 年代后，少数黑人候选人甚至获得了白人的选票支持。

时至今日，美国并没有完全解决种族问题。在很多地方，文化观念或社会层面的种族冲突依然存在，各种新形式的种族矛盾不断涌现。比如，根据 2000 年美国人口普查，60% 以上的黑人生活在高度封闭的城市社区，中产阶级白人的居住地则离市区越来越远。城市中心学校变成了黑人及其他少数族裔学生的天地，白人学生则分散在郊区的优质学校。[③] 这显然是一种与种族融合背道而驰的社会走向，不利于各种族之间的相互理解和交融。但是，这种新的种族分离或种族冲突，都是私人性或社会性的，与美国法政制度已经没有根本关系。

小　结

美国是在各州基础之上发展起来的，各州政府在公共生活中扮演着至关重要的角色。联邦政府的民权政治能否获得实效，归根结底还得依赖各州及其地方政府的积极配合。如果各州以权力自主为“挡箭牌”拒不执行，联邦政府的民权政策只能流于形式。南方重建结束后，南方各州就利用重新恢复的自主权力，纷纷颁布种族隔离法令，从事实上架空了联邦赋予黑人的平等权利。即使第二次世界大战期间，联邦政府对

① 参见李世安主编《美国州宪法改革与州和地方政治体制发展》，人民出版社 2009 年版，第 139 页。

② 参见姬虹《民权运动与美国南方黑人政治力量的兴起》，《美国研究》2000 年第2 期。

③ 参见朱世达《美国市民社会研究》，中国社会科学出版社 2005 年版，第 148 页。

于各州的影响力空前提高，也无法强制各州取消种族隔离制度。可以说，只要各州拥有自主立法权，只要联邦政府不谋求突破，黑人就很难获得平等公民权。

不过，进入20世纪50年代后，随着国际冷战局势出现、联邦财政援助增加以及黑人抗争运动的升级，各州及其地方政府事实上已经不可能维持绝对自主了。它们在财政、军事和最高法令方面，越来越依赖联邦政府，逐渐失去了“讨价还价”的余地。最高法院下达布朗案判决后，尽管南方各州白人政治家极度不满，想尽各种办法予以抵制，但是在联邦政府的强硬立场面前，最终都选择了妥协。再也没有一个州领导人，会像当年的南北战争那样，率领民众与联邦政府“兵戎相见”了。

当国会通过1964年《民权法案》、联邦实施“肯定性行动”以后，各州为了获得联邦财政援助或联邦项目，更不愿为了种族主义观念，而抵制联邦反种族主义法令了。它们也曾试图利用联邦法令漏洞，围绕选举程序和选区划分做文章，稀释少数族裔选票的影响力，但是随着联邦司法监督力度的增强，这些稀释手段也渐渐失去了用武之地。进入20世纪80年代后，美国各州和地方层面的制度性种族歧视已经逐渐消逝了。

结　语

在当今美国，种族偏见或种族歧视，仍是一个悬而未决的社会难题，也是一个最敏感的问题。据联邦调查局统计，在2010年的6628起仇恨类犯罪案中，基于种族、宗教和族裔偏见的案件，分别占到了47.3%、20%和12.8%。[①] 2008年，具有黑人血统的奥巴马当选总统，一度被视为美国种族和解的象征，但是2014年的弗格森枪杀案和2015年的巴尔的摩种族骚乱表明，美国并没有进入所谓的“后种族时代”。[②]美国在就业、财富分配、警察执法等方面，仍然存在着结构性的种族紧张。如何化解种族冲突，使各个种族或族裔融洽相处，是需要美国继续深思的社会难题。

不过，我们必须承认，经过上百年的制度调整和社会演进，美国在保护少数族裔尤其黑人民权方面，确实取得了长足进步。当今美国仍然不时出现的种族冲突，不再是政治体制性的，而是社会文化性的。准确地说，这种冲突是多种族融合基础上的文化冲突，是不同种族文化之间的碰撞。它是一种现代意义上的种族冲突，与美国历史上的种族冲突不可同日而语。[③]

进入20世纪中期后，以黑人为代表的美国少数族裔权利的逐渐实现，是各种因素相互激荡和推动的结果。工业经济的持续增长，社会结构的巨大变动，道德水平的逐步提升，权利话语的日渐普及，都发挥了

---

① 参见中国国务院新闻办公室《2011年美国的人权纪录》（http://politics.people.com.cn/GB/17990963.html）。

② 参见李拯《弗格森事件引燃美国种族主义》，《人民日报》2014年11月28日第5版。

③ 此处观点受到林达著作的启发，详见林达《我也有一个梦想——近距离看美国之三》，生活·读书·新知三联书店1999年版，第423—424页。

至关重要的作用。不过，这不是本书的关注所在。本书试图探讨的，是联邦国家建设与少数人权利保护之间的关系，具体言之，即考察美国联邦政府如何突破种族主义立法，颁布公民权利平等保护法案，进而在州权自主框架之下，将之贯彻到南方政治实践中去。就国家建设角度而言，本书认为，第二次世界大战后美国政治领域出现的三点重要变化，是促使美国黑人“站”起来的关键因素。

1. 联邦政府的立场发生了根本性变化

20 世纪中期以前，美国的种族冲突主要源于南方各州的体制性排斥。联邦政权具有相对超越性，对南方的种族主义立法持保留态度。当时，联邦政府对于黑人民权的支持，更多出于同情心或正义感，而不是源于利益的推动。[①] 这种同情心或正义感在利益面前是非常脆弱的。联邦政府不想为了种族隔离，再度刺激南方各州敏感的政治神经。但是第二次世界大战结束后，随着黑人选民基数不断增加，联邦政府与黑人选民骤然具有了利益相关性。尤其是对于总统来说，黑人不再是可有可无的同情对象，而是变成了实实在在的竞选砝码。谁争取到了黑人选民的支持，谁就有可能在总统竞选中获胜。因此，无论理念保守还是激进，每任总统都不得不关注黑人民权，不得不致力于民权保护。

联邦最高法院长期默认种族主义立法，不支持黑人的民权抗争。但是，当总统转变立场之后，越来越多的自由派大法官进入最高法院，最终推动了最高法院的民权转向。而且，由于多数大法官信念执着，不易受外界力量干扰，决策程序又相对简单，最高法院还率先“亮”出反种族隔离的底牌，作出了布朗案判决。这一判决意味着黑人民权被提上了国家政治议程，迫使总统和国会必须作出表态。温和的艾森豪威尔总统选择了被动配合，激进的肯尼迪总统则选择了积极推动。当总统与最高法院步调一致时，联邦国会这个最为坚固的堡垒，也出现了分化。保守派联盟不断丢城失地，自由派联盟则常常获得新鲜血液注入。在约翰逊总统竭力斡旋下，国会最终通过民权法案和选举权法案，踏上了种族平等的政治轨道。

---

① 当然，这并不是说联邦政府是一个超越性的存在，没有自身的利益考量。笔者仅仅认为，联邦政府与各州政府的构成和立场不同，因而在如何对待黑人民权方面存在一定差异。

2. 联邦政府政治驾驭能力的超前增强

联邦党人早就意识到，作为一个政府，必须首先能够驾驭被统治者，其次能够控制自己。[①] 因此，联邦政府成立以后，执政的联邦党人积极致力于提高自身权威，扩大联邦管理权限。反联邦党人并不否认加强联邦控制能力的必要性，但是担心联邦权力无限制扩张，会损害各州和公民个人的权利，因而坚持联邦与州权力之间的平衡。在这两种政治理念的博弈下，联邦政权建设既拥有持续推进的动力，也保持了极为审慎的速度。无论内战前对奴隶制度的容忍，还是内战后对种族隔离的默认，都反映了联邦政府的政治谨慎。这种谨慎维护了各州的自主权，但是也使得联邦权力相对孱弱，无法有效贯彻自身意志。

种族隔离的盛行，说明在美国联邦体制之下，联邦政府徒有保护黑人民权的意愿甚至立法，没有实质意义。拥有自主权力的南方各州政府，完全有办法消解联邦的意志和立法，维护白人公民的政治利益。如果联邦不想再次动用武力，只能暂时默许种族隔离制度存在。对于现代政府来说，只有具备了多元化的控制能力，才能推动大规模的社会变革。在随后一百余年里，联邦政府做到了这一点。它借助经济现代化、两次世界大战和经济危机，不断获得整顿全国、驾驭全局的权力。20世纪中期，联邦政府实际上已经不必动用武力，仅仅依靠财政调控和司法监督，就能有效贯彻联邦法律了。尤其当总统、最高法院和联邦国会步调一致，共同致力于黑人民权保护时，取消种族隔离乃至种族歧视，就成了各州无法阻挡的事情。

3. 联邦公民权利保护程序日渐完善

在殖民地时期，除南卡罗来纳和佐治亚州，北美殖民地大都继承了英国的法治和公民权利保护传统。以制宪精英为代表的政治家们，大都将保护个体生命、自由和追求幸福的权利，视为政治共同体的根本职责。他们在起草宪法时，附上了数条专门保护公民权利的修正条款。不过，在现实中，各殖民地以及后来的美国各州，并没有如其宪法所宣示的那样，构建起一套公民平等保护体系。他们确实重视个人权利，但是

---

① 参见［美］汉密尔顿、杰伊、麦迪逊《联邦党人文集》，程逢如、在汉、舒逊译，商务印书馆1980年版，第264页。

真正致力于保护的，是“某些人”的权利，而不是所有人的权利。那些“非洲来客”就不在法律保护范围之内。

一般来说，当自身利益与大众利益出现冲突时，无论多么具有正义感的政治家，大都很难牺牲前者而维护后者。这种人类天生的弱点，很容易使政治沦为少数人的政治工具或特权者的政治游戏，平等的公民保护无从谈起。不过，美国二元分立的联邦体制，却阴差阳错地消解了人的部分弱点。在二元联邦体制下，州政府宣称自己有权保护境内公民，联邦政府为了争取民众认同，也强调自己有权保护美国公民。结果，当联邦损害公民权利时，州政府起而抨击；当州政府侵犯公民权利时，联邦政府则出面批评。在双方的竞争中，美国历经两个多世纪，竟然构建起了一套较为完善的公民权利保护机制。

自建国伊始，美国就实行依法治国。法治与人治的最大区别，在于前者强调标准和程序，后者重视身份和人情；前者具有无限的开放性，后者具有高度的封闭性。在人治社会里，“非我族类，其心必异”是无须言明的真理；在法治社会里，局外人只要获得公民身份，进入民主政治场域，就能享受公民权利保护的优惠。从长时段来看，美国黑人从奴隶上升为自由人，又从没有“自由”的自由人转变为有“自由”的自由人，实际上就得益于这套法治程序。第二次世界大战以后，他们充分利用宪法赋予公民的言论、出版、结社、集会等权利，发起了诉讼、结社和示威等抗争活动。最初，这些抗争活动不断遭受地方当局压制和种族主义者的暴力袭击，但是随着联邦公民权利保护程序越来越完善，南方各州除了暗中抵制，似乎也无计可施。换言之，到了 20 世纪 60 年代，黑人进行民权抗争，已经不必担心付出生命的代价。因此，他们才能够持续不断地向联邦当局施压，迫使最高法院、总统和国会先后表态，走上了现代意义上的少数人权利保护之路。

进入 20 世纪中期后，美国基本上具备了以上三个要素。因此，它才没有重蹈南方重建失败的覆辙，而是顺势而为，开拓出了一套保护少数人权利的政治体制。对于美国来说，这套体制化解了前现代意义上的种族冲突，促进了不同种族、不同少数群体之间的和平共处，自然意义非凡。对于其他国家来说，这套体制的形成同样值得重视。在某种意义上，它是现代人类依赖理性和良知，借助制度构建克服自我缺陷的一种成功尝试，可以为其他国家解决民族冲突以及少数人权利保护，提供有益参照。就此而言，美国少数权利保护体制形成过程中展现出的以下几点，尤其值得注意。

1. 美国少数权利保护与联邦建设密不可分

现代国家建设包含两个方面的核心内容：一是在人民授权的基础上，建立受人民制约而又拥有强大控制能力的国家政权体系；二是国家政权能够以合理的方式介入公民社会生活，界定和化解公民或公民群体之间的冲突，保护少数群体权利不受剥夺或侵犯。这两个层面合起来，构成了国家政权建设过程。没有这个过程，国家政权孱弱无力，根本不可能提供公共服务和权利保护。19 世纪中叶以前，美国恰恰缺乏一个控制能力强大的政权体系。联邦政府基本上是一个松散的政治联盟，对于各州的治理能力极为有限。每个州在各自权力范围内，都拥有独立主权，可以自主决定选民资格，并将少数族裔排除于法律保护范围之外；在联邦内部，国会、总统与最高法院三个分支相互角力，在权力分配上迟迟不能达成一致。这种国家层面的权力分散和内耗，不但令联邦无法有效规制各州行为，而且也使它没有心思关注少数族裔权利。

内战结束后出现的工业化、市场经济及公民福利需求，为联邦政权建设提供了强大动力。首先，联邦行政、立法和司法分支经过长期博弈，终于厘清各自的权力界限，形成了相互制衡而又中心明确的宪政体制；其次，联邦政府借助最高法院的宪法解释，不断扩展联邦权力，获得了诸多约束各州和地方政府行为的司法手段。20 世纪中叶，联邦政府已经具备了强大的政治控制力，在诸多领域成为了最高主权者。至此，联邦政府才能排除各种困难，敢于并能够积极介入黑人民权保护。在某种意义上，美国黑人民权是随着联邦政权建设顺利进行而逐步获得实现的。

2. 联邦政权建设主要借助司法审查获得实现

学界通常将国家建设等同于国家政权建设，进而又将国家建设理解为国家向基层社会的权力渗透。美国联邦政权建设确实呈现出了这种面相。而且，在个别时期，这一过程还闪烁着暴力的影子。但是，从长时段来看，美国联邦权力的扩展是有序、节制和良性的。它不是纯粹依靠武力或强制，而是主要依靠最高法院司法审查获得实现的。本来，制宪代表设计联邦最高法院的初衷，是为了监督国会与总统权力的行使，但在实际运作中，最高法院却更加关注联邦权威塑造。当联邦与各州出现冲突时，最高法院大都支持联邦主权的最高地位。“最高法院有一种相对高效的决策过程，并且它有权力进行单方面行动。法官相对自由，而政治联盟领导人会受制于联盟维护的需要以及立法程序的要求。法官有时候能在政治联盟领导人裹足不前的地方大胆冒进。”[①] 因此，在某种意义上，最高法院实际上扮演了联邦权力扩展“先锋”的角色。

司法审查需要用清晰、严密的法律语言，最大限度地确定不同利益主体之间的权力关系。以这种方式为“先锋”的权力扩展，特殊情况下也可能会引发军事冲突，但是总体而言，它有助于保障程序和方向的稳定性，避免中央与地方关系的“大起大落”。更为重要的是，最高法院大法官都是大浪淘沙般筛选出来的政治精英，拥有高度的政治智慧和审慎意识。他们既懂得联邦权威不可或缺，又坚信权力制衡必不可少，因而在界定联邦权力与州权关系时，时刻注意维持联邦与各州关系的平衡性。他们协助联邦政府争取到的，大都是确实关系国家安全与发展的权力，如公民权利保护、州际交通维护等。这些公共权力与其说是一种政治资本，不如说是一种政治义务。

3. 公民组织是美国民权保护机制的主要推手

一个成熟、稳定的现代国家，不仅需要控制能力强、自治程度高的国家政权体系，而且还需要充满活力的公民组织。无论采取何种政体形式，国家机器的运作动力都源于公民社会推动。如果没有公民社会支持，国家政权很容易受到地方官僚的抵制，陷于权力破碎的境地。即使没有地方官僚抵制，国家政权也易为自身的惰性和利益所羁绊而“停摆”。无论一种政体设计得如何完美，都难以主动、积极地保护普通公民的权利。纵观美国黑人民权保护机制的形成，可知其成功之处主要在于，联邦当局不但形成了相对集中的权力核心，获得了调控和治理社会冲突的能力，而且还培育出了一批相对成熟的公民组织。

其实，美国公民组织最初面临着巨大发展压力。联邦和各州警务机

① ［美］基斯·威廷顿：《司法至上的政治基础：美国历史上的总统、最高法院及宪政领导权》，牛悦译，北京大学出版社 2010 年版，第 134 页。

构对公民组织中的激进分子“毫不客气”，多次予以逮捕或捣毁其办公场所。联邦调查局也不时采用各种手段，暗中分裂、破坏这些公民组织。但是，第二次世界大战结束后，联邦政府对公民组织采取了相对宽容政策，使得各种公民组织获得了立足之地。这些公民组织从不同角度向联邦政府施加压力，推动了民权运动的稳步展开。NAACP侧重政治游说和司法诉讼，试图将黑人纳入宪政保护体制；SCLC侧重非暴力行动，试图通过大规模游行示威向政府施压，迫使他们改善黑人的社会经济地位；SNCC最初支持非暴力行动，后期则倡导暴力反抗，建立独立的权力机构。可以说，如果没有公民组织的积极争取，联邦政府是很难深度介入黑人民权保护的。

4. 总统、国会和法院在民权问题上相互支援

根据制宪党人的设计，联邦立法、行政和司法三权分立的本意，是以权力制衡权力，避免权力专断。在现实政治中，这三个权力分支确实经常相互批评乃至对抗，有效发挥了权力制衡的作用。但是，联邦国会、总统和最高法院三者之间并非纯粹的相互制约和监督关系。事实上，正如罗伯特·达尔所说，美国联邦国会、总统和最高法院都是国家执政联盟的一员，在关系国家安全的重大问题上存在共同利益，其间的合作远远多于对抗。在废除种族隔离和种族歧视问题上，它们曾经存在巨大分歧，但最终都选择了相互支持。

最高法院最早对黑人民权诉讼作出了回应。它在布朗案中的历史性判决，将少数权利保护升格为“最高政治”问题，引起了美国社会的普遍关注。艾森豪威尔总统本来没有解决黑人民权之意，但是在国内外压力之下，不得不关注公民权利保护现状，尽力取消联邦军队和政府雇佣中的种族歧视。肯尼迪总统和约翰逊总统更是积极配合布朗案判决，探求教育、就业甚至住房领域中的平等权利保护。至于联邦国会，受制于内部规则和议员构成，曾经极力抵制民权立法。内战结束后，它在近百年里几乎没有通过任何支持黑人民权的法案。然而，随着民权运动风起云涌，国会最终在约翰逊总统推动下通过《民权法案》，赋予了总统更多保护少数族裔权利的职权。

国会、总统和最高法院之间的合作，是美国成功化解民权运动的制度保障。

5. 总统依靠司法和财政调控贯彻民权行动

无论是司法审查还是民权立法，本质上都属于政治决策。它们能否得到贯彻和落实，端赖联邦行政分支的执行能力。仅就杜鲁门、艾森豪威尔、肯尼迪、约翰逊、尼克松总统而言，他们在贯彻少数权利保护政策时主要采取了以下措施：召集官员、学者、工商界人士组成民权委员会，令其负责调查和评估民权状况，提出相应的解决方案；颁布行政命令，禁止联邦各机构和部门实施种族隔离制度和种族歧视行为；授权司法部处理民权投诉，并代替无力承担诉讼费用的受害者向法院提起诉讼，及时将民权问题转化为司法问题；以联邦财政补贴为条件，要求各州学校和政府机构废除种族歧视，平等对待少数族裔子弟；下发联邦工程项目时附加禁止歧视条款，要求承包商和次承包商提交雇佣少数族裔的目标和时间表；提交并推动国会通过相关民权法案；提名与自己拥有相似政治倾向者担任最高法院大法官；严格控制民权组织的暴力倾向，引导他们选择制度化或司法化的抗争策略。

以上措施纷繁复杂、多种多样，但是总体上可以分为两类，即司法调控和财政调控。成立民权委员会，授权司法部提起民权诉讼，提名民权大法官，提出并推动民权法案等，都属于司法调控手段；以财政援助和补贴为条件，要求州和地方政府、私人企业平等雇佣少数族裔，则属于财政调控手段。事实证明，这两种调控手段效果非常明显。肯尼迪总统时期的司法部，借助司法诉讼取消了大量公共交通设施中的种族隔离。而各种公、私机构为争取联邦补贴或联邦工程，也不得不在教育、就业等领域优先照顾少数族裔，落实联邦政府保护少数族裔权利的一系列规定。

6. 外在压力有助于维持民主内部的政治平衡

早期美国各州对于少数族裔权利的“漠视”，鲜明地反映了封闭式民主的某些局限。在各州拥有绝对主权的时代，其民主政治基本不受联邦干预，完全取决于内部“民意”，可以说是一种标准的封闭式民主。这种民主当然可以反映州内多数人的意志，捍卫多数人的偏好或利益，但是对于少数群体或局外人来说，它几乎没有什么意义。多数人对于少数人的排斥，很容易转化为强势群体对弱势群体平等权利的抑制或剥夺。在某种意义上，这种封闭式民主实际上是强者主导下的民主，是多数群体压制少数群体的“合法”说辞。即使以捍卫公平、正义为己任的最高法院，也不能从根本上违背强势群体的利益偏好。

这种封闭式民主的局限性，源于其绝对的“多数决”。它的政治决策完全取决于民主制度内部多数与少数之间的博弈，几乎不受外在力量的影响。即使联邦当局，也无权改变州内多数意志。如此一来，州内部的政治和法律实际上沦为了多数意志的工具。就此而言，绝对“主权”只能导致绝对的多数决，绝对的多数决必定导致少数人权利的缺失。只有打破这种封闭性，形成一种开放性的民主，让超越性的外在力量发挥监督作用，才能改变绝对“多数决”，进而保护弱者的权利。联邦政府之所以启动反种族歧视计划，与来自社会主义阵营的严厉指责不无关系；南方各州之所以取消种族隔离，赋予黑人平等的公民权利，与联邦政府的强力介入密切相关。总之，只有处于开放状态下的民主，才能避免“以多欺少”的固有缺陷。

分析至此，可知第二次世界大战以来的美国，已经不是200年前的美国，更不是建国精英所构想的美国。美国建国精英是特意按照削弱或限制国家权力的思路，去创建联邦政府的。“美国的国家形态诞生于一场反抗国家权力的革命风暴之中，由此所产生的反国家主义的政治文化体现在对国家权力的限制上，如旗帜鲜明地保护个人权力的宪政政府、三权分立、联邦主义，等等。”① 200多年来，美国建国精英的政治构想基本上实现了。时至今日，美国国家权力依然有着明确的界限，依然要接受宪法的严格审查。

但是，根据上文分析可知，美国又是一个国家能力超强的国家。它的基础性权力（infrastructural power），即在合法统治领域之内有效贯彻其政治决策的能力，恐怕是有史以来最为突出的。用美国学者福山的话来说，“它在联邦、州和地方各个层级上都拥有众多的执法机构，执法范围无所不在，从交通规则到商法乃至《人权法案》”②。这种国家能力

① ［美］弗朗西斯·福山：《国家构建：21世纪的国家治理与世界秩序》，黄胜强、许铭原译，中国社会科学出版社2007年版，第6页。

② 同上。

的存在，确保了最高法院反种族主义判决和国会民权法案的贯彻，帮助非裔美国人脱离种族隔离的“牢笼”，走上了种族平等之路。就此而言，美国黑人是在国家权力的保护之下“站”起来的。

反过来，从美国黑人获得平等公民权的过程中，我们也可以窥见美国提升国家能力的粗略轨迹。内战之前的美国，既不存在强大的专制权力，也没有高效的基础性权力。联邦政府根本无法达成一致的政治意志，更不必说贯彻废除奴隶制之类的政策。内战后，联邦政府在工业化、第一次世界大战、经济大危机及第二次世界大战中，不断借助国会立法和宪法审查，拓展国家管制范围、提升政策执行能力。第二次世界大战结束后，联邦政府基本具备了直面种族主义的勇气和信心。从肯尼迪总统开始，联邦行政以法院判决和国会立法为后盾，充分利用司法诉讼和财政杠杆，经过反复探索和调整之后，终于找到了有效贯彻反种族主义行动的政策和手段。在此过程中，美国黑人“站”起来了，联邦主导下的国家基础性权力，也最终成型了。

美国国家构建之路可以说明，国家权力与公民权利不存在必然冲突，只有专制权力才是公民权利的敌人，基础性权力则是公民权利的“福音”。只有受到基础性权力保护的公民权利，才是稳定可靠、持续久远的。现代国家所要提升的国家能力，应该是以基础性权力实现有效治理，而不是以专制权力强化控制。

当然，国家治理是一个永远面临挑战的课题。美国虽然废止了种族隔离，实现了公民权利平等，但是种族矛盾、族裔冲突的幽灵，并没有彻底消失。如何化解新的种族矛盾、族裔冲突，仍然是一个非常棘手的难题。

100 多年前，托克维尔曾经说过，无论哪个社会，既然许诺了坚持正义，并以此作为合法性，慢慢地向着正义拓展道路，那么，它就别指望能够轻松舒坦地渡过旋风。

主要参考文献

一　电子文献

1. DNSA（Digital National Security Archive），美国国家安全档案数据库：http：//www. archives. gov/research/african-americans/

2. 美国国会自由图书馆：http：//www. loc. gov/library/libarch-digital. html

3. 美国总统项目在线文献：http：//www. presidency. ucsb. edu/ws/

4. 美国最高法院在线文献：http：//supreme. justia. com/

5. 杜鲁门总统图书馆在线文献：http：//www. trumanlibrary. org/photos/av-photo. htm

6. 艾森豪威尔总统图书馆在线文献：http：//www. eisenhower. archives. gov/research/online_ documents. html

7. 肯尼迪总统图书馆在线文献：http：//www. jfklibrary. org/Research/Search-the-Digital-Archives. aspx

8. 约翰逊总统图书馆在线文献：http：//www. lbjlib. utexas. edu/johnson/archives. hom/archives-main. shtm

9. 尼克松总统图书馆在线文献：http：//nixon. archives. gov/

10. 美国联邦调查局在线文献：http：//vault. fbi. gov/

11. 美国联邦劳工部在线文献：http：//www. dol. gov/

二　网络数据库

1. JSTOR 期刊全文数据库

2. ProQuest 学术期刊数据库

3. 中国期刊全文数据库

4. 中国博士硕士学位论文全文数据库

三 外文论著

1. Robert A. Dahl, "Decision-Making in a Democracy: The Supreme Court as a National Policy-Maker", *Journal of Public Law*, 6 (Fall, 1957).

2. Herbert. Jacob, *Justice in America: Courts, Lawyers and the Judicial Process*, Boston: Little, Brown, 1965.

3. Francis P. Prucha, ed. , *Documents of United States Indian Policy*, University of Nebraska Press, 1975.

4. August Meier and Elliott Rudwick, "*Attorneys Blcak and White: A Case Study of Race Relations within the NAACP*", The Journal of American History, Vol. 62, No. 4 (Mar. , 1976).

5. John Hope. Franklin, *From Slavery to Freedom: A History of Negro Americans*, New York: Alfred A. Knopf, 1976.

6. William H. Chafe, *Civilities and Civil Rights: Greensboro, North Carolina, and the Black Struggle for Freedom*, New York: Oxford University Press, 1980.

7. Clayborne Carson, *In Struggle: SNCC and the Black Awakeing of the 1960s*, Harvard University Press, 1981.

8. Martin N. Marger, "Social Movement Organizations and Response to Environmental Chance: the NAACP, 1909 – 1973", *Social Problems*, Vol. 32, No. 1, 1984.

9. Jack M. Bloom, *Class, Race, and the Civil Right*, Bloomington: Indian University Press, 1987.

10. Gerald N Rosenberg, *Hollow Hope: Can Courts Bring About Social Change?* Chicago: University of Chicago Press, 1991.

11. August Meier and John H. Bracey Jr. , "The NAACP as a Reform Movement, 1909 – 1965: 'TO reach the conscience of America'", *The Journal of Southern History*, Vol. 9, No. 1 (Feb. , 1993).

12. Mark Tushne, *Taking the Constituion away from the Courts*, Princeton U-

niversity Press, 2000.

13. Adam Fairclough, *To Redeem the Soul of America: The Southern Christian Leadership Conference*, University of Georgia Press, 2001.

14. Ollie A. Johnson Ⅲ, Karin L. Stanford, Black Political Orgniazations in the Post-Civil Rights Era, Routgers University Press, 2002.

15. Gillert S. Jonas, *Freedom's Sword: the NAACP and the Struggle against Racism in America, 1909 – 1969*, New York: Routledge, 2005.

16. Steven F. Lawson, *Running for Freedom: Civil Rights and Black Politics in America Since 1941*, Wiley-Blackwell, 2008.

17. NAACP: *Celebrating a Century*: 100 *Years in Pictures*, Layton: Gibbs Smith Publishers, 2009.

18. Francine Sanders Romero, *Civil Rights Policymaking in the United States: An Instituional Perspective*, Westport: Praeger Publisher, 2002.

19. Francine Sanders Romero, "The Supreme Court and the Protection of Minority Rights: An Empirical Examination of Racial Discrimination Case", *Law & Society Review*, Vol. 34, No. 2 (2000), pp. 291 – 313.

20. Michal R. Belknap, *Federal Law and Southern Order: Racial Violence and Constituional Conflict in the Post-Brown South*, the University of Georgia Press, 1995.

21. Davison M. Douglas, "The Limits of Law in Accomplishing Racial Change: School Segregation in the Pre-Brown North", *UCLA Law Review.*, February, 1997. pp. 677 – 686.

22. Mary Frances Berry, Black Resistance, *White Law: A History of Constitutional Racism in America*, New York: Penguin, 1994.

23. Mary Frances Berry, *And Justice for ALL: The United States Commission on Civil Rights and the Continuing Struggle for Freedom in America*, New York: Alfred A. Knopf, 2009.

24. Neil Foley etc., *Civil Rights in America: Racial voting Rights-A National Historic Landmarks Theme Study*, produced by National Historic Landmarks Program, Cultural Resources, National Park Service etc, 2009.

25. Andrew Martin, *The Fifth Freedom: Jobs, Politics and Civil Rights in the*

United States, 1941 – 1972, Princeton University Press, 2009.

四　中文论著

（一）专著

1. ［美］德怀特·D. 艾森豪威尔：《艾森豪威尔回忆录——白宫岁月》下，静海译，生活·读书·新知三联书店1977年版。
2. ［美］塞缪尔·埃利奥特·莫里森、亨利·斯蒂尔·康马杰、威廉·爱德华·洛伊希腾堡：《美利坚共和国的成长》，南开大学历史系美国史研究室译，天津人民出版社1980年版。
3. ［美］阿瑟·林克、威廉·卡顿：《1900年以来的美国史》下册，刘绪贻、李世洞等译，中国社会科学出版社1983年版。
4. ［美］拉尔夫·德·贝茨：《美国史：杜鲁门—尼克松当政时期（1945—1973）》，吴世民、沈宗英译，人民出版社1984年版。
5. ［美］查尔斯·A. 比尔德：《美国宪法的经济观》，何希奇译，商务印书馆1984年版。
6. ［美］乔安妮·格兰特：《美国黑人斗争史——1619年至今的历史、文献与分析》，郭瀛等译，中国社会科学出版社1987年版。
7. ［美］珂蕾达·史科特·金：《自由之梦：小马丁·路德·金的奋斗》，丁振祺译，新华出版社1987年版。
8. ［美］罗伯特·H. 费雷尔：《艾森豪威尔日记》，陈子思等译，新华出版社1987年版。
9. ［美］约翰·霍普·富兰克林：《美国黑人史》，张冰姿等译，商务印书馆1988年版。
10. ［美］丹尼尔·贝尔：《资本主义文化矛盾》，赵一凡、蒲隆、任晓晋译，生活·读书·新知三联书店1989年版。
11. ［美］塞缪尔·P. 亨廷顿：《变化社会中的政治秩序》，王冠华、刘为等译，沈宗美校，生活·读书·新知三联书店1989年版。
12. 李道揆：《美国政府和美国政治》，中国社会科学出版社1990年版。
13. ［美］亨利·J. 亚伯拉罕：《法官与总统——一部任命最高法院法官的政治史》，刘泰星译，商务印书馆1990年版。
14. ［美］伯纳德·施瓦茨：《美国法律史》，王军等译，中国政法大学出版社 1990 年版。

15. ［美］詹姆斯·麦克弗森：《火的考验：美国南北战争及重建南部》上册，陈文娟等译，商务印书馆 1993 年版。
16. ［美］詹姆斯·麦克弗森：《火的考验：美国南北战争及重建南部》下册，刘世龙等译，商务印书馆 1994 年版。
17. 谭融：《权力的分配和权力的角逐——美国分权体制研究》，天津大学出版社 1994 年版。
18. 李剑鸣：《文化的边疆：美国印第安人与白人文化关系史论》，天津人民出版社 1994 年版。
19. 胡国成编：《塑造美国现代经济制度之路：美国国家垄断资本主义制度的形成》，中国经济出版社 1995 年版。
20. ［美］杜波依斯：《威·爱·伯·杜波依斯自传：九旬老人回首往事的自述》，邹得真等译，中国大百科全书出版社 1996 年版。
21. ［美］威尔科姆·E. 沃什伯恩：《美国印第安人》，陆毅译，商务印书馆 1997 年版。
22. ［法］阿历克西·德·托克维尔：《论美国的民主》上册，董果良译，商务印书馆 1997 年版。
23. 陆镜生：《美国人权政治：理论和实践的历史考察》，当代世界出版社 1997 年版。
24. 林达：《我也有一个梦想》，生活·读书·新知三联书店 1999 年版。
25. 王希：《原则与妥协：美国宪法的精神与实践》，北京大学出版社 2000 年版。
26. 张千帆：《自由的魂魄：美国宪法与政府体制》，中国社会科学出版社 2000 年版。
27. 高春常：《文化的断裂：美国黑人问题与南方重建》，中国社会科学出版社 2000 年版。
28. 李治安：《美国人权政策的历史考察》，河北人民出版社 2001 年版。
29. ［美］斯科特·戈登：《控制国家——西方宪政的历史》，应奇等译，江苏人民出版社 2001 年版。
30. ［法］法利德·扎卡利亚：《从财富到权力》，门洪华、孙英春译，新华出版社 2001 年版。

31. ［美］约翰·F. 沃克、哈罗德·G. 瓦特：《美国大政府的兴起》，刘进、毛喻原译，重庆出版社 2001 年版。
32. ［美］布莱斯特等：《宪法决策的过程：案例与材料》上册，张千帆等译，中国政法大学出版社 2002 年版。
33. 王波：《肯尼迪总统的黑人民权政策研究》，上海人民出版社 2002 年版。
34. ［美］乔治·S. 布莱尔：《社区权力与公民参与——美国的基层政府》，伊佩庄、张雅竹译，中国社会科学出版社 2003 年版。
35. ［美］莫顿·J. 霍维茨：《沃伦法院对正义的追求》，信春鹰、张志铭译，中国政法大学出版社 2003 年版。
36. 北京大学法学院司法研究中心编：《宪法的精神：美国联邦最高法院 200 年经典判例选读》，中国方正出版社 2003 年版。
37. ［美］文森特·奥斯特罗姆：《美国联邦主义》，王建勋译，上海三联书店 2003 年版。
38. 由嵘等编：《外国法制史参考资料汇编》，北京大学出版社 2004 年版。
39. 张千帆：《西方宪政体系》上册，中国政法大学出版社 2004 年版。
40. 任东来等：《美国宪政历程：影响美国的 25 个司法大案》，中国法制出版社 2004 年版。
41. 季卫东：《人民自决的法理：对一项宪政权利的复眼式观察》，载赵晓力编《宪法与公民》，上海人民出版社 2004 年版。
42. ［法］孟德斯鸠：《论法的精神》，张雁深译，商务印书馆 2004 年版。
43. 夏勇：《中国民权哲学》，生活·读书·新知三联书店 2004 年版。
44. 王德志：《宪法基本理论研究》，光明日报出版社 2004 年版。
45. ［美］罗伯特·麦克罗斯基著，桑福德·列文森增订：《美国最高法院》，任东来等译，中国政法大学出版社 2005 年版。
46. ［美］西尔维亚·斯诺维斯：《司法审查与宪法》，湛洪果译，北京大学出版社 2005 年版。
47. ［美］伯纳德·施瓦茨：《美国最高法院史》，毕洪海等译，中国政法大学出版社 2005 年版。

48. ［美］本尼迪克特·安德森：《想象的共同体：民族主义的起源与散布》，吴睿人译，上海人民出版社 2005 年修订版。
49. 杨生茂主编：《美国通史》，人民出版社 2005 年版。
50. 朱世达：《美国市民社会研究》，中国社会科学出版社 2005 年版。
51. 邱小平：《法律的平等保护：美国宪法第十四条修正案第一款研究》，北京大学出版社 2005 年版。
52. ［美］罗伯特·W. 杰克曼：《不需暴力的权力：民族国家的政治能力》，欧阳景根译，天津人民出版社 2005 年版。
53. ［美］赫伯特·J. 斯托林编：《反联邦党人赞成什么》，汪庆华译，北京大学出版社 2006 年版。
54. ［美］约瑟夫·斯托里：《美国宪法评注》，毛国权译，上海三联书店 2006 年版。
55. 郭树勇：《大国成长的逻辑：西方大国崛起的国际政治社会学分析》，北京大学出版社 2006 年版。
56. ［美］阿奇博尔德·考克斯：《法院与宪法》，田雷译，北京大学出版社 2006 年版。
57. ［美］施密特、谢利、巴迪斯：《美国政府与政治》，梅然译，北京大学出版社 2006 年版。
58. ［美］斯坦利·I. 库特勒编：《最高法院与宪法——美国宪法史上重要判例选读》，朱曾汶、林铮译，商务印书馆 2006 年版。
59. 张静：《现代公共规则与乡村社会》，上海书店出版社 2006 年版。
60. ［英］J. R. 波尔：《美国平等的历程》，张聚国译，商务印书馆 2007 年版。
61. 任东来、胡晓进等：《在宪政舞台上——美国最高法院的历史轨迹》，中国法制出版社 2007 年版。
62. 龚小夏：《驴象庄园：美国总统是如何产生的》，法律出版社 2008 年版。
63. 李庆四：《美国国会与美国外交》，人民出版社 2007 年版。
64. 齐延平：《自由大宪章研究》，中国政法大学出版社 2007 年版。
65. ［美］弗朗西斯·福山：《国家构建：21 世纪的国家治理与世界秩序》，黄胜强、许铭原译，中国社会科学出版社 2007 年版。

66. ［英］迈克·曼：《社会权力的来源》，刘北成、李少军译，上海人民出版社 2007 年版。
67. ［美］戴维·凯瑞斯：《法律中的政治——一个进步性批评》，信春鹰译，中国政法大学出版社 2008 年版。
68. ［美］乔纳森·卡恩著：《预算民主：美国的国家建设与公民权（1890—1928）》，叶娟丽等译，上海格致出版社 2008 年版。
69. ［美］西德尼·M. 米尔奇斯、迈克尔·尼尔森：《美国总统制：起源与发展》，朱全红译，华东师范大学出版社 2008 年版。
70. ［美］乔尔·S. 米格代尔：《强社会与弱国家：第三世界的国家社会关系及国家能力》，张长东等译，江苏人民出版社 2009 年版。
71. ［美］詹姆斯·西蒙：《打造美国：杰斐逊总统与马歇尔大法官的角逐》，徐爽、王剑鹰译，法律出版社 2009 年版。
72. 李世安等：《美国州宪法改革与州和地方政治体制发展》，人民出版社 2009 年版。
73. 宋云伟：《美国二元联邦主义时代》，黑龙江人民出版社 2009 年版。
74. ［美］杰克·A. 戈德斯通主编：《国家、政党与社会运动》，章延杰译，上海世纪出版集团 2009 年版。
75. 李世安主编：《美国州宪法改革与州和地方政治体制发展》，人民出版社 2009 年版。
76. ［美］查尔斯·蒂利、西德尼·塔罗：《抗争政治》，李义中译，译林出版社 2010 年版。
77. ［美］基斯·威廷顿：《司法至上的政治基础：美国历史上的总统、最高法院及宪政领导权》，牛悦译，北京大学出版社 2010 年版。
78. ［美］约翰·艾兹摩尔：《美国宪法的基督教背景——开国先父的信仰和选择》，李婉玲等译，中央编译局出版社 2010 年版。
79. 张爱民：《从林肯到奥巴马》，天津社会科学院出版社 2010 年版。
80. 谢国荣：《民权运动的前奏——杜鲁门当政时期美国黑人民权问题研究》，人民出版社 2010 年版。
81. 何帆：《大法官说了算：美国司法观察笔记》，法律出版社 2010 年版。
82. 严庆：《冲突与整合：民族政治关系模式研究》，社会科学文献出版社 2011 年版。
83. 姜峰：《立宪选择中的自由与权威——联邦党人的宪法与政治思想》，法律出版社 2011 年版。
84. ［美］杰弗瑞·A. 西格尔：《正义背后的意识形态——最高法院与态度模型》修订版，刘哲玮译，北京大学出版社 2012 年版。
85. 刘军：《美国公民权利观念的发展》，中国社会科学出版社 2012 年版。
86. 顾銮斋主编：《西方宪政史》第 5 卷，人民出版社 2013 年版。
87. 梁红光：《联邦制理念与美国早期的国家构建》，上海三联书店 2013 年版。

（二）期刊论文

1. 盖哲：《论美国的联邦制和联邦主义》，载复旦大学美国研究中心国际政治系编《美国研究》，复旦大学出版社 1986 年版。
2. 蒋劲松：《美国合作联邦制下国会与州议会的财政关系》，《人大研究》1992 年第 7 期。
3. 李剑鸣：《美国土著部落地位的演变与印第安人的公民权问题》，《美国研究》1994 年第 2 期。
4. 任东来：《“肯定性行动”与美国政治》，《太平洋学报》1996 年第 1 期。
5. 魏后凯：《美国联邦政府对地区经济的干预与调节》，《中国工业经济》1996 年第 7 期。
6. 陈静瑜：《美国联邦最高法院与黑人民权运动发展之析论》，（台湾）《兴大历史学报》1997 年第 6 期。
7. 李英桃：《加利福尼亚州 209 提案与美国高等教育》，《美国研究》1998 年第 3 期。
8. 华涛：《约翰逊总统与美国“肯定性行动”的确立》，《世界历史》1999 年第 4 期。
9. 姬虹：《民权运动与美国南方黑人政治力量的兴起》，《美国研究》2000 年第 2 期。
10. 胡锦山：《20 世纪六七十年代美国城市黑人参政原因初探》，《东北师范大学学报》2000 年第 1 期。
11. 张千帆：《美国联邦政府对州际贸易的调控》，《南京大学学报》2001 年第 2 期。
12. 张立平：《论肯定性行动》，《太平洋学报》2001 年第 3 期。
13. 东来：《司法审查：美国最高法院的撒手锏》，《读书》2001 年第 2 期。
14. 李利军、邓颖：《美国联邦最高法院与联邦制的变迁》，《山西师范大学学报》2001 年第 3 期。
15. 沈岿：《宪法统治时代的开始？——宪法第一案存疑》，载《宪政论丛》第 3 卷，法律出版社 2003 年版。
16. 王希：《从奴隶岛选民：美国黑人选举权宪法化的历史》，载赵晓力编《宪法与公民》，上海人民出版社 2004 年版。
17. 彭亚楠：《谁才有资格违宪？——美国宪法的“政府行为”理论》，载赵晓力编《宪法与公民》，上海人民出版社 2004 年版。
18. 王玉叶：《美国高等教育优惠待遇何去何从》，（台湾）《欧美研究》第 34 卷第 3 期，2004 年 9 月。
19. 谢国荣：《全国有色人种协进会与美国公立教育中种族隔离的取消》，《山东师范大学学报》2005 年第 5 期。
20. 刘大生：《美国司法审查制度是如何产生的——对一种流行说法的质疑》，《江苏行政学院学报》2006 年第 6 期。
21. 曾尔恕、黄宇昕：《二十世纪美国联邦制的发展——以联邦与州的分权为视角》，《关东商学院学报》2006 年第 1 期。
22. 胡晓进：《每个人的权利：美国宪法第十四条修正案与美国民权的历史演变》，《法制现代化研究》第 10 卷，南京师范大学出版社 2006 年版。
23. 杨智杰：《违宪审查实际效益评估》，（台湾）《宪政时代》2006 年第 4 期。
24. ［法］让·弗朗斯瓦·米格诺：《美国基于种族区分的选区重划：最高法院判例法引介》，李存娜译，《国际社会科学杂志》（中文版）2006 年第 1 期。
25. 萧翰：《文明、野蛮及荒谬的“父子关系”——评切罗基诉佐治亚州案》，《法槌十七声》，法律出版社 2007 年版。
26. 胡晓进：《“肯定性行动”与逆向歧视——以美国最高法院的相关判决为中心》，《南京大学学报》2008 年第 2 期。
27. 刘练军：《司法审查之思想源流与制度预设：论美国制宪会议有关司法审查的辩论》，《同济大学学报》2008 年第 2 期。
28. ［美］Jack M. Beermann：《美国地方政府的法律和政治制度》，解志勇摘译，《国家行政学院学报》2009 年第 4 期。
29. 杨光斌：《现代国家成长中的国家意识形态问题》，《天津社会科学》2009 年第 4 期。
30. 张勇、杨光斌：《国家自主性理论的发展脉络》，《教学与研究》2010 年第 5 期。
31. 王凡妹：《美国“肯定性行动”的历史沿革——从法律性文件的角度进行回顾与分析》，《西北民族研究》2010 年第 2 期。
32. 谢国荣：《1960 年代中后期的美国“黑人权力”运动及其影响》，《世界历史》2011 年第 1 期。
33. 田雷：《论美国的纵向司法审查：以宪政政制、文本与学说为中心的考察》，《中外法学》2011 年第 5 期。
34. 刁大明：《美国国会拨款制度的变迁与改革》，《美国研究》2011 年第 2 期。
35. 白雪峰：《美国联邦最高法院与〈权利法案〉联邦化》，《文史哲》2012 年第 1 期。

（三）学位论文

1. 何章银：《合作与竞争：美国黑人民权运动直接行动阶段民权组织内部关系研究（1955—1965）》，博士学位论文，南京大学，2002 年。
2. 王庆安：《林登·约翰逊和“伟大社会”改革研究》，博士学位论文，华东师范大学，2006 年。
3. 史辉：《从“隔离但平等”到“一体平等”——析种族平等权在美国的发展》，硕士学位论文，中国人民大学，2007 年。
4. 蔡东丽：《罗斯福新政时期的联邦最高法院（1933—1939）——从经济自由到公民权利》，博士学位论文，华东政法大学，2007 年。

5. 于金辉：《尼克松政府的公平就业政策研究——以费城计划为例》，硕士学位论文，厦门大学，2007 年。

6. 丁鹏：《美国黑人权利宪法保障制度之变迁研究》，博士学位论文，辽宁大学，2008 年。

7. 陶平平：《论内战后美国宪法“平等法律保护条款”的蛰伏与黑人权利的丧失》，硕士学位论文，山东大学，2009 年。

8. 杨云志：《“从非暴力到黑人权力”：美国学生非暴力协调委员会（SNCC）研究》，硕士学位论文，华东师范大学，2010 年。

9. 李晓亮：《美国肯定性行动的宪法争议》，硕士学位论文，中国政法大学，2010 年。

10. 曾一璇：《肯定性行动的合法性争论：赞成与反对》，硕士学位论文，华东师范大学，2010 年。

11. 刘召：《国家自主性理论的批判和重构：基于中国实践的逻辑》，博士学位论文，南京大学，2011 年。

后　记

写成这本小书，纯粹是无心插柳。在接触这个选题之前，我从没想过研究美国政治，更没想过探讨美国黑人民权。

研究生阶段，我对两个领域产生过浓厚兴趣，一个是中国思想史，一个是中共党史。

对思想史的兴趣，从本科阶段就萌发了。那时买过几本书，现在一看，都是胡适、顾颉刚、饶宗颐、王元化等人的集子，偏向思想一类。快毕业时，这种兴趣已经较为突出。至今犹记得，大学毕业那年寒假，独自坐在炉火前，捧着李泽厚《论语今读》瞎琢磨的情景。那时，也不知道为什么读这个，只是觉得好玩，能够调动起自己的兴趣。考上研究生后，这个兴趣未减，导师又涉猎中国近现代思想史，我很自然地觉得，将来撰写毕业论文，应该在思想史领域选题了。

可是，大约读到研二的时候，我的兴趣点渐渐发生了转变。那些思想史的著作，读起来依然有味道，但是却无法真正刺激我的神经，让我有一种欲罢不能的感觉。相反，在李良玉、高华等老师的启发下，我猛然间发现，原来感觉枯燥无味的当代中国史、中共党史，竟然特别有意思。他们的讲述，为我打开了一扇新的窗户，让我看到了一个新的精神世界。这个世界具有一种凄凉的美感，让我产生了一探究竟的强烈愿望。于是，我暂时放弃了思想史，转而阅读当代中国史和中共党史。硕士毕业论文《工人与资本家：抗战后国统区的地方社会》，就是这种思想转向的一个初步尝试。

工作后的几年，我研究的历史时段，基本上集中在20世纪50年代初期。我想顺着硕士论文的思路，考察中共建政对工商业的冲击，进而探讨中共中央为何提前放弃了新民主主义。当时的几篇文章，都是这一思考的初步成果。2007 年 9 月考入中国人民大学，初随张鸣老师读博时，我还跃跃欲试，准备从话语构建角度讨论 1949—1966 年的工人政治。当时觉得，既然现代化意味着工业取代农业成为国民经济的主导，那么未来的中国，必将是以工人为主体的中国，如何界定工人与政治的关系，应是一个极为重要的研究课题。

谁知，车到半路，我又转向了。不，准确地说，是回归思想史了。

张老师在政治学系，我自然要读一点政治学的书，上一些政治学的课。周围玩得好的，也是政治学系的同学。在研究对象和方法上，政治学与历史学有诸多不同之处，但是偶尔也会有所交叉。比如，两者都比较热衷讨论自由主义。自由主义是西方主流政治理论的底色，学政治学的人绕不过去；自由主义在近代中国史上，曾经是一道亮丽的风景线，研究中国近现代史的人也不可不谈。两者交汇到一起，便促成了我对这个问题的关注。

实际上，准备考博时，这个问题就引起过我的注意。那些被划归自由主义派别的人，学问令人叹服，品德令人尊敬，可是他们所提出的救国方案，为什么没有得到国人认同呢？自由主义思想在近代中国的革命洪流中，为什么渐渐退居边缘，最终沦为了一种带有幽暗色彩的语汇呢？一开始，这个问题在头脑中一晃而过，没有想到专门研究。

不承想，在阅读过程中，暗含在这个问题中的一个小题目，竟然“逼”得我不得不好好考虑一下了。这个小题目就是“自由”概念。能不能从“自由”概念角度入手，探讨近代中国自由主义失败的内在理路？再进一步，既然维新派、国民党人、共产党人和自由主义者都讲“自由”，既然“自由”是西洋政治理论的核心议题，能不能从梳理“自由”概念的生成历史入手，深入分析中国知识分子的建国方案及其思想困境呢？想到这里，顿时觉得心情澎湃、气血充足，有一种疾力向前的冲动！当时心想，费神费力地坐它几年冷板凳，想清楚这样一个问题也值得。

就这样，我又回到了思想史研究，准确地说，是政治思想史研究。后来我发现，这种研究有一个更时髦的名字，叫“概念史研究”。

2010 年春夏之交，我撰成初稿、通过答辩。按照常理，重新回到工作岗位以后，恐怕就是精雕细琢博士论文，继续在这个领域深耕细作了。可是，一个偶然机会，又为我打开了一扇新的窗户。

博士论文答辩后的某一天，在北京大学附近的一个地方聚餐。参加者有老温和效波，他们是我硕士阶段的好友。老温当时负责民族理论研究工作，效波刚刚在北京大学完成宪法学专业的博士论文。我们聊着聊着，就扯到了民族问题上。我其实不太懂民族关系，只是乱侃一通罢了。聚餐结束后，老温建议我好好思考一下这个问题。我的第一反应是，隔行如隔山，自己从来没学过这方面的东西，也没有这方面的人生经历，心里没底，不敢涉猎。

离开北京前后，老温仍然几次鼓励，希望我能找个点切入进去，贡献点知识能量。慢慢地，我多少有点心动。既然能从历史学扩展到政治学，为什么不能再迈一步，涉猎一点民族研究？我设想了两个切入点，一个是国内某地区民族状况调查，一个是美国黑人问题研究。经过讨论，最终确定了后者。我是历史学出身，又多少懂一点政治学的知识，将两者结合起来，探讨一下美国黑人民权，可能会有点新意。

在历史学领域，美国黑人研究是一门显学。新中国成立伊始，学界为了配合政治需要，就开始研究和探讨美国黑人问题，出版了很多相关论著。改革开放以后，学术研究回归中立，学界依然对美国黑人研究情有独钟。不过，以现在的眼光来看，这些研究“破”多“立”少，不太注重从积极角度，分析美国解决种族冲突的历程，更不太注意从政治运作角度，考察美国解决黑人民权问题的宏观和微观机制。

撰写这本书的时候，萦绕于我脑际的问题是，早期联邦政府为何见死不救，任由黑人遭受州政治的支配？第二次世界大战结束后，联邦政府为何又介入民权政治，赋予了黑人平等公民权？其中的政治机制是什么？从宏观角度来看，这场赋予黑人平等公民权的政治风暴，是如何一步一步运转起来的，民权组织、最高法院和总统分别在其中发挥了什么作用？整个运动为何能够有惊无险，没有走向暴力冲突？

这些问题，说起来容易，解决起来难。毕竟，我此前主要关注中国问题，没有深入接触美国，也没有去美国考察过。尽管前后花费五六年，投入了不少精力，但是仍然感觉力有不逮，只能说初步理出了一个大体脉络，得出了一些稍有讨论价值的“妄论”。

从事学术研究，已经有十多年。在此期间，关注点几次转换，涉猎范围越来越杂。手头上的几个任务，已经相隔十万八千里，看起来有点风马牛不相及。不过，在我自己，除了感觉精力不够用，倒没有“分裂”的感觉。相反，我越来越觉得，自己研究的其实就一个事，那就是如何构建一种政治秩序，能够让人避免恐惧地生活，可以让人舒适安心地做事。考察美国黑人民权，是为了寻找他山之石；探讨中国“自由”概念的源流，是为了理解我山之石；关注中共党史，则是为了反思共产党人在追求自由、民主道路上所经历的挫折。这样一想，还真就是一回事。

寻求一种理想的政治秩序，让每个人安心地生活，是古往今来思想家的共同目标。但是，不同国家、不同时期思想家给出的解答，却千差万别、迥然不同。总体来说，近代以来西方主流思想家，都把希望寄托到在打造理想政治共同体上，试图以共同体补救个体之不足。霍布斯、洛克、卢梭都是这条思想进路的缔造者。近代以前的中国思想家，则将希望寄托于个体的自我完善，试图以个人之提升奠定社会之根基，儒家学者是这条思想进路的坚持者。近代的思想启蒙和新文化运动，实际上皆为这种进路的余绪。直到国共革命兴起，才将重点转移到体制改造，谱写出了不同于以往的篇章。

国共两党的革命之路有荡气回肠的喜悦，也有令人扼腕的叹息。如果国人着眼于未来，想把这一篇章演奏得更为平稳，更为流畅，恐怕需要参照欧美已经走过的改革之路。

现在看来，美国解决黑人民权问题，还是延续了点滴改革的传统，把重心放在了政治疏导上。整体感觉，美国就像大禹治水，不断顺着洪水的流向构筑堤坝，逐步将黑人纳入民主政治的轨道之中。尽管过程缓慢得足以磨掉人的耐性，尽管今日美国仍然存在种族冲突的隐患，但是它毕竟最大限度地化解了种族危机，将国家和社会中的种族冲突降到了最低。就此而言，美国所经历的这段历史进程，所积累的这种政治经验，足以媲美美国国父的缔国之功。

当然，任何政治体制都不能一劳永逸地消解冲突。人类社会的冲突，往往“一波未平，一波又起”，永远不可能彻底趋于平静。美国废除了奴隶制度，取消了种族隔离制度，但是新问题亦随之而来，比如“逆向歧视”、居住分离等。未来美国能否经受得住新一轮种族冲突的冲击，现在还不能给出定论。但是，无论美国走向何处，它在过去大半个世纪所进行的国家治理经验，确实隐含着许多高超的政治技艺，值得其他国家汲取灵感、总结经验。

这不是我写的第一本书，却是面世的第一本书。在这个值得纪念的时刻，我必须要感谢帮助过我的师长、好友和家人。

李良玉老师是我的硕士生导师，张鸣老师是我的博士生导师。今生有幸，亲炙两位先生门下，得窥治学之道。两位先生淡泊名利，醉心读书；教书育人，不遗余力。他们的治学和为人精神，赋予了我无穷的力量；他们的殷殷教诲，犹如陈年老酒，经久不散，历久弥香。如果不是遇到他们，我恐怕还是愚钝鲁莽的毛头小子。

在求学的道路上，很多师长曾为我指点迷津，帮我打开一扇又一扇知识的窗户。高华老师、萧延中老师、黄兴涛老师、杨念群老师的课，都曾赐予我如沐春风的感觉，让我体会到不同学人的独特魅力。他们在课堂上的风采，时时激励着我不断前行，不断自我完善。

这本书是在与好友温利峰和牟效波的“碰撞”中启动的。没有六年前的一通谈天说地，我不会打开这扇学术的窗户；没有老温的督促，我不敢涉入这个难度极大的研究领域。除此之外，在南京大学上学时，就和老温等人一起踢球，度过了求学路上最快乐的一段时光，也收获了一份真切的兄弟之情；效波则是我从本科到硕士阶段的师弟，他从历史学转向了宪法学，我则游荡于历史学与政治学之间，不过，对于公民权利与国家建设的共同关注，却让我们的心灵颇有相通。

上海社会科学院政治学所的郑维伟，是我多年的学术诤友。每当有新作，我们都会相互交换，提意见，指不足。这部书稿，自然少不了他的点拨。在修改书稿期间，笔者还曾向山东大学白雪峰兄和潍坊学院于民兄求助，烦请他们指正书稿中的不当之处。此外，本项研究曾获国家民委立项资助，也曾作为博士后报告提交山东大学法学院博士后流动站，并得到齐延平院长的指点。对于他们的帮助，在此一并感谢。当然，书中错误，皆由笔者负责。

硕士毕业后，除赴京攻读博士学位，我一直在聊城大学历史文化与旅游学院工作。在这里，我遇到了很多良师益友，他们不断指导我、帮助我，让我常有温馨的感觉。偶尔的把酒言欢、纵论天下，更让人感觉到心灵的畅快。由于他们的存在，我没有在这个小城感到孤独和寂寞。

感谢我的父母、妻子和女儿，他们是我坚强的后盾。没有他们的支持，我走不到今天。妻子贾永梅数次校对书稿，更是付出了许多不为人知的心血。

最后，也向负责编辑本书的刘志兵先生及其他工作人员，表示衷心的感谢。

胡其柱

2016 年 11 月于聊城